멀리 가려면 함께 가라

세상을 내 편으로 만든 사람들의 비밀
멀리 가려면 함께 가라

이종선 지음

함께라면 보다 행복하게 멀리 갈 것을 믿습니다.
멀리 함께 갈 이들과의 또 다른 만남을 기원드리며...

이종선

Prologue
멀리가려면 함께 가라

　나는 제법 오랫동안 이미지 컨설팅 일을 해왔다. 그것은 참 좋은 일이다. 적절한 타이 색깔을 알려주거나 좋은 화법을 코칭하는 일도 하지만 그것이 전부는 아니다. 내 꿈은 사람들이 일 속에서 다른 사람들과 더불어 행복해지는 '아름다운 세상 만들기'이다. 그런데 어느 날 돌아보니, 나 자신이 별로 행복하지 않았다. 거기에는 몇 가지 이유가 있었다. 30대 시절 내가 보는 세상은 그리 아름답지 않았다. 일에 대한 열정은 하늘을 찌를 기세였지만 일에 치여 사느라 세상의 아름다운 것들을 돌아볼 새가 없었다. 앞만 보고 가기에 바빴고, 사람 사는 재미도 거의 몰랐다. 놀아 본 적이 없으니 놀 줄도 모르고, 세상에 재미있는 게 보이지도 않았다. 그때는 일에 대한 열정 말고는 세상 사는 모든 일에 덤덤하던 시절이었다.

　내 일이 어느 정도 인정받게 된 후에는 마치 감옥에 갇힌 기분이 들었다. 세상에는 왜 그리도 지켜야 할 게 많고, 하지 말아야 할 것들도 많은지. 그걸 가르치는 직업을 가진 사람으로서 '숨쉬기의 박자까지 연구해야 하나?' 싶은 기분이 들 정도였다. 사실 큰 프로젝트의 프레젠테이션을 하게 되는 CEO나 대중 연설을 앞둔 이들을 코칭할 때는 숨을 언제 쉬고 멈추어야 하는지를 포함한 호흡법을 알려주기도 한다. 하지만 내가 갖게 된 부담감은 그보다 훨씬 컸다. 내가 강의에서 말하는 내용은 지키기에 그다지 벅차지 않은 것들이다. 그럼에도 이미지 컨설턴트에게 기대하는 세인들의 기준은 너무 높아서 나를 힘들게 했다. 내 나이와 자리가 달라지면서 지켜야 할 것은 날로 많아졌고, 사람들의 기준은 높아만 갔다. 제대로 이해되고 소화되지 않는 속을 간신히 붙잡은 채 더 어른이 되어 가며 사람들을 껴안으려니 참는 것도 점점 많아졌던 시절이었던 것 같다.

그다음 단계에서는 직업으로 인해 내 잣대가 각박해졌다. 사람들의 일거수일투족이 한눈에 들어왔다. CT촬영을 하듯이 속속들이 훑어보면 세상은 시빗거리 천지였다. 날이 갈수록 내 입은 점점 더 똑똑해지고, 쏟아내는 문장들은 마치 포승줄처럼 그들을 꼼짝 못하게 꽁꽁 묶었다. 그러나 그 작은 언쟁들이 세상을 바꿀 리 없었다. 더구나 어쭙잖은 내 기준들로 바라보는 세상은 더 우울한 잿빛으로 변해가는 중이었다. 이율배반적인 상황이 벌어진 것이다. 거창하게도 밝은 세상을 원한다면서 나의 작은 세상은 더없이 우울해지고 있었던 것이다. 이 모든 것이 과연 나와 같은 직업을 가진 사람에게만 일어나는 현상일까? '똑똑하기보다 친절하라'는 그 말을 그때 알았다면 좋았을 텐데.

일을 하면서 늘 사람을 연구하고 사람을 고민하다 보니, 세상 사람들의 내면을 좀 더 깊이 들여다보게 되었다. 거의 모든 사람이 마음속에 돌덩어리 하나씩을 안고 살아가고 있었다. 나를 안타깝게 만드는 그들의 돌덩이 역시 사람에 대한 것이 많았다. 그런데 그 돌덩이들 때문에 사람들은 출발선에서 보여주었던 모습과 멀어져 버렸다. 그들은 어느 덧 애초에 자신이 꿈꾸던 성공과 진정한 행복에서 멀리 떨어진 채 안타까워하고 있었다. 물론 그런 이들은 그래도 좀 낫다. 진정 이루어야 하는 것이 무엇인지, 왜 자신이 이만큼 성공했는데 행복하지 않은지 혼란스러워하는 이들과 아예 그런 것들은 생각해 보지도 않는 사람들이 사실은 세상에 더 많기 때문이다.

책을 쓰려 하니 옛말들이 귀하여 새삼 수많은 고전을 읽었다. 책 속에는 방 안 가득 붙여두고 달달 외워도 모자랄 만큼 가치 있는 말들이 셀 수 없이 많았다. 그런데 문득 드는 생각은, 사람들은 아주 오래전부터 성공이나 행복 외에도 사람과 마음, 친구, 상처, 고통들에 집중하고 있었다는 사실이다. 인터넷도 없었고, 주식도 안 했을 때고, 그저 세끼 밥 잘 먹고, 농사에 큰 지장만 없으면 되었을 것 같은 그 시절에도 사람들은 상처받고, 기운을 잃고, 눈물을 흘렸다. 그런데 그럴 때마다 항상 '내 곁에 있는 사람'을 통해서 다시 기운을 얻고 제 길을 잘 지켜온 것이다.

그래서 나는 사람 얘기를 쓰고 싶었다. 사람에게 기운 얻고, 사람에게 길을 인도받고, 바로 사람 덕에 성장하는 세상이야기 말이다. 물론 사람들이 꼭 그렇게만 행동하는 것은 아니다. 나 역시 돌아보면 마음에 약간의 여유만 있었어도 이내 부끄러워했을 법한 일들을 아무 부대낌 없이 행하던 때가 있었다. 자신을 이기지 못하고 자라는 욕심을 버리지 못할 때는 그야말로 잘못이 눈에 보이지 않았고, 당연히 부끄러움도 몰랐다. 분명히 출발할 때는 열심히 살자고 다짐했었다. 나름대로 열심히 산다고 살았는데 문득 돌아보니 출발할 때 내가 꿈꿨던 모습과 한참 멀어져 있는 나 자신을 발견한 것이다. 절대 놓을 수 없었던 것들을 급히 내려놓았던 기억도 있고, 가지면 안 되는 것에도 한참 동안 눈길을 주었던 때도 있다.

내 첫 책 〈따뜻한 카리스마〉는 사실 내가 하는 일들의 겉모습을 다루었다고 할 수 있다. 그 책은 좋은 인간 관계를 위한 바람직한 표현 방법들을 열거하고 있다. 지금 다시 들춰 보면 부끄럽기도 하지만 그래도 곳곳에서 알뜰한 애정이 느껴지기도 한다. 그래서 그런지 많은 이들의 사랑을 받았고, 중국어로도 출판되었으며, 지금도 여전히 사랑받고 있다. 그 덕에 여러 출판사로부터 책을 내자는 제의도 많이 받았다. 하지만 나는 속편을 쓰려면 더 많은 시간이 필요하다며 집필을 한동안 미루고 있었다.

그런데 어느 날 내 마음에서 책을 쓰고 싶다는 울림이 시작되었다. 그러고서 만난 출판사에서는 '따뜻한 카리스마 2탄'에 걸맞은 목차들을 기획하여 내밀었다. 나는 단번에 그건 아니라고 했다. 처음에는 나조차 '아니다'라고 판단한 근거가 뭔지 정확히 알지 못했고, 그걸 표현할 수도 없었다. 시간이 조금 흐른 뒤에야 비로소 알게 되었다. 〈따뜻한 카리스마〉에서는 열정적으로 살라는 것을 강조했다면, 이제는 열정의 시작을 말하고 싶다는 것, 그 시작이 어느 날 '열정'이라는 이름으로 불리게끔 꽃 피우게 하는 과정을 함께 생각하고 싶어했던 것이다.

그래서 이 책은 〈따뜻한 카리스마〉와는 조금 다른 얼굴을 하고 있다. 나를 좌절시키고 아프게 했던 사람들과 내게 힘을 주고 제대로 사는 길을 안내해 주었던 사람들, 그리고 꼭 닮고 싶은 사람들 모두, 이제 보니 다 소중한 사람들이었다는 것을 이야기하고 있기 때문이다. '불행해지는 방법에는 두 가지가 있다. 원하는 것을 갖지 못하는 것과 원하는 것을 모두 갖는 것이다'라던 에크하르트 톨레의 말이 의미하듯 이 책을 쓸 만큼 나를 행복하게 만들어 준 이들은 결코 내 곁에 있어주었던 이들만이 아니었다. 우리 모두에게도 그런 사람들이 있다. 이 책이 당신이 하는 일과 당신 곁에 있는 사람들을 돌아볼 기회가 되었으면 좋겠다. 멀리 가려면 함께 가야 하기 때문이다.

이 책은 내가 만나고 내가 바라보았던 세상과 사람들에 대한 이야기이다. 그들은 자신의 일에 열정을 쏟을 줄 알았기에 성공한 사람들이다. 그들은, 아닌 것은 끝까지 아니라고 하면서도 세상의 시소한 것에는 마음을 줄 줄 아는 사람들이었다. 그들은 자기 일이 급해도 결코 사람을 놓치고 가지 않았다. 어느 피로회복제 광고는 여러 해 전부터 내 마음을 따뜻하게 해준다. 그 광고에 등장하는 사람들은 청소부 아저씨의 버거운 손수레를 몰래 밀어주기도 하고, 졸고 있는 빌딩 경비 아저씨에게 음료수를 건네기도 한다. 월급봉투는 얇아도 노점상 할머니의 야채를 전부 사고는 신나는 표정으로 집으로 향하고, 엘리베이터 안에 있는 열 명이 임신부 한 명을 위해 한참을 기다린다. 사람 사이에서 생기는 피로감을 회복시켜 주는 것도 결국 사람이고, 우리에게 더 큰 성공을 꿈꾸게 하는 것 역시 사람밖에 없다.

　새 생명의 탄생을 기다리듯 숨을 고르며 쓴 이 책이 앞만 보며 달리는 자신을 한 번쯤 뒤돌아보게 해주는 쉼터였으면 좋겠다. 어린 시절, 우리 대부분의 꿈은 남을 돕거나 남을 이롭게 하는 사람이 되는 것이었다. 가난한 사람들을 돕고 싶어 의사를 꿈꾸었고, 억울한 사람들의 가슴을 달래려 변호사가 되고 싶었다. 인생의 출발선에서는 나누는 것, 함께하는 것이 가장 소중했었다. 그런데 인생을 사는 동안 이겨야 하고, 밀어내야 하고, 외면해야 하는 순간이 반복되면서 애초의 자신과 너무 멀어져 버린 것이다. 인디언들은 황야를 전 속력으로 질주하다가 갑자기 멈추어 선다고 한다. 그 이유는 자신의 영혼이 따라오는지 살피기 위해서다. 내가 진정 꿈꾸었던 가치에서 멀어지지 않을 때에만 진정한 행복도, 가치 있는 성공도 이룰 수 있다. 세상이 말하는 가치들을 하나하나 더 진하게 품게 된다면 가슴은 좁아지는 것이 아니라 훨씬 넓어질 것이다. 그렇게 우리가 모두 지금보다 서로에게 힘이 되고 그로 인해 자신의 능력을 행복하게 발휘하며 더 좋은 내일이 함께하기를 소망한다.

아직도 덧칠하고 싶은 욕심과 함께 원고의 마지막 장을 덮으며, 그간 나의 소홀함을 사랑으로 감싸준 가족들과 여러 모양과 방법으로 격려해준 모든 분에게 눈물겨운 애정과 감사를 전하고 싶다. 한 번도 말썽 피우지 않은 내 노트북과, 처음부터 끝까지 모든 시간을 함께했던 유키 구라모토의 피아노곡들에도 진한 고마움을 전하고 싶다. 이 책을 쓸 수 있도록 내 인생에서 온갖 배역들을 맡아주었던 모두에게 인사하며, 그중 닮고 싶은 모습으로 나타나 주었던 내 인생의 주연들께, 대종상처럼 이 책을 바친다. 그들과 함께라면 나는 앞으로도 한참 동안 멀리 나아갈 것이다.

2009년 8월
이종선

Contents

Prologue | 멀리 가려면 함께 가라 · 7

Chapter One 세상을 내 편으로 만든 사람들의 비밀

1 | 진짜 마음을 주어야만 마음을 얻는다 · 21
2 | 아무리 힘들어도 웃음을 잃지 않는다 · 28
3 | 지금 하고 있는 일에 답이 있다 · 33
4 | 만나는 모든 사람을 큰 손님으로 여긴다 · 38
5 | 최선을 다하되 누가 알아주기를 기대하지 않는다 · 43
6 | '구나·겠지·감사'로 마음을 다스린다 · 47
7 | 행운을 만드는 방법을 안다 · 51
8 | 미워하기보다 '참 수고가 많으십니다'라고 생각한다 · 55
9 | 세상에 무엇을 줄 수 있을지를 고민한다 · 60

Chapter Two 20년 동안 만난 사람들에게서 배운 것들

1 | 진짜 자존심 | 최고가 되면 세상은 결국 나를 찾는다 · 67
2 | 부드러운 영향력 | 끌리는 사람은 자기 PR을 하지 않는 · 73
3 | 좋은 평판 | 포스트잇보다는 딱풀 같은 사람이 돼라 · 77
4 | 따뜻한 격려 | 나를 영원히 기억하게 하는 말 한마디 · 82
5 | 신뢰의 힘 | 나를 위해 울어줄 사람이 얼마나 있는가 · 86
6 | 자기표현 | 화내지 않고 나를 말할 수 있는가 · 92
7 | 분노 다스리기 | 바꿀 수 없는 것을 받아들이는 법을 배워라 · 97

8 | 웃음의 효과 | 잠자고 있는 유전자를 깨워라 · 103

9 | 삶의 자세 | 답이 안 보일 때는 내 장례식을 떠올려 보라 · 107

10 | 식지 않는 열정 | 거침없이 질주하는 자들이 모두 가지고 있는 것 · 113

11 | 배려의 기술 | 사람을 제대로 대접하는 법은 따로 있다 · 117

12 | 사랑의 기적 | 삶을 바꾸는 것은 바로 사랑이다 · 121

13 | 나의 오늘 | 기분 좋은 하루는 내가 만든다 · 126

Chapter Three 혼자서는 결코 멀리 갈 수 없다

1 | 능력만 있으면 회사가 붙잡는다고 믿는 사람들에게 · 133
  세상은 당신을 리더로 뽑지 않는다

2 | 모든 것을 귀찮아하는 사람들에게 · 136
  당신은 지금 가장 중요한 일을 미루고 있다

3 | 사람이 스트레스라고 생각하는 사람들에게 · 140
  당신 때문에 스트레스 받는 사람이 더 많다

4 | 일이 최우선인 사람들에게 · 145
  지금 당신에게 정말 소중한 사람들이 떠나가고 있다

5 | 세상을 원망하는 사람들에게 · 152
  세상이 당신에게 갚아야 할 빚은 없다

6 | 사소한 부탁도 거절하지 못하는 사람들에게 · 157
  어차피 모든 사람을 만족시킬 수는 없다

7 | 잘나가는 사람들만 챙기는 이들에게 · 162
  당신과 다시 일하고 싶은 사람은 없다

8 | 피해의식에 사로잡힌 여자들에게 · 166
　　당신은 제자리걸음만 하고 있다
9 | 나누는 것을 아까워하는 사람들에게 · 171
　　행운은 결코 당신에게 찾아오지 않는다
10 | 세상에 감사할 일이 별로 없는 당신에게 · 178
　　당신은 꿈과 점점 멀어지고 있다

Chapter Four 질문을 바꾸면 새로운 길이 보인다

1 | 틀린 게 아니라 그저 다를 뿐이다 · 185
2 | 뭘 얼마나 안다고 그를 평가하는가 · 189
3 | 절박하다는 것은 답과 가까이에 있다는 것이다 · 193
4 | 문제보다 문제의 해결에 집중하라 · 199
5 | 포기하고 싶을 때 나를 일으켜 줄 한 마디 · 203
6 | 지금보다 더 나쁜 상황이었을 수도 있다 · 207
7 | 위기를 낭비하지 마라 · 211
8 | 당신이 이해할 수 없는 사람에게도 이유는 있다 · 216
9 | 사람은 이기적이라는 사실부터 인정하라 · 221
10 | '나는 왜 행복하지 않은가' 라는 질문을 멈추면 행복해진다 · 228
11 | 후회할 일은 몸이 먼저 안다 · 233
12 | 관심이 있으면 보이지 않았던 것이 보인다 · 238
13 | 나는 이미 충분히 가지고 있다 · 243

Chapter Five 세상을 내 편으로 만드는 삶의 기술

1 | 10분 말하려면 먼저 50분 들어라 · 251
2 | 나의 진심을 전하는 가장 효과적인 방법, 선물 · 254
3 | 20대여, 회식을 피하지 마라 · 261
4 | 나를 기꺼이 응원해 줄 사람들을 가까이 하라 · 266
5 | 자연스럽게 나를 표현하는 법을 안다 · 270
6 | 예의 바른 사람은 적에게도 칭찬받는다 · 274
7 | 세상에 진정한 최선을 다하라 · 279
8 | 나는 현미경으로 보고 남은 망원경으로 보라 · 283
9 | 부정적인 말은 물도 싫어한다 · 288
10 | 마음속으로만 바라지 말고 원하는 것을 말하라 · 293

epilogue | 마지막으로 하고 싶은 이야기 · 297

세상을 내 편으로 만든 사람들의 비밀

Chapter One

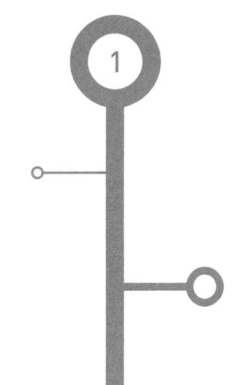

진짜 마음을 주어야만
마음을 얻는다

"세상에서 가장 어려운 일이 뭔지 아니?"
"흠, 글쎄요. 돈 버는 일? 밥 먹는 일?"
"세상에서 가장 어려운 일은 사람이 사람의 마음을 얻는 일이란다.
각각의 얼굴만큼 다양한 각양각색의 마음을 얻는 일….
순간에서 수만 가지 생각이 떠오르는데
그 바람 같은 마음이 머물게 한다는 건 정말 어려운 거란다."
"정말 그런 것 같다.
사람이 사람의 마음을 얻는 것만큼 힘든 일은 없을 거야…."
"내가 좋아하는 사람이 나를 좋아해 주는 건… 바로 기적이란다."
생텍쥐페리의 〈어린 왕자〉에 나오는 말이다.

코엑스의 사장을 역임했고 현재 USResorts의 대표이사인 정재관 사장도 그런 말을 내게 했었다. '성을 공략하는 것은 하수, 마음을 공략하는 것이 고수'라고 말이다. 그러나 마음을 사로잡는 것만큼 어려운 일도 없다. 어느 호텔 사장이 이런 말을 했다. "직원들이 고객들과 똑같은 상황에 처해보고 그들의 감정을 느껴보는 경험이 없다면, 고객이 진정으로 원하는 서비스는 끝내 포기해야 할지도 모른다." 사람들은 이렇게 상대의 마음을 읽고 그들의 마음을 사로잡으려고 온갖 노력을 다한다. 어떻게 하면 그들이 절대 예상하거나, 경험해 보지 못한 것을 제공하여 감동시킬 수 있을까를 고민하는 것이다. 그러려면 무엇보다 사람의 마음을 읽을 줄 알아야 한다.

이때 가장 중요한 것은 감성의 민감도를 높여야 한다는 점이다. 이미 머리가 굳은 사람들이 감성을 일깨우려면 대대적인 공사가 필요하다. 업무에 묻혀 지내면서 사람들과의 사회적 관계들을 만들어 온 우리의 감성은 그동안 일깨워진 적이 드물기에, 가슴 바닥에 소복이 쌓인 채 숨도 제대로 못 쉬고 가라앉아 있는 경우가 대부분이기 때문이다.

'선수'라는 말이 유행한다. 운동선수라는 뜻도 있지만, 이성을 유혹하는 기술이 뛰어난 사람, 한 분야에서 뛰어난 능력을 발휘하는 사람을 가리키기도 한다. 그런데 사실 이 둘의 한자는 다르다. 운동선수의 선수는 '가릴 선(選)'을 쓰고, 우리가 일상에서 자주 쓰는 '어떤 부문의 일에 익숙하여 아주 잘하는 사람'을 뜻하는 선수는 '착할 선(善)'자를 쓴다. 아무튼 선수(選手)는 '손을 잘 쓰는 것' 혹은, '선택된 손'을 의미한다. 선수의 자격 조건은 무엇보다 손 내미는 타이밍과 방법을 잘 선택할 수 있어야 한다는 것이다. 좋은 의도가 왜곡되게 받아들여지지 않고,

행여 헤픈 이미지로 보이지 않으려면 사람 사이의 관계에서 결국 '언제, 어떻게 손을 제대로 내미느냐'가 참으로 중요하다. 그저 얼굴을 아는 '사이'에서 소위 돈독한 '관계'로 발전하려면 그저 물 흐르듯 자연스러운 것만이 능사가 아니다. 관계의 점도를 제대로 유지하며 정서적 유대감을 높여 나가는 능력이 필요하다. 거기에 비슷한 관심사나 경험이 뒷받침되면 관계의 강화는 매우 빠르게 진척된다. 몇 번을 만나도 그 자리를 맴도는 관계가 있고, 단 한 번의 점심 식사에도 가속되는 관계가 있다. 그러니 출발 선상의 화학적인 인자의 차이와 물리적인 조건을 무시할 수는 없다.

그러나 정재관 사장을 보면, 자신의 노력만 있다면 한계를 벗어나 세상 누구와도 잘 지낼 수 있는 '마음 도둑'이 되기도 어렵지 않다는 것을 알게 된다. 젊었을 때 수출 전선에 뛰어들어 굴지의 현대 종합 상사 사장, 부회장을 거쳤고, 은퇴 후에는 공모를 통해 코엑스 사장이 되었다. 지금은 유니버설 스튜디오를 한국에 유치하는 회사의 사장이다. 그는 스스로 소심함의 상징인 자신의 혈액형을 악조건으로 꼽는다. 학창시절 반장으로서 '차렷, 경례'도 말하기 힘들었다고 고백한다. 그러던 그를 이제 나는 '감성과 공감의 대왕'쯤으로 여긴다.

함께 하는 모임 날짜를 의논하던 중 그가 제안한 날이 마침 어머니 생신과 겹쳤다. 그날은 곤란하다고 하니, 예상치 못한 질문을 하신다. "생신 잔치는 어디서 하나요?" 한 호텔의 지하 중식당에서 할 예정이라고 말씀드렸더니, 이왕이면 경치가 좋은 곳이 어떠냐고 하시며 강남의 풍경이 한눈에 들어오는 곳을 추천하셨다. 듣고 보니 그곳이 더 좋은 것 같아 결국 장소를 변경했다. 예약까지 본인이 직접 해주시고 할인을 받도록 조처해주신 것은 그래도 이해가 간다. 나도 경우에 따라서 그 정도는 할 수 있으니까. 그런데 예약된 방에 도착하니 테이블이 온통 카네이션으로 장식되어 있었다. 어우러진 초 장식까지 더하여 젊은 연인들의 환상적인 이벤트 현장처럼 되어 있었다. 거기에 축하용 와인까지 미리 배달되어 있었다. 이 날, 어머니에게 더없는 선물이 된 것은 딸이 밖에 나가 일하는 동안 그래도 크게 흉되지 않게 지내는 것을 확인시켜 주는 어른이 계시다는 것이었다. 눈물이 나도록 감사했다. 그런 확인은 돈으로 살 수도 없고, 누구에게 요청할 수도 없는 것인데 바로 그것을 그분이 주셨기 때문이다. 아버지와 세 살 차이밖에 나지 않는 어른이 해주신 것이라서 그 신뢰도는 더 높았다.

 정재관 사장이 유독 나만 특별히 신경 써주시는 것은 아니다. 내 주변에는 윗사람이나 영향력 있는 사람에게만 잘하는 이가 아직 꽤 많다. 그런데 내가 보아 온 그는 위아래가 따로 없다. 3년간 그를 모셨던 비서실의 이 과장은 늘 그를 존경의 눈빛으로 대한다. 회사에 다니면서도 저녁에 MBA 과정을 다니느라며 자신의 성장을 독려해준 것은 그저 잠시의 따뜻한 응대를 훨씬 뛰어넘는 애정이란 걸 알기 때문이다. 그 대학원 친구들을 다 초대하여 한 명 한 명에게 생맥주를 따라 주시며 "우리 이 과장, 나 때문에 학교 못 갈 때가 많으니 대리 출석 좀 잘 부탁해요", "나 때문에 시간이 없으니 리포트 좀 대신 써 줄 사람?" 하는 유머로 좌중을 즐겁게 해주던 상사는 이제, 자리를 옮기더라도 평생의 상사로 남을 것이다. 야간 대학원에 다니는 우리 회사의 한 강사에게 "힘들지? 기운 내"라고 하며 고작 어깨를 두드려 준 것이 전부였던 나로서는 생각지도 못한 경지가 있었던 것이다. 그는 내가 주변에서 보았던 어떤 어른들보다 아래 사람들을 마음으로 챙기신다. 내가 어떤 분 때문에 3개월간 편두통에 시달릴 때 경락 마사지하는 곳을 소개해 주셔서 함께 다니게 되었다. 그런데 그곳의 직원들에게도 시간을 내어 저녁을 사주신다. 자주 가지 못하는 나는 '큰 이해관계가 없는 이들에게도 그렇게 하는 거구나' 하고 배운 게 있기에 그 후 아이스크림을 사가기도 하고, 내가 마지막 손님인 날에는 자장면을 함께 먹고 떠나기도 한다. 그렇게 그를 닮아갈 기회를 주셨던 것 같다.

어느 날은 내가 팔꿈치가 아파 고통스러워하는 것을 아시고는, 3년 동안 배우셨다는 부황사혈로 내 사혈을 빼주신 적도 있다. 조심스럽고 애정이 담긴 그의 손길에 피를 묻힌 솜들이 그의 사무실 탁자 위에 쌓일 때 고마운 마음에 눈물이 날 뻔했었다. 나는 간신히 물었다. "이렇게 해주신 분이 또 누구세요?" 하니, "날 믿는 사람요" 하며 웃으신다.

그가 이 글을 보게 되면 싫어할지도 모르지만, 어떤 분이 그를 '여우 아빠'라는 별명으로 표현하기도 했다. 사람에 대한 처세에 너무 밝아 '여우 같다'는 것이다. '차렷' 소리도 제대로 못하던 그가 어떻게 여우 소리까지 듣게 된 것일까. 1984년 그는 '사랑의 미로'라는 노래를 1,000번 연습했다고 한다. 타고난 음치였다는 그는 지금 '광화문 연가'에서 '번지 없는 주막'까지 폭넓게 소화할뿐더러 연속 앙코르를 받는 실력자다. 그런데 그게 다 연습해서 된 것이라고 한다. 노래 한 곡을 거의 300번 정도 따라 부르고 가족 앞에서 예행연습을 하고 나서야 사람들 앞에서 부른다고 한다. 타고난 성격대로 안 사시고 왜 그토록 노력하셨느냐고 물었더니, "절박함 앞에서 내성적인 성격을 운운하는 것은 사치이지요"라고 하신다. 현장에서 뛰던 젊은 시절부터 내성적인 성격은 적극적인 영업 활동을 위해 자신이 당연히 극복해야 할 것으로 여기셨다고 한다. 그는 그런 노력을 부끄러운 모습으로 기억하지 않으신다. 영업이나 관계를 염두에 둔 노력이라기보다 '자신의 삶을 풍성하게 만드는 기회였다'고 돌아보신다. 그 노력보다 난 그 돌아봄이 더 근사하다.

잊히지 않는 한 말씀은 '아내에게 잘해서 밑질 것 없다'는 말이다. '눈빛만 주어도 쓰러질 준비를 하고 있는 아내'의 마음을 살 줄 모른다면, 웬만해서는 꿈쩍도 안 할 남들을 어떻게 쓰러뜨리느냐며 우선 가족의 마음을 사는 일에 성공해야만 밖에서도 성공할 수 있다고 하신다. 밖의 세상보다 가족은 아주 작은 것을 원하기에 어렵지 않다는 것이다. 작은 자존심을 자주 세워주고 아침 인사만큼은 사랑하는 기분이 하루 종일 지속되도록 늘 신혼처럼 나누는 것이 그 방법 중 하나다. 패션도 자꾸 신경 쓰고 노력하다 보면 감각이 생기듯이 공감 능력과 감성 지수도 관심 갖고 고민하다 보면 차츰 개발되어 누구나 그처럼 '여우'가 될 수 있다.

그와의 점심 약속에 5분 늦는다고 양해 문자를 보내면 바로 답이 온다. '저도 지금 가는 중입니다.' 나는 그가 이미 그 자리에 도착했는데도 상대를 배려해 그렇게 답하는 것임을 안다. '괜찮아요'라든가 '천천히 오세요'라는 답은 많아도 이건 좀 다르다. 아니, 많이 다르다. 그런데 이 모두는 누구의 억측처럼 아예 타고난 것도 아니고 얕은수의 여우짓도 아니다. 타인과 살아가는 내 삶을 더욱 풍성히 하려는 노력으로 이루어진 것들이다.

관계와 사람이 소중하다는 전제가 없으면 결코 안 되는 것들이다. 부모가 떠났을 때 자식이 '부모를 멋있었다고 기억하고, 닮고 싶다고 생각하도록 살았다면 성공한 인생'이라고 말하는 그. 그보다 한참 후배인 나는 예순이 넘어서 그의 나이가 되었을 때, 조금이라도 그를 닮게 된다면 참 좋겠다. 나는 오늘도 미리 그를 닮아가며 어느 분의 문자에 답을 한다. '저도 지금 가는 중입니다.'

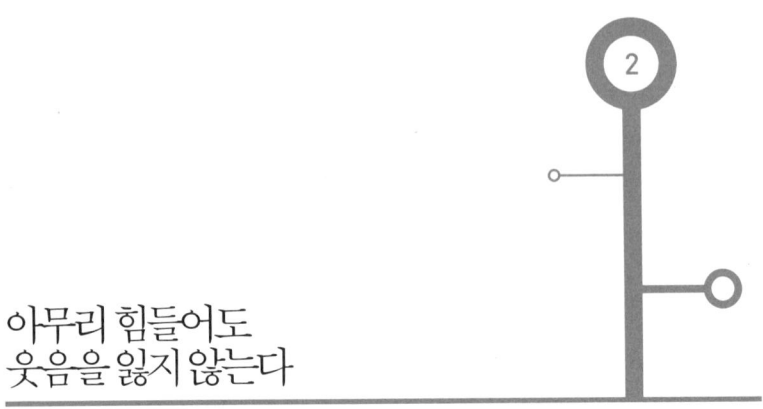

아무리 힘들어도 웃음을 잃지 않는다

"꼭 착한 사람이 먼저 가더군" 하고 그가 말한다. 너무 선해서 늘 양보만 하던 친구가 돌연 세상을 떠났단다. 나쁜 사람이 떠났을 때 아쉬워하는 사람은 별로 없다. 반면, 선한 이들이 가버리고 나면 그 그늘이 너무 무겁고 슬프다. 그래서 착한 사람이 먼저 간다고 하는지도 모른다.

스트레스는 피돌기를 방해하고, 건강에 문제를 일으킨다. 그래서 많이 참는 착한 사람은 건강을 오래 유지하기가 어려운지도 모르겠다. 재희도 그런 것이었을까? 그녀의 부지런한 손발은 누가 흉내 낼 수 있지만, 순수하게 밝은 모습은 온전히 그녀만의 것이었다.

그녀는 청담동의 꽤 이름난 식당에서 매니저로 일했다. 내가 그곳에 처음 갔을 때 그녀는 마침 내가 쓴 책을 읽고 있었다. 입구에서 이미 나를 알아보고는 자신이 읽고 있던 책을 들고 와 수줍은 얼굴로 사인을 해달라고 했다. 그렇게 처음 만난 이후 여러 해에 걸쳐 물안개가 강물에 내려 앉듯 내 마음에 살금살금 들어왔다.

재희를 본 내 지인들은 모두 그녀를 욕심냈다. 대기업의 한 임원은 비서의 계약 기간이 곧 끝나니 그 후임으로 재희를 채용하고 싶다고 했다. 그렇게 말하고 얼마 지나지 않아 재희가 우리 회사에 더 적임자인 것 같으니 채용하는 게 어떻겠냐고 말했다. 그녀를 본 이들은 그녀가 다른 일을 하더라도 지금 이상으로 하리라는 데 모두 동감했다.

나 역시 여러 해 동안 지켜본 그녀가 욕심이 나서 어느 날 물었다. "우리 회사에 올 생각 없니?" 20분 안에 답하라는 취기 어린 내 질문에 5분도 지나지 않아 답했다. "가고 싶어요. 그런데 연말연시는 이곳이 가장 바쁠 때에요. 이곳 사장님을 곤란하게 하고 싶지 않아요. 두 달만 기다려 주실 수는 없나요?" 상사에 대한 그 배려심이 예뻤다. 나 역시 둥지 없이 떠도는 철새들을 넙죽 받지 않는다. "꼭 지금 오라고 하신다면, 그렇게는 할 수 없을 것 같아요." 그녀가 이렇게 말했기에 져주는 척 기간을 양보했다. 그래도 기분은 참 좋았다.

그러고 보니 재희는 늘 참기만 했던 게 아니라, 중요한 순간에는 이렇게 분명하게 자신의 의견을 전할 줄 알았다. 그야말로 현명하게 자기를 표현하는 사람이었다. 그런데 더 많이, 더 자주 그랬어야 했다. 남을 위해서가 아니라 자신을 위해서 더욱 그랬어야 했다.

그녀의 코 막힌 목소리는 5개월 동안이나 계속됐다. "아직도 감기야?" 하고 물으니 "아니, 비염이래요. 동네 의사가 그러는데 코를 좀 높이면 낫는데요" 하며 킬킬 웃었다. 그 후, 그녀는 우리 회사에서 한 달 반 동안 근무했다. 그동안에도 심한 콧소리가 멈추지 않았다. 그래서 내가 다녔던 이비인후과 병원에 가보라고 했다. 그 병원에 다녀온 그녀는 늘 씩씩하던 평소 모습과 달리, 떨리는 목소리로 말했다. "어서 큰 병원에 가야 한대요. 어떡해요, 사장님…." 서둘러 서울대학병원으로 갔다. 그곳 성 원장님이 나를 야단치셨다. "그 정도면 오래전부터 두통이 심했을 텐데…. 어떻게 코에 7센티 암이 자라도록 참아?" 그녀는 비강암 말기 판정을 받았다. 암세포가 코를 타고 뇌까지 퍼진 상태였다.

그녀의 투병생활은 그렇게 시작되었다. 그럼에도 그녀는 항상 밝았다. 그녀 덕분에 병실에는 늘 웃음이 끊이지 않았다. 문병을 가면 다른 환자들의 가족들이 그녀를 칭찬했다. 그녀의 배려와 유쾌한 웃음은 모두에게 행복 바이러스를 심어주었다. 식당에서도, 우리 회사에서도, 병원 침대 위에서도 그녀는 눈부시게 밝았다. 주변 사람들이 그녀를 사랑할 수밖에 없는 이유다.

"재희의 이런 모습은 어머니를 닮은 거였군요." 이런 첫인사가 저절로 나올 만큼 그녀 어머니의 선한 눈빛에서 맑은 겸손이 느껴졌다. 그런 어머니에게도 욕심은 있었다. 항암 치료 후 온양 집에 내려가 있는 동안 재희는 엎친 데 덮친 격으로 교통사고를 당했다. 그 사고로 목뼈가 부러졌는데 병실이 없어서 3일을 병원 복도에서 지냈다고 한다. "재희야, 사장님께 얘기하면 그래도 병실을 빨리 구할 수 있을 텐데, 제발 연락하자." 그 대학병원도 마침 내가 교육을 담당한 적이 있던 병원이라서 어머니의 말대로 도움을 줄 수 있었을 것이다. 그러나 재희는 "엄마, 30일도 아니고 3일인데 뭘…" 하며 절대 연락하지 말라고 했단다. 사장님이 병원에 인사도 하고 해야 하니 그냥 참겠다고 했다는 재희의 말을 전하며 재희 어머니는 한숨을 내쉬었다.

만약 내가 그런 처지에 놓였다면 3일은커녕 세 시간도 못 견디고 사돈의 팔촌까지 모든 인맥을 다 뒤져서라도 병실을 구했을 것 같다. 그런데 그녀는 그런 와중에도 남을 우선 생각하며 고통을 견디었던 것이다. 조금은 남을 번거롭게 해도 될만한 힘겨운 투병 속에서도 그녀는 남을 먼저 생각했다. 그게 재희였다. 뇌로 올라간 암세포가 시신경으로 퍼져 눈이 보이지 않게 되었다. 책을 무척 좋아했던 그녀는 그 아픈 눈으로 늘 책을 읽었다. 시력을 잃은 후 책을 읽을 수 없는 게 가장 괴롭다고 했다. 그래서 오디오북을 선물해 주었더니 무척 좋아했다. 그리고 오래지 않아 그녀는 결국 떠났다. 차마 바라볼 수 없었던, 눈이 부시게 환히 웃는 그녀의 영정 사진이 지금도 잊히지 않는다.

내 마음은 오랫동안 혼란스러웠다. 그녀가 왜 내게 왔고, 또 왜 그렇게 서둘러 떠나버린 걸까. 그러나 머지않아 그 이유를 깨달았다. 그녀는 사람들에게서 받으려 하지 않았다. 재희는 자신보다 타인을 사랑했고, 자신의 일을 사랑했다. 그리고 만나는 모든 사람들에게 사람이 얼마나 따뜻해질 수 있는지를 보여 주었다. 우매한 우리에게 그 사실을 알려주려고 서둘러 떠난 것 같다. 만약 그럭저럭 살아있었다면 지금처럼 뼛속까지 느끼지는 못했을 테니까.

재희를 보내고 온양에서 올라올 때는 '선한 끝은 분명히 있다'는 말을 인정할 수 없었다. 그런데 오히려 지금은 이 말이 이처럼 와 닿을 수 없다. 자신이 조금 더 사는 대신, 살아있는 사람들에게 많은 것을 남긴 재희가 그립다. 사람은 이름을 남긴다고 하는데, 재희가 무엇인가를 크게 이룬 사람은 아니다. 마치 이름 없이 피었다 지는 들꽃처럼 작은 생을 살았고, 그녀를 기억하는 사람들도 그렇게 많지는 않을 것이다. 하지만 소중한 가족이 아니어도 사람을 얼마나 잔잔히 사랑할 수 있는지 깨닫게 해 주었다. 나는 오늘 밤 그녀가 참 많이 보고 싶다.

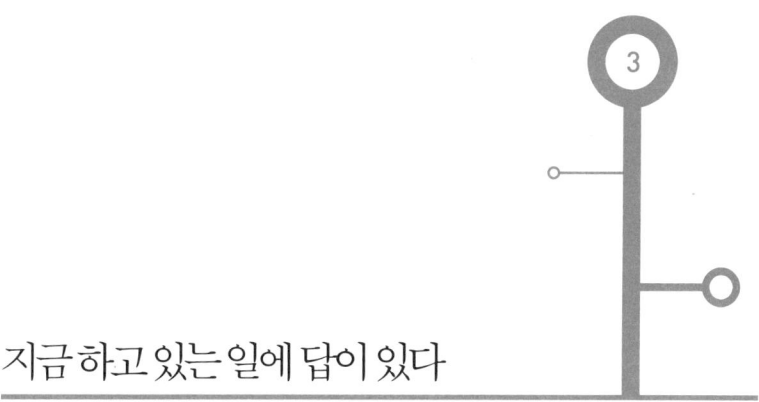

지금 하고 있는 일에 답이 있다

　내게 가장 어울리는 색은 무엇일까. 독일의 요하네스 이텐 박사에 의하면 사람들마다 자신에게 가장 잘 어울리는 색이 있다고 한다. 그것을 봄, 여름, 가을, 겨울로 구분하여 자신에게 가장 잘 맞는 색을 찾아 달라며 내게 적잖은 비용을 지불하는 사람도 많다. 내가 생각하기에 나와 맞지 않는 색은 그렇게 많지 않은 것 같다. 봄 컬러인 아이보리와 머스타드, 올리브 그린도 어울리고, 여름 컬러인 파스텔도 웬만큼 소화한다. 그런가 하면 가을 컬러인 브라운 계열도 그리 나쁘지 않다. 겨울 컬러인 원색들 중 흰색은 나를 밝아 보이게 한다.
　내게 절대 어울리지 않는 컬러는 흰색을 제외한 원색들이다. 빨강, 검정, 파랑은 나를 너무 강하게 표현하여 내 가슴 속 색을 전하지 못한다. 그래서 이렇게 결론 내렸다.

'내게 최적인 하나의 색을 찾기보다는 최악의 색 만 피하자.'

그렇게 생각하고 나니 자유롭게 폭넓은 색을 즐길 수 있게 되었다. 때로는 강렬한 그 느낌으로 요하네스 이텐 박사에게 도전하고 싶을 때도 있다. 가장 잘 맞는 하나가 있는 것이 아니라 가장 맞지 않는 몇 개가 있을 뿐이라고. 난 그게 더 맞다고 믿는다.

세상에 내로라하는 이들은 말한다. 자신이 가장 좋아하는 일을 하라고. 그래야 역량을 충분히 발휘하며 잘해낼 수 있다고. 그러니 그 일을 찾으라고 한다. 그렇다면 지금 우리 모두가 나에게 딱 맞는 최상의 일을 찾아 나선다면 과연 세상에 이로운 걸까. 세상에 이로운 것만이 언제나 최상이라고 믿는 나는 그건 최선이 아니라고 생각한다.

나와 잘 어울리는 색이 여럿 있는 것처럼 세상 사람들에게 잘 맞는 일이 딱 하나뿐이라고는 생각하지 않는다. 단지 절대 하지 말아야 할 하나가 있다고 믿는다. 세상의 가치가 돈인 사람이 별로 돈을 벌 수 없는 일에 매여 있다면, 그건 엉뚱한 길에 들어선 것이다. 세상에 나가 사람들과 함께 하고 봉사하는 일이 적성에 맞는 사람이 답답한 사무실에서 돈 세는 일을 하고 있다면 하루빨리 그곳에서 벗어나야 행복해질 것이다.

그러한 극단적인 것이 아니라면 지금 하는 일에서 내가 가장 잘할 수 있는 것을 발견할 수도 있다. 그것을 발견하지 못한 것이면서, 찾기 힘들어서 피하는 것이면서 이 일이 나에게 가장 적합한 일이 아닌 척하는 것은 비겁하다.

지금의 자신이 하는 일을 깊게 들여다보라. 과연 내가 가치를 두고 있는 그것을 발휘할 요소가 정녕, 결코, 절대 없을까. 그럴 리가 없다. 장담컨대 세상의 어떤 일도 그 안에 다양한 가치가 있다. 문제는 자신이 그 일

가운데 무엇을 보고, 무엇을 하느냐에 달려 있다고 본다. 자신이 그은 한계에 자신을 맞추고는 이건 아니라고 철새처럼 떠돌아다닌다면 그 방황은 쉽사리 멈출 리가 없다. 결국 그 철새들을 받아 줄 둥지는 어디에서도 찾을 수 없다. 그들은 세상이 자신을 알아주지 않는다고 푸념만 늘어놓을 뿐이다.

우체부 프레드는 단지 푸른 유니폼과 커다란 가방 하나 메고 다니면서도 자신의 일이 단지 우편물의 위치를 이동시키는 단순 노동이 아니라고 믿었다. 그는 고객이 오랫동안 집을 비우면 우편물이 쌓여 도둑들의 표적이 됨을 알았기에 그들의 우편물을 자신이 보관했다가 전해주었다. 그들에게 우편물만 건네는 것이 아니라 안부를 챙기고 그들을 기억함으로써 사람 사이의 '관계'를 만들 줄 알았고 자신의 일이 결코 단순 노동이 되지 않는 비결을 알았던 것이다. 보잘것없는 일상에서 위대한 가치를 발견한 그를 기념하기 위해 미국에서는 '프레드 상'까지 만들어졌다.

어떤 고성능의 로봇도 흉내 낼 수 없는, 사람과 사람의 만남으로 자신의 일에서 가치를 발견할 때 그 일은 내게 가장 잘 맞는 일이 될 수도 있다. 10여 년 전 어느 전자 회사의 AS 기사들을 대상으로 한 특강에서 '자신을 OO전자 AS기사 말고 다른 말로 뭐라 표현할 수 있겠습니까?'라고 물어본 적이 있다. 한 사원의 답변은 세월이 꽤 지났는데도 생생하게 기억이 난다.

"저는 '사람들을 행복하게 만드는 일'을 합니다. 제가 냉장고를 고치면 사람들은 시원한 음료수를 기분 좋게 마시고 신선한 요리를 먹게 됩니다. 제가 텔레비전을 고쳐 주면 그들의 저녁 시간이 즐거워집니다. 제가 하는 일은 사람들을 행복하게 만드는 일입니다."

그가 지금 어디에서 무엇을 하고 있는지는 모른다. 그러나 분명한 건 어디에서 무엇을 하든, 그는 자신의 일이 가치 있는 일이라 믿고 자신이 가장 잘할 수 있는 일로 만들고 있을 것이라는 거다. 이렇게 업의 개념을 정리하고 나면 세상은 달라진다.

자신이 가장 잘할 수 있는 일이 지금 하는 일이 아닐 것으로 믿는 이에게 묻고 싶다. '요리 잘해? 아니면 디자인 할 줄 알아? 기계 잘 다룰 줄 알아? 그것도 아니면 사과를 어떻게 따는지 알아?' 그게 다 아니라면 지금 하는 일에서 찾아라. 전공을 살리지 못해 제대로 평가받지 못한다고 자신을 위로하지 마라. 사학과를 나와 마케팅에서 뛰어난 능력을 발휘하는 이도 많고, 수술 분야에서 최고이면서 시인으로 더 유명한 의사도 있다. 지금 하는 일에서 최고가 될 수 없다면 다른 어떤 일을 하더라도 최고가 될 수 없다.

호텔 로비에서 누구를 기다리며 우연히 한 호텔 직원이 일하는 모습을 보게 되었다. 비가 내리자 그는 매트를 들고 와 정문 입구에 깔려고 했다. 나는 그의 진지함에 무척 놀랐다. 매트를 바닥에 떨어뜨리고 발로 쓱쓱 밀며 대충 각을 맞출 것으로 예상했는데 그는 달랐다. 자세를 숙여 매트를 바닥에 내려놓더니 이리저리 움직이며 모퉁이에 딱 맞도록 각을 조절했다. 여기에서 끝나지 않았다. 그는 몇 발자국 뒤로 물러서더니 자신이 놓은 매트를 바라보며 똑바로 되었는지 살폈다. 그러고는 다시 매트로 다가가 몇 차례 세밀하게 위치를 조정하고서 자리를 떴다. 그걸 지켜보던 순간 온몸의 살갗들이 일어나는 듯했다. 그는 우리네 속에 섞여 있는 보통 사람이 아니었다.

그 작은 일에 그토록 충실한 사람은 어떤 일을 하더라도 자신의 일이

권태롭거나 단조롭다고 느끼지 않을 것이다. 더 맞는 일을 찾아 헤맬 리가 없다. 왜냐하면 이미 그에겐 지금의 일이 충분히 가치가 있기 때문이다. 지금 자신이 하는 일을 다른 관점에서 바라보고, 새로운 가치를 찾아라. 그러면 그 일은 남들이 쉽게 흉내 내지 못할 특별한 일이 된다.

내가 가장 잘할 수 있는 일? 즐겁게 할 수 있는 일? 내게 가장 맞는 일? 그 답은 바로, 당신이 지금 하는 그 일에 있다.

만나는 모든 사람을
큰 손님으로 여긴다

얼마 전 어느 결혼식장에서 있었던 일이다. 결혼식 후 뒤풀이 자리에서 모 기업의 협력업체 사장인 유 사장이 걱정스러운 목소리로 이렇게 물었다. "김 사장님이 내게 뭔가 기분이 나쁜지, 아까 식장에서 봤는데 그저 눈만 잠시 마주치고 가시던데 혹시 무슨 일인지 아세요?" 식장에서 만난 주요 고객에 대한 걱정이었다.

마침 며칠 후에 그 김 사장님을 만나게 되어 그날 상황에 대해서 조용히 물었다. 무뚝뚝하고 매사에 덤덤한 김 사장의 답은 뜻밖이었다. 유 사장의 고등학생 자제가 옆에 있어서 그랬다는 것이다. "유 사장님은 정중하고 예의 바른 분이어서 길게 얘기를 나누다 보면 그보다 젊은 나에게 지나치게 정중한 모습을 보일 게 분명했어요. 그런 모습을 그의 아들이 보게 하고 싶지 않았을 뿐이에요." 그래서 눈인사만 짧게 하고 그 자리를 떠났다는 것이다. 그 말을 듣는 순간 그의 큰 체격과 대비되는 섬세한 마음이 느껴져 온몸에 전율이 일었다.

김 사장의 배려는 누구나 쉽게 생각해 낼 수 있는 수준을 넘어선다. 포크, 나이프 사용법을 운운하는 테이블 매너나 명함 주는 방법 등의 기본 비즈니스 매너와는 비교할 수 없는, 사람에 대한 진짜 매너였다. 마음에서 우러나온 섬세한 배려에 비해 형식에 얽매인 인사치레는 허술해 보인다.

예전에 한 모임에서 해외로 세미나를 다녀왔다. 비즈니스를 하는 사람들이 많아서 대부분 휴대폰 로밍 서비스를 신청해 갔다. 한국에 도착해서 로밍 서비스를 해지하려는 사람들이 삼삼오오 모였는데 어느 회장님 한 분이 계속 괜찮다고만 했다. "아니, 저희 하실 때 같이 하시는 게 편하시죠. 어디서 해지하는지 모르시잖아요?" 몇 번을 권해드렸는데도 그냥 나중에 하시겠다고만 해서 그러려니 하고 모인 사람들끼리 로밍을 해지하고 왔다. 그런데 얼마 후 비서가 종종걸음으로 오더니 그에게 휴대폰을 건넸다. 그 일은 비서의 몫이었던 것이다. 그의 상황을 지레짐작하고 마음을 불편하게 했던 것을 양해받고 싶었다. 그러고 보니 탑승할 때도 그는 비행기에 가장 늦게 탔었다. 나는 공항 대합실에서 왜 빨리 안 타시느냐고 자꾸 물었는데, 알고 보니 이코노미 클래스에 타는 다른 일행을 배려한 것이었다. 먼저 탑승하여 앞자리에 앉아 있으면 일반석으로 가는 이들이 지나가며 인사를 해야 하기 때문이다. 그걸 피하려던 것이었다.

그러고 보면 난 그렇게 쓸데없는 권유를 할 때가 많았다. 얼마 전 조찬 때 내 강의에 앞서 한 자동차 회사의 외국인 CEO가 강의를 했다. 내 옆 자리에는 연세 높으신 대기업 회장님이 앉으셨는데, 두 번이나 통역기를 권해 드렸다. 나중에 알고 보니 그분은 전혀 무리 없이 그 내용을 이해할 만큼의 언어 능력을 갖추고 계신 분이었다. 내 친절은 오히려 그를 불편하게 했을 것이다. 마치 흰머리가 많은 젊은 사람에게 자리를 양보한 것 같은 느낌이었다. 그러나 그는 "네, 조금 있다가 쓸게요"라고만 했을 뿐, "이런 거 필요 없어요"라고 대놓고 말하지 않았다. 자신에게 도움이 되는지 안 되는지를 가리지 않고, 배려가 몸에 밴 이들이 뜻밖에 많다. 참 복이 많은 나는 이렇게 닮고 싶은 사람들을 자주 만난다.

그런가 하면 정 반대의 경우도 있다. 요즘 잘나간다는 40대 초반 CEO가 사람을 대하는 모습은 징그러울 정도였다. 그는 여러 사람이 모인 자리에서 전혀 다른 태도로 두 선배를 대했다. 자신의 비즈니스에 '영양가'가 있는지 없는지에 따라 너무 티 나게 사람을 대했다. 그날은 그가 마련한 저녁 자리였다. 그의 자화자찬은 그나마 참을만했는데 나이 지긋한 선배 두 분 가운데 한 분을 너무 노골적으로 차별하는 것을 보고 있기란 너무 괴로웠다. 자리 배정에서, 대화하는 방식까지 모든 것이 눈에 거슬렸다. 그 자리에 있다는 것만으로 그와 같은 부류의 사람이 된 것 같아 얼굴이 화끈거렸다.

내가 모임에 나가기 시작한 것은 불과 6년 정도밖에 되지 않았다. 그 전에는 늘 회사와 강의장, 그리고 집이 하루의 전부였다. 강의가 대전에서 여섯 시에 끝나도 항상 집에 돌아와 저녁을 먹었다. 놀라운 사실 하나를 말하면, 10년 동안 내 공적인 저녁식사 약속은 불과 여덟 번이었다. 그런데 요즘 여러 모임에서 보면 참 많은 사람들이 시간을 쪼개어 사람을 만난다. 사람들은 왜 사람을 만나려 하는 걸까? 여러 가지 이유가 있겠지만 아마도 비즈니스에 도움이 될 사람들을 찾고 있음을 부인할 순 없을 것이다. 그것은 어찌 보면 당연하다. 그러나 내 짧은 경험에 비추어 봐도, 도움을 받으려고 노골적으로 다가가거나, 사람을 가려 가며 사귀는 이들은 목적을 달성하지 못하는 경우가 많다. 삼삼오오 모여 이야기를 나누다 보면 그런 사람들에 대해 '너무 부담스럽다', '너무 들이댄다', '아닌 척해도 속 보인다' 등의 평가를 주고받는다. 이러한 평가는 복잡하게 얽혀 있는 네트워크를 통해 빠르게 퍼져 나가 그들에게 좋지 않은 영향을 미친다. 이들은 마치 맞선을 보러 나간 자리에서 결혼하자고 덤비는 사람처럼 느껴져 사람들을 뒷걸음치게 만든다.

내게는 장점이 별로 없지만 나이가 지긋하신 어른들에게 뜻하지 않게 칭찬받는 것이 있다. 어느 CEO가 임원들의 PI 컨설팅을 의뢰하며 왜 처음 만난 후에 찾아오거나 회사 소개서를 보내지 않았느냐고 물었다. 보통은 자신과 명함을 교환하고 나면 3일 이내에 어떤 이유로든 접근해 오는데 아무 연락이 없어 의아했다는 것이다. 조찬 등에서 몇 번 봐도 별 의도가 없는 모습이어서 편했다고 한다. 그러다가 다른 채널에서 강의 평가를 듣고 컨설팅을 의뢰하는 것이라고 말했다. 게으르고 숫기가 없는 나로서는 의외의 성과였다.

그일 이후로 누군가에게 의도를 가지고 다가가는 일은 더욱 없었다. 어느 모임에 참석해 '누구와 무슨 건에 대해서 얘기를 해야겠다는 계획을 세우고, 명단을 확인하고 참석 여부를 결정하는 전략을 짜도 원하는 결과가 쉽게 나오는 것은 아니다. 사람들은 자신이 누군가의 목표가 되는 것을 원하지 않는다. 그저 사람과 사람으로 만났다가 어느 날 자연스럽게 일이 성사되기를 바란다. 지금 나는 내 앞의 누군가에게 어떤 이미지로 다가가려 하는가. 들이대지 말고 기다려라. 만날 사람은 언제 어떻게든 만나게 되어 있다.

출문여견대빈(出門如見大賓). 〈명심보감〉 준례 편에 나오는 구절이다. '밖을 나서는 순간 마주치는 모든 사람을 큰 손님 섬기듯이 하라' 라는 뜻이라 한다. 이 마음만 지니고 있다면 내가 나도 모르게 저지른 결례들을 또다시 저지르는 일은 없을 것이다. 큰 손님을 대할 때는 그저 무턱대고 잘하는 것이 아니라 사전에 정보도 미리 입수하고, 더 훌륭하게 대접하기 위해 이런저런 고민도 할 테니 말이다. 그런데 누가 큰 손님일까. 높은 자리에 있는 사람? 나를 도와줄 사람? 이미 도움을 준 사람? 맞다. 그들은 의심할 바 없이 큰 손님이다. 그런데 지금 보잘것없는 자리에 있는 사람, 내게 큰 도움을 줄 것 같지 않은 사람, 지금까지 나를 도와준 적 없는 사람은 어떤가? 당장은 작아 보일지도 모른다. 하지만 미래는 장담할 수 없다. 하루가 다르게 변하는 오늘을 살면서 내일 무엇이 필요한지 감히 어떻게 알 수 있겠는가. 모두를 챙길 수는 없다며 아무리 이성적으로 생각해 봐도 답은 나오지 않는다. 주머니 속에서 귀찮게 땡그랑거리던 100원짜리 동전들을 어딘가에 팽개쳐두었다가는 지폐를 깨야 하는 순간에 후회할 수밖에 없다. 확실한 것은, 모두가 귀하다는 사실이다. 우리가 만나는 모든 사람을 귀하게 여겨야 한다. 오늘 미래의 귀인과 어떻게 스쳐지나갔는지 지금은 아무도 모른다.

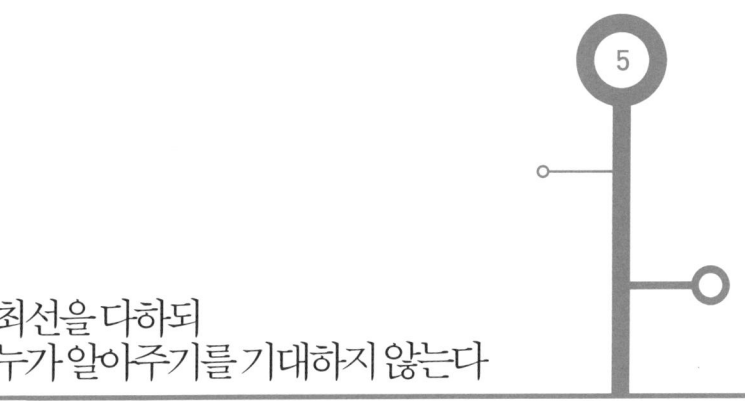

최선을 다하되
누가 알아주기를 기대하지 않는다

　강의 일로 지방에 다녀오는 길에 폭우로 하루아침에 모든 것을 잃은 수재민과 고립된 관광객의 뉴스를 들었다. 돌아오는 국도에서 조심스레 앞길을 바라보다가, '갑자기 돌덩어리들이 떨어지면 길이 곧 끊겨 버리는 것은 아닐까' 하는 걱정이 들었다. 방금 건넌 작은 다리는 이제 곧 잠길 듯이 물이 차오르고 있었다. 그러다 찻길에 떨어져 있는 돌들을 언덕 아래로 치우는 사람을 발견했다. 우산도 쓰지 않은 채 흠뻑 비를 맞으며 어린 아이 머리만 한 돌돌을 두 손으로 던지고 있었다. 오면서 공무 수행이라 쓴 차량에서 나온 사람들이 삽을 들고 산에 물길을 만드는 작업을 하는 모습은 몇 번 보았지만, 그들을 볼 때의 안쓰러움과는 사뭇 다른 느낌이었다. 온몸의 살갗들이 일어났다. 그게 추위 때문만은 아니었다. 그에게 따뜻한 차 한 잔이나 감사의 말을 전하지 못해서 마음이 무거웠다.

> 43

그를 생각하니 옛날이야기 하나가 떠올랐다.

옛날에 지혜롭기로 이름난 어느 왕이, 하루는 백성들의 마음을 알아보고 싶어서 몇몇 신하들과 함께 평민 복장을 하고 궁 밖으로 나갔다. 여기저기 둘러보다가 사람들이 가장 많이 다니는 거리에 이르러 밤이 되기를 기다렸다. 사람들의 왕래가 끊긴 깊은 밤, 왕은 신하들을 시켜 길 한가운데에 커다란 돌을 가져다 놓게 했다.

아침이 되어 사람들이 나타나기 시작했다. 한 장사꾼은 큰 돌이 길가에 가로놓여 있는 것을 보고는 인상을 찌푸리며 "아침부터 재수 없게 돌이 길을 막고 있다니, 에잇!" 하고 짜증을 내며 피해서 갔다. 조금 있다가 포도청에서 일하는 사람이 바쁜 걸음으로 가다가 돌을 발견하고는 "누가 큰 돌을 길 한복판에 들어다 놨지? 잡히기만 해봐라, 가만두지 않을 테다!" 하고 씩씩거리며 지나갔다. 뒤이어 온 젊은 사람은 돌을 힐끔 보더니 빠른 걸음으로 지나가 버렸다.

얼마 뒤에 한 농부가 수레를 끌고 지나게 되었다. 돌 앞에서 걸음을 멈춘 농부는 "이렇게 큰 돌이 길 한복판에 놓여 있으면 지나다니는 사람이 얼마나 불편을 겪겠어" 하며 수레를 이용하여 돌을 길가로 치웠다. 그런데 돌이 놓여 있던 자리에 비단으로 만든 보자기가 있었다. 자세히 보니 거기에는 왕이 친필로 쓴 편지와 금 100냥이 들어 있었다. 편지에는 '이 돈은 이 돌을 치운 사람의 것이다'라고 쓰여 있었다. '누구도 보지 않을 거라는 것을 알면서 하는 행동이 그 사람의 진짜 됨됨이를 말한다'고 했던 토머스 B. 매컬리의 말이 떠오르는 순간이다.

그리고 또 다른 이야기. 옛날 옛날에 마음씨 착한 부자가 두 하인을 풀어주기로 했다. 주인은 그 하루 전날 두 하인에게 마지막으로 새끼줄을

꼬라고 했다. 한 명은 마지막 날까지 일을 시킨다고 투덜대며 허술하게 꼬았다. 그렇게 만든 새끼줄은 꽤 굵었다. 다른 한 명은 평소와 같은 마음으로 밤새 정성껏 일했다. 그가 만든 새끼줄은 가늘고 길었다. 다음날 아침, 주인이 말했다. "이제 너희는 자유의 몸이다. 애써 일한 대가로 어제 꼬았던 각자의 새끼줄에 여기 있는 엽전을 낄 수 있는 만큼 끼워서 떠나거라."

이 옛날이야기의 결과야 뻔하다. 끝까지 자신의 일에 최선을 다했던 한 명은 그 많은 엽전을 다 꿰어 갔고, 불만과 게으름으로 가득 찼던 한 명은 엽전 한 잎도 제대로 챙기지 못했다. 세상에는 그렇게 언제 올지 모르는 보답의 기회들이 널려 있다.

그런데 자신의 신분이 노출될 염려가 없을 때 함부로 행동하는 사람들이 종종 있다. 며칠 전 신호에 걸려 멈춰 서 있는데, 앞차 운전자가 차창 밖으로 종이컵을 버렸다. 그걸 보는 순간 나도 모르게 경적을 울렸다. 종이컵을 아무렇지도 않게 버리는 그에게 경적으로라도 정신을 차리게 하고 싶었다. 아마도 그에게는 그저 잡음으로 들렸을 것 같다.

장마철 폭우로 수재민이 생기면 뉴스는 수재 의연금을 낸 사람들의 명단으로 도배된다. 유명하신 분들은 뭉칫돈을 내놓을 테고, 코흘리개 어린이들도 돈을 모을 것이다. 나에게 초등학생 아이가 있다면 함께 강원도에 내려가서 내가 이느 집 더러워진 가재도구를 닦는 동안, 그 집 아이들과 장난감 놀이나 그림놀이를 하는 게 맞는 것이라고 말해 주고 싶다. 내게 대학생 아들이 있다면 올 방학 용돈으로 몽땅 라면을 사고, 망가진 그들의 비닐하우스를 방학 내내 내 집처럼 고쳐놓는 걸 당연하게 여기도록 키우고 싶다.

배려하려는 마음이 조금이라도 있다면 올여름 휴가는 눈치껏 외국으로 가지는 말라고 말하고 싶다. 멍하니 먼 곳을 응시할 이재민 가장을 위한 소리 없는 기도로라도 그들의 아픔에 공감할 때, 우리의 여름은 더 이상 덥지 않을 것이다. 이렇게 남에게 드러나 보이지 않는 나를 관리할 때 진정한 나의 이미지는 물 만난 물감처럼 내게서 서서히 배어날 것이다.

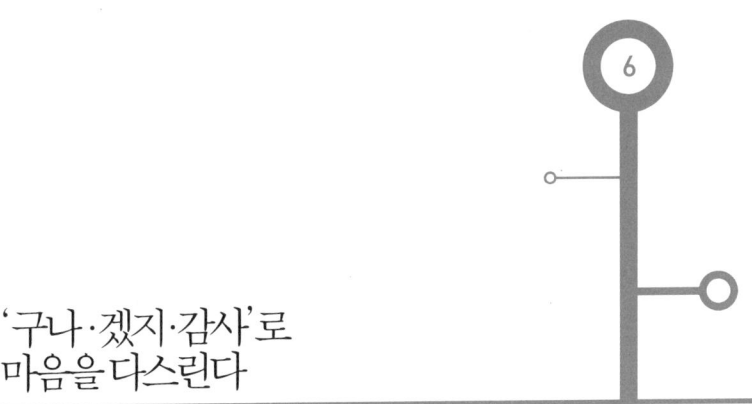

'구나·겠지·감사'로
마음을 다스린다

    다혈질적인 요소가 다분한 나를 진정시켜 주는 특효약을 발견했다. 바로 용타 스님이 말한 '구나', '겠지', '감사'가 바로 그것이다. SK케미칼의 최창원 부회장은 용타스님의 〈마음 알기, 다스리기, 나누기〉라는 책을 열다섯 번이나 읽었다면서, 소모임 참석자 열 명에게 나누어 주었다. 경영인으로서 이미 충분한 겸손과 깊이를 갖춘 그가 이 책을 그렇게 여러 번 읽었던 이유는 무엇일까? 어쩌면 그 시간들을 통해 자신을 다스려 왔는지도 모른다. 이제는 더 이상 읽지 않아도 마음의 평온을 유지할 수 있게 된 걸까?

    그 책 후반부에 등장하는 3단계 비법이 내겐 즉효약이다. 마음 상하는 일을 당했을 때 1단계는 '그가 내게 이러는구나' 하고 객관적으로 받아들이는 것이다. 하지만 절대 객관적으로 받아들이기가 쉽지는 않다. '아니, 감히 내게?' 하는 마음이 들며, 속이 끓는다. 그러나 1초만 마음을 가라앉히고, 마음속으로 이 문장을 말하면 된다. '~ 구나' 하면서 말이다.

그다음 단계는 '이유가 있겠지' 하며 양해하는 마음을 갖는 것이다. 정신병자가 아닌 이상, 누구의 어떤 행동이나 말에는 이유가 있다. 내가 그 이유를 모를 뿐이다. 별것도 아닌 일에 너무 심하게 화를 내는 것 아닌가 하는 생각이 들어도 그것은 내 기준일 뿐이다. 상대에게는 이미 그러기에 충분한 근거가 있을지도 모른다. 여러 번 반복된 자극에 꾹 눌러왔던 심장이 폭발한 것일 수도 있다. 애초에 상대를 그렇게 만든 건 내가 아닐 수도 있다. 내 앞의 사람일 수도 있다. 때로는 그 사람이 과거에 입은 상처 때문일 수도 있다. 아무튼 그가 그러는 데는 분명히 이유가 있다.

3단계는 '~ 하지 않는 게 감사하지' 하는 생각으로 마무리하라는 것이다. 지금보다 더 나쁜 상황은 항상 있다. 얼마든지 벌어질 수 있는 더 나쁜 상황이 용케도 벌어지지 않았다고 생각하면 좀 다행스럽다.

예를 들어 식당에서 불친절한 직원이 못마땅하다고 해보자. 화를 내기 전에 '이분이 손님에게 불친절하구나'라고 객관적으로 받아들이고 나서, '저러는 데는 이유가 있겠지' 하고 몇 가지 이유를 떠올려 봐도 좋다. 만일 아이가 아픈데도 가보지 못하고 식당에 붙잡혀 있다고 생각하면 웃지 않는 것도 당연하고, 실수하는 것도 용서된다. 그보다 더 최악의 상황이 오지 않은 것만도 감사한 일이다. 예를 들어 '그릇을 던지지 않은 것만도 감사하다'라고 생각하면 된다. 이런 단계를 거치면 세상에 화날 일이 참 줄긴 하겠다.

농담이 아니라, 얼마든지 더 나쁜 일이 벌어졌을 수도 있다. 내 밥상을 뒤엎지 않은 것만도 감사하고, 나를 때리지 않은 것만도 감사하다. 그 뜨거운 국그릇을 던지지 않았다는 것도 참 다행이다. 고작 대답을 안 하거나 그릇을 던지듯 놓은 것에 화낼 이유가 없다. 고개 숙여 인사라도 해야 할 상황이다. 말장난이 아니라 생각하기에 따라서는 그렇다는 말이다.

상사가 별것도 아닌 일에 불같이 화를 내며 소리를 지르면 담담히 '(예상대로) 화를 내는구나'라고 받아들인 다음, '저런 상황에 대한 특별한 경험이나 이유가 있겠지' 하고 그의 처지를 이해해주고서, 곧바로 '서류는 던지지 않아 너무 감사하네'라고 마무리하는 것이 과연 불가능할까. 이 방법을 가만 들여다보면 아주 이기적이다. 철저히 내 마음이 자극받지 않게 관리하는 방법이다. 하지만 억지를 쓰자는 것은 아니다. 결국은 내가 내게 뭐라고 말하느냐가 중요하다. '뭐라고?' 하며 핏대를 세우기 시작하면 결국 내가 모두 뒤집어쓰는 상황이 온다. 상대방이 먼저 시작했는데, 그 과정 때문에 내가 피해자가 되기 십상이다. 그래서 '구나, 겠지, 감사'는 효험이 있는 것이다.

부정적인 생각은 외로움과 우울증, 나아가 치매를 불러온다고 한다. 외로움을 느끼는 정도를 측정해서 최상위와 최하위 10퍼센트 사람들을 비교했을 때 치매의 위험성이 두 배 이상 차이가 난다고 한다. 스트레스는 여러 가지 질병을 불러오며 학습능력과 기억력을 떨어뜨린다. 뇌의 해마가 스트레스 호르몬에 민감하고 감정과 학습이 서로 영향을 주기 때문이다. 면역력이 떨어지는 것도 큰 문제다. 그러니 마음이 아플 때, 몸도 아프다는 말은 결코 과장이 아니다.

새삼 놀라운 것은, 새로 생긴 뇌 세포는 단 한 번의 스트레스에도 영향을 받는다는 사실이다. 스트레스를 받은 뇌 세포는 얼마 뒤 곧바로 죽어버린다. 뇌에는 마음을 편하게 유지하는 것이 가장 중요하다. 안정적인 마음상태는 뇌가 제 기능을 발휘하는 데 최적의 조건이다. 그러니 요즘 지겹도록 강조하는 창의적이고, 창조적인 생각을 하려면 무엇보다 뇌와 마음이 자극받지 않도록 스스로 방어해야 한다.

예전엔 누가 내게 잘하면 기분이 급상승하여 호들갑을 떨었다. 그러나 이 방법을 사용하면 그럴 때에도 차분함을 유지할 수 있다. '이유가 있겠지. 원하는 게 있으면 도와주고 이유가 없다면 나중에 도와주면 되지'에 이어 '먼저 좋은 인연을 만들어 주어 참 감사하네'라고 생각하면, 그야말로 차분하게 감사할 수 있을 듯하다. 인생사 새옹지마이기에 지금 너무 들뜰 것도 낙담할 것도 없다는 사실을 조금은 알 듯하다.

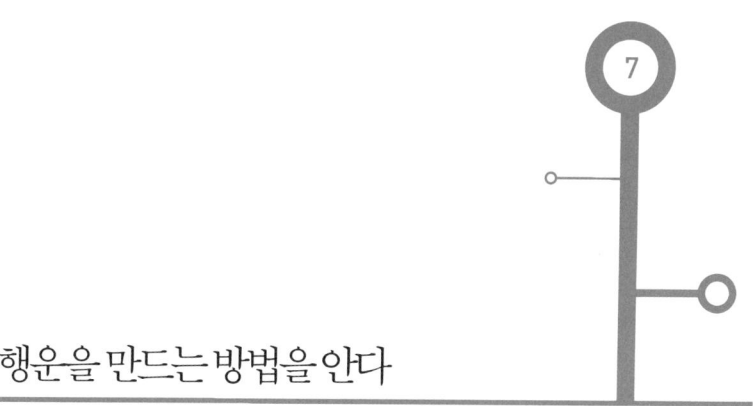

행운을 만드는 방법을 안다

 〈따뜻한 카리스마〉는 내게 자식 같은 책이다. 얼마 전 오랜만에 대형 서점에 책을 사러 나갔다가 아직도 스테디셀러 코너에 버티고 있는 모습을 보고는 대견해했던 기억이 난다. 직원의 권유로 세상에 나와 앉은 내 책을 배경으로 사진까지 찍었다. 그런데 사진을 보며 놀라웠던 건 일요일이라 화장도 제대로 하지 않았는데 전문가의 도움을 받으며 한껏 멋을 낸 어떤 사진보다 화려해 보였고, 무엇보다 행복해 보였다. 숫자에 약한 편이지만 그 책의 출간일자는 내 아이 생일처럼 외우고 있다. 5년 동안 한 번도 잊은 적이 없다. 중국에서도 제법 잘 나가주고 있어 더 고마운 내 책. 그 귀한 인연은 아주 작게 시작되었다.
 2002년 시사 주간지인 〈이코노미스트〉에서 리더의 이미지 관리에 대한 칼럼을 의뢰해 왔다. 일주일마다 한 페이지 분량을 써야 하는 조건인데, 한 달에 강의만 100시간, 그 외 일을 포함하면 한 달 평균 400시간을 일하던 나로서 주말밖에는 시간을 낼 수 없었다. 단 한 페이지를 쓰려면 우선 50페이지 분량의 자료를 모은다. 그걸 30페이지로 줄이고, 10페이지로 줄이고, 내 생각들을 정리하여 한 장을 만든다. 그 일에 주말을 모두 바쳤다.

그렇게 몇 달이 지났을까. 칼럼을 모아 책을 내자는 출판사의 제의가 있었다. 2주를 못 넘기고 광고판을 내리는 영화처럼 2,000부를 못 넘기고 서고로 향하는 책들이 90퍼센트라는 출판계에서 신인 작가로는 매우 좋은 대우를 받았다. 참 감사한 일이었다. 그런데 그 출발점은 바로 내가 보낸 주말들이었다. 주말을 다 바쳤을 때의 목적은 단 하나, 잡지사와의 약속을 지키는 것뿐이었다. 한 페이지를 가벼이 여기지 않았다. 그런데 그 덕분에 기대도 하지 않았던 큰 기회가 찾아왔다. 큰 사랑을 받은 그 책 덕분에 사람들에게 소개되는 내 이력이 달라졌다. 한 회사의 사장으로서 회사명을 거론하기 이전에 자식 같은 그 책으로 나를 먼저 소개한다. 몇 달의 주말이 내 인생에 참으로 큰 변화를 준 것이다.

모 그룹에서 핵심 임원으로 꼽히는 한 분이 그 그룹의 회장님에게 입김이 강한 세 명 가운데 내가 들어 있다는 사실을 전해주었다. 나는 전혀 모르던 일이었다. 그 말을 전하는 분의 표정도 적잖이 놀란 얼굴이어서 우스웠다. 참으로 감사한 일이다. 그 회장님 주위에 내로라하는 석학들도 많건만 내게 신임 비슷한 걸 해주신다니 내가 생각해도 놀라웠다.

벌써 여러 해 전 그분이 급하게 스피치 원고를 요청했다. 그 원고는 의뢰 당일 새벽 두 시에나 완성되었다. 완성된 원고를 회장 지원실의 실장인 상무에게 이메일로 보냈다. 그런데 혹시 그가 휴가면 어쩌나 싶은 기분에 홍보팀장, 그리고 브랜드 관리팀장과 커뮤니케이션 팀장에게 원고를 다시 보내고 사무실을 나서려는 순간, 나는 다시 멈추었다. 만일 그 회사의 서버에 문제가 생긴다면? 내일 오전에 읽으셔야 하는데, 이 원고는 어쩌나. 그게 소심함이어도 좋고 거창하게 디테일이어도 좋다. 내가 한 일 가운데 참 드물게 잘한 일이라는 생각이 든다.

우리 회사는 강남이고 그 회장님의 자택은 강북 중에서도 강북이었다. 결국 내가 그 자택의 경비실에 서류를 맡긴 건 새벽 세 시가 넘어서였다. '아침에 수행비서가 오거든 이 메모와 함께 전해주세요'라고 말한 이후, 어떻게 돌아왔는지는 기억도 나지 않는다. 그만큼 피곤하고 지친 새벽이었다. 그래도 충분한 이유가 있다고 믿었기에 그렇게 했던 것이다. 그 회장님과의 돈독한 관계가 그렇게 시작될 거라고는 계산도 못할 정신이었다. 내가 그동안 한 일 중 그 일을 몇 안 되는 잘한 일로 꼽는다. 솔직히 말하면 그 귀한 인연의 시작이 다름 아닌 내게서 비롯했다는 것이 스스로 대견해서다.

어느 항공사의 남자직원에 대한 얘기가 기억에 남는다. 승무원들이 해외에 머물 때면 밤 열한 시까지는 지정 호텔로 돌아와야 한다. 그런데 LA에 체류하던 남자승무원 한 명이 새벽 한 시에 맥주를 사러 나갔다가 권총 강도를 만났다. 그는 머리에 총을 맞았고 미국에서 뇌수술을 받았다. 문제는 산재 처리였다. 규정을 어긴 시간에 발생한 사건이기에 회사는 어떤 비용도 지급할 수 없다고 했다. 그런데 그와 같은 팀에 있던 열다섯 명이 비행을 거부하고 그의 구명 운동에 나섰다. 비행을 포기한다는 것은 자신의 수입 중 3분의 1 이상을 포기하는 것이었다. 그렇게까지 하는 이유는 생각보다 단순했다. "그분은 이렇게 하기에 충분하도록 우리에게 해주셨어요." 비행 중 서로 피하는 궂은일들을 도맡아 했고, 늘 바보스러울 만치 선하기만 했다는 것이었다.

그런 그를 당연히 모두가 기억하고 있었다. 언젠가 자신이 총에 맞을 거라는 계산을 하고 그렇게 일했던 걸까? 바보처럼 순하고 선하기만 했다던 그가 그런 계산을 미리 했을 리가 없다. 많은 직원의 서명이 담긴 탄원서로 결국 회사가 산재 처리에 동의하여 수술비와 병원비, 가족의 체류비까지 부담했던 일은 아주 오래된 일인데도 모두들 선명하게 기억하고 있다고 한다.

세상에는 내 계산대로 되는 것이 별로 없다. 내가 늘 속상해하는 것이지만, 돈 벌려고 뛰어다니느라 세금을 제때 내지 못하여 쌓이는 연체료가 만만치 않다. 여윳돈이 있으면서도 친구의 급한 사정을 외면하면, 지갑을 잃어버렸을 때 모든 게 날아가 버린 꼴이 된다. 항공사 마일리지 쌓으려는 욕심으로, 있는 현금을 쓰지 않고, 카드로만 쇼핑한 날 거금이 든 지갑을 소매치기당하고 억울한 마음에 잠 못 자던 날이 내게도 있다. 요즘 어느 광고처럼 어느 날 외제차를 들이받으면 보너스를 통째로 날려야 한다. 세상은 '머리'로 아무리 계산해 놓아도 영 다른 결과와 맞닥뜨리기 일쑤다. 그게 세상이다. 그럼 어떻게 해야 할까?

큰 사고 치지 않고, 회사에 잘 다니면 연봉도 오르고 승진도 할 것이다. 그렇게 한 발자국씩 내디딜 때에도 자신의 능력이나 노력에 따라 개인차가 생긴다. 그것이 더디게 느껴져 조금 더 크고 빠른 성공을 꿈꾸는가. 지름길은 하나뿐이다. 아무 계산하지 않고, 내가 먼저 세상에 이만큼 내어 주는 오늘을 사는 것. 그것만이 지름길이다. 그렇게만 한다면 결국 세상은 내 편이다.

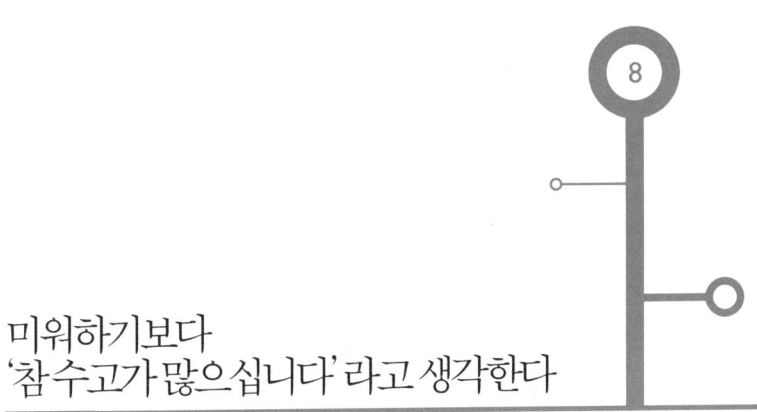

미워하기보다
'참 수고가 많으십니다'라고 생각한다

파스칼의 말이 늘 머리에 남아있다. '바닷물만큼의 이성보다 한 방울의 사랑이 더 많은 것'이라고 그는 말했다. 그런데 그 말을 너무 믿다가 바보짓을 많이 했다. 때로는 세상의 광대가 되기도 했고, 때로는 나보다 계산적인 사람들에게 무엇인가를 빼앗겼다는 느낌을 받기도 했다. 사실이기도 할 것이다. 세상에는 나와 너무 다른 사람들이 함께 살고 있으니까 말이다. 그러나 그들을 미워할 필요는 없다. 단지 닮지만 않으면 된다. 차가운 사람들이 즐겨 하는 것 중 하나가 바로 '비판'이다. 비판하고, 야단치고, 기죽이면서 누군가의 삶에 무게를 더하는 이들이 세상에 분명히 있다.

이쯤 해서 떠오르는 이가 있다. 그 사람 때문에 나는 평생 처음으로 편두통을 3개월간 앓다가, 결국 병원을 찾았다. 40대 중반쯤 되면 웬만한 모임의 총무 역을 많이 맡는다. 그분은 내가 무엇을 해도 늘 타박하고 더 나은 것을 들이대며 호통친다. 나의 하루 일과가 어려울 정도로, 하루에도 10여 통씩 생각날 때마다 수시로 전화를 하는데, 통화 내용 대부분이 비난이다. 나에 대한 것이든 남에 대한 것이든 참 듣고 있기 괴롭다. 한 번만 전화를 못 받아도 비아냥거리기 시작한다. 일방적으로 전화를 걸어와 '뭐 대단한 일을 한다고 나보다 더 바쁘냐?'라고 하신다. 중년층 모임에서는 나를 '야!'라고 부르신다. 내 성격에 참다 참다 못 참고 "저희 집에서는 꼬마들한테도 그렇게 부르지는 않는데요" 했더니 들은 체도 안 하신다. 세상에서 나를 그렇게 부르는 사람은 그분이 유일하다. 예순이 넘은 그는 나를 마치 자신의 직원처럼 부리며 늘 구박한다. 사실 자원봉사자에게라도 그러면 안 된다.

 때로 그의 말이 맞을지도 모른다. 나보다 그가 더 현명하고, 더 효율적이고, 때로는 더 경제적일지 모른다. 그러나 한참 시간이 흐른 지금도 그를 닮고 싶은 생각은 눈곱만치도 없다. 그의 재력이 국내 100위 안에 들고, 그가 어떤 분야에 박식하여 그 분야 사람들에게 존경받고 있다고 해도 별로 부럽지가 않다. 나는 비록 그것들을 다 갖지 못하더라도 그보다는 넉넉한 가슴을 가지고 싶다. 그와 다르게 나이 들고 싶다. 나와 타인이 복사본이 아니라는 사실을 아는 나이고 싶다. 어느 날의 자잘한 잘못도 내가 열 살이나 스무 살쯤 많으면 한 수 가르쳐 주듯 가벼이 말하고 안아 주는 나이고 싶다. 그리고 받는 것에만 익숙한 것이 아니라 감사할 줄도 알고, 남이 수고한 것도 알아줄 줄 아는 내가 되고 싶다. 무엇보다도 불편하다고 해서 마음 아픈 사람들을 그처럼 쉽게 치워 버리지 않는 나이고 싶다.

이쯤에서 서울대 어느 교수의 말이 떠오른다. 그가 대외협력본부장으로 일하면서 4년 넘게 모셨던 한 총장은 누군가의 잘못을 지적하는 일이 거의 없었다고 한다. 별것 아닌 것은 당연히 넘어가고, 조금은 큰 지적거리를 알게 되어도 모르는 척하여 사람들 스스로 변화할 기회를 주었다고 한다. 세계 130위권 밖이었던 서울대의 경쟁력을 50위권으로 올려놓을 수 있었던 이유는 사람들에게 성장의 기회를 주어 열정을 불러 일으켰기 때문이다. 나를 힘들게 하는 그분이 그를 한 번만 만나봤으면 좋겠다.

한번은 어느 기업의 임원들을 대상으로 강의를 갔는데, 임원들의 기대 사항을 미리 말해주며 직원들과의 원활한 의사소통을 강조해 달라고 했다. 그런데 그들의 말을 듣다 보니 임원들의 문제점이 드러났다. 내가 겪은 그분의 모습과 흡사했던 것이다. 강의 중 임원의 의사소통 방법을 예로 들거나 직원의 심정 등을 표현했는데, 강의가 끝나고 교육 담당자가 어찌 그리도 잘 아시냐며 신기해했다. 그것 하나는 그에게 감사합니다.

내가 이토록 그에게 한이 맺힌 건 바로 그의 '비판' 때문이다. 그는 늘 비판을 달고 산다. 물론 가끔 칭찬도 한다. 자신에게 무지무지 이로운 일이 있을 때만 그렇다. 그러고 나면 다시 비판을 시작한다. 물론 나에게만 그러는 것은 아니다. 자신과 절친하거나 자신에게 바친 게 많은 이를 제외하면 모두에게 야박하다. 그러니 그분에 대한 말은 많아지고 사람들은 점점 멀어져 간다. 그의 재력 때문에, 그의 입김 때문에 그 앞에서 웃는 사람도 뒤돌아서면 흉을 본다. 그만 그 사실을 모른다. 그게 '비판을 위한 비판'의 부작용이다. 사람들은 이성이나 논리 때문이 아니라 바로 감정 때문에 상처를 받는다. 그런데 그는 늘 사실(fact)을 다루면서 감정은 외면한다. 그래서 상대는 분노하게 되는 것 같다. '분노는 상처를 감추는 가면'이라는 말도 있지 않은가. 사람들은 누구나 비판에 상처받는다. 그 뜻이 좋아도, 그 말이 맞아도 감정이 상처받기 때문이다. 논리보다 감정이 늘 문제다. 누군가 그랬지. 그 45센티미터가 가장 멀다고. 머리로는 알겠는데 가슴으로 받아들이기가 힘들다고 가슴과 머리 사이, 그 45센티미터 때문에 우리가 힘들다고.

내 직업이 난 늘 감사하고 좋았는데, 가만 생각하면 늘 지적하고 평가하는 역할이었다. 그렇다고 생각하니 조금은 씁쓸하다. 그러나 부디 역할에 따라 가슴으로 했던 말이었음을 그들도 이해해주면 좋겠다. 거창하게 말해 비평이었을지언정, 비난으로는 기억하지 않았으면 좋겠다. 음악이든 미술이든 '평론가'나 '비평가'는 있어도 '비난가'는 없다. 긍정적인 의도의 비평과 후배를 성장시키는 애정은 몰라도 감정적인 비난은 아무도 인정해 주지 않기 때문이리라.

그런데 나 역시 지금 그를 비판하고 있는가. 아니, 그냥 어떤 사례를 소개하는 것이다. 나에게도 그런 존재가 하나쯤 있다는 것이다. 그러나 나는 요즘 웃으며 그와 악수를 한다. 속으로 하나도 그를 인정하지 않으면서도 웃으며 그에게 인사를 건넨다. 그에게 고마운 것이 있기 때문이다. 그는 그렇게 살지 말고 그렇게 나이 들지 말라는 큰 교훈을 내게 주었다. 그는 3년 남짓한 시간 동안 많은 걸 가르쳐 주었다. 그를 보면 난 그 말이 생각난다. '참 수고 많으십니다.' 그분은 세상의 앞자리 사람들만 살피고, 자신에게 도움될 사람들을 우선 챙기는 모습이 얼마나 초라한지 보여주느라 수고가 많으시다. 자신에게 방해되면 누구든 치우기에 급급하고, 현재 자신의 잣대로 이미 아픈 사람을 또 상처 주면 그게 얼마나 모진 일인지 알려주느라 수고가 많으시다. 이런저런 상황을 연출해 주느라 또 수고가 많으시다. 그렇게 나를 막 대함으로써 날마다 더 나은 반응을 하도록 나를 지도해 주느라 참 수고가 많으시다. 이렇게 생각하는 방법도 고난을 좀 식혀주니 가까운 이들에게는 권해주고 싶다. 다음에 그를 만나면 이번엔 겉으로 말해야겠다. "참 수고 많으십니다"라고. 그가 알아듣지 못할 건 알지만 말이다. 그러나 나도 진정해야 할 필요가 있다. 내가 아는 그의 모습이 전부가 아닐지도 모르지 않는가. 그가 지금의 그일 수밖에 없는 이유가 과거에 있었을지도 모르니 우선 그를 안쓰러워하는 것에서 멈추자. 그에게 화를 내지도, 비난하지도 말아야 한다. 아직 그에 대한 감정이 식지 않은 동안은 그저 '참 수고가 많으시다'고 생각하는 것에서 멈추자.

새삼 영국의 대문호 닥터 존슨의 말이 떠오른다. '하나님조차 한 사람을 심판하려면 그 사람의 사후까지 기다린다.'

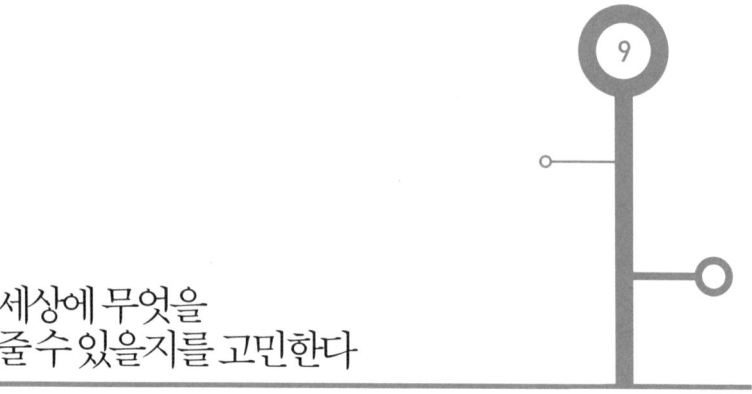

세상에 무엇을
줄 수 있을지를 고민한다

그는 폐에 물이 차는 걸 막아야 하고 심장 강화제를 먹어야 한다. 오른쪽이 마비되어 직장도 잃은 그는 새벽에 폐지를 줍는다. 그렇게 한 달에 10여만 원을 번다. 지하철 5호선, 행복을 실어 나르는 부자(父子)가 있다. 새벽부터 오전 내내 뛰어서 두 자루를 모으면 9,000원을 받는다. 감사해하는 성석 씨다. 뇌졸중으로 또 언제 쓰러질지 모른다는 그는 또 다른 병이 올까 봐 두려워한다. 그 불안과 함께 절룩이는 다리로 지하철에 남겨진 신문들을 모은다. 일곱 살 아들 원기가 해맑게 웃으며 아빠를 돕는다.

지하철에서 내린 원기가 소리친다. "고마워…." 취재 기자가 누구에게 고맙다고 하는 거냐고 물으니 지하철에게 하는 말이란다. 오늘도 신문을 주어서 고맙다고 원기는 지하철에게 인사한다. 아빠를 닮았다. 중학교 중퇴인 성석 씨에겐 육아일기장이 있다. 그런데 그 안에는 '감사, 감사,

감사합니다'가 가득하다. 그는 내내 그렇게 살았다. 그래서 그의 아들도 아빠를 닮는다.

아들에게 자랑스러운 아빠가 되고 싶은 성석 씨. 아들이 행여 폐지 줍는 자신을 닮지 않기를 소망하는 성석 씨. 그는 이미 유서도 써놓았다. 언제 자신이 떠나게 될지 장담할 수 없어서다. 까불던 원기는 "아빠 죽지 마"하고 울다가 잠든다. 그는 오늘도 기도한다. '아프지 말고 커라, 아빠 닮지 말고…'. 그가 원하는 이 부탁만큼은 부디 하늘이 들어주면 좋겠다.

성석 씨네 집 부엌 찬장에는 주민등록 등본이 붙어 있다. 자신의 이름이 들어간 주소를 처음 가져 보기 때문이라 한다. 등촌동 임대 아파트 405동 홍성석 씨. 그가 아들 교육비와 생계비를 쓰고 4개월 동안 모은 돈이 9만 원. 그 돈으로 그는 장을 본다. 팔 것 아니니 싸게 달라고 떼쓰며 돈가스 만들 재료들을 산다. 절름거리는 다리와 말을 듣지 않는 손으로 번 돈을 100명 아이들에게 나눈다. 그리고는 온몸에 근육 이완 파스를 붙이고 끙끙 앓는 소리를 내며 잠든다.

전직 서양식 요리사였던 그는 아파트에 방송을 하고 맞벌이 부부가 많은 아파트의 아이들에게 무료로 돈가스를 만들어 준다. 더 기가 막히는 건, 돈가스를 먹으러 온 아이들에게 와주어 고맙다고 말한다. 아무 생색도 없이 그저 "먹어 주어 고맙다"고 한다. 주민들은 그런 그가 고마워서 신문지를 모았다가 성석 씨에게 준다. 세상에 더없이 값진 선물을 그들은 그렇게 주고받는다.

뇌졸중으로 쓰러진 지 한 달 만에 아내가 그를 떠났다. 심장병이 유전된다는 말에 결혼도 유보했는데, 마흔셋에 갖게 된 늦둥이 아들 원기 때문에 오늘도 그는 힘든 하루를 견뎌낸다. 엄마 없는 아이에게 두 몫의 사랑을 퍼붓느라 힘든 줄도 모른다. 교회의 아이들에게 스파게티를 만들어 주며 원기의 자랑스러운 아빠가 되는 것이 성석 씨가 원기에게 주는 최고의 선물이다. 그렇게라도 하여 가난한 원기 곁에 친구가 많아지길 원한다. 욕심이 아니다. 더 가지려는 게 아니다. 자신이 떠나면 원기가 혼자일 거라서 미리 준비해 놓는 것이다.

참 말도 안 되는 것은 그런 그가 학교 급식 자원 봉사까지 한다는 것이다. 새벽에 배달된 우유를 각 층의 모든 교실마다 배달해 놓는다. 방과 후에는 우유팩을 수거해 정리한다. 그러다 한 개, 누군가 먹지 않고 박스에 남겨둔 새 우유를 발견하면 거의 로또 당첨이나 된 듯 소리치며 기뻐한다. 원기에게 주려는 것이다. 언제 다시 쓰러질지 모르는 자신의 삶. 성석 씨는 자신이 할 수 있는 것들을 세상에 선물하며, 세상에 아들을 맡긴다.

3년 전, 아들과 아파트로 옮겨온 성석 씨가 안쓰러워 원기를 내내 돌봐 주던 옆집 할머니. 그는 그게 너무 고마웠고, 그래서 자신도 남에게 줄 것들을 고민하기 시작했다고 한다. 그래서 돈가스를 나누어 주며 알게 된 원기의 이웃 누나와 형들에게 또 감사하다고 한다. 옆집 할머니의 배려와 따뜻한 정이 그로 하여금 주변을 돌아보게 했다. 그 작은 시작으로 이제는 자신이 언제 떠나더라도 원기가 외롭지 않을 세상을 만들어 준 것처럼 든든해한다.

흔히들 '행복 바이러스'라는 말을 한다. 그런데 이놈의 바이러스는 독감처럼 세지가 않은지 그리 잘 퍼지지 않는다. 그래도 분명한 건, 돌긴 돈다는 것이다. 내가 누군가로 인해 행복한 경험을 하면, 또 나도 남을 행복하게 할 궁리를 시작하게 된다. 사랑을 많이 받아 본 사람이 줄 사랑도 많다고 하였던가. 그게 얼마나 좋은 건지 알게만 되면 착한 사람들을 중심으로 마구 퍼져 나간다.

그 옆집 할머니처럼 닮아 갈 사람이 내 주변에 누구인지 떠올려 본다. 그러나 그보다 나는 어떤 사람인지 돌아보는 것이 더 중요하고 더 급하다. 내 소중한 가족들 곁에 늘 있을 수 없다면 그들을 이 세상에 맡겨야 하는데, 매달 입금 시킬 계좌도 없는데 무엇을 담보로 맡기나. 하지만 우리는 이미 다 알고 있다. 나 사는 동안 그때그때 내가 할 수 있는 만큼 세상에 선물하는 것이 내가 사랑하는 이들을 세상에 맡길 수 있는 유일한 길이라는 것을.

Chapter Two

20년 동안 만난
사람들에게서
배운 것들

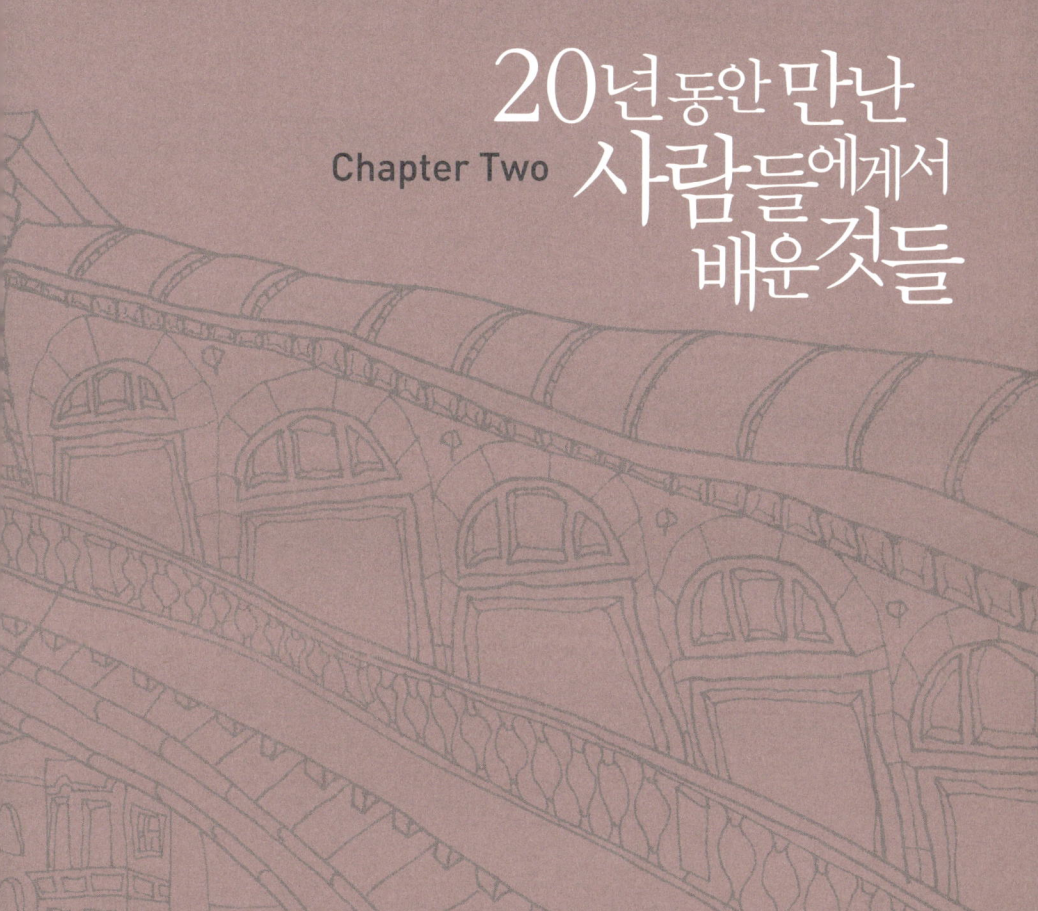

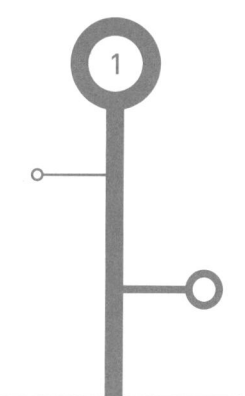

진짜 자존심
최고가 되면 세상은 결국 나를 찾는다

예전에 어느 잡지와 인터뷰를 하는데 미용에도 신경을 많이 쓰는 것 같다는 물음에 TV홈쇼핑에서 구입하는 미용 팩 상품들이 전부고 마사지 한번 제대로 받으러 간 적도 없다고 대답했다. 그러면서 농담처럼 덧붙였다. 연예인들이 부러울 때가 있다고. 피부 관리, 몸매관리를 잘하는 것이 직업에 충실한 것이고, 운동을 열심히 하는 것이 그대로 직업에 직결되어 좋겠다고 말이다. 이제 와 아주 솔직히 말하면, 그 말을 할 때 나는 연예인들보다 훨씬 힘들게 일하는 척했던 것 같다. 내심 배우나 운동선수들을 그저 재능 하나로 쉽게 돈을 버는 행운아로 비하하고 있었는지도 모른다.

얼마 전 '팝의 황제' 마이클 잭슨이 떠나고 그를 추모하는 예전 공연들을 보게 되었다. 그의 음악적 재능보다는 그를 둘러싼 가십거리에 더 많은 관심을 두었던 것을 후회하게 되는 시간이었다. 음악가를 음악으로 평가하지 않고 왜 피부색이나 사생활에 더 흥미를 느꼈던 걸까. 그의 공연을 제대로 보지도 않고 갖게 된 편견이었다. 10여 년 전, 그가 서울에 왔을 때 공연장에 갔었다. 앞에서 세 번째 줄에서 봤지만, 당시 몸과 마음이 극도로 경직되어 있던 터라 아무런 감동도 받지 못했다. 사실 잘 기억나지도 않는다.

그런데 10년이 지나고 텔레비전으로 지켜본 그는 달랐다. 뮤지컬 한 편을 본 듯한 스토리가 있는 무대와 혼이 담긴 열창, 보면서도 믿기 어려운 춤. 무엇보다도 함께 하는 연주자들과의 코러스에 애정이 넘치던 모습에 충격을 받았다. 그의 노래 한 곡은 그 누구의 한 시간짜리 연설보다 강렬했다. 공연 중 응급팀에 실려 나가는 팬들의 모습이 전혀 과하다고 여겨지지 않았다. 그가 세상을 더 아름답게 만들자는 곡을, 지금보다 서로 더 사랑하자는 곡을 그렇게 많이 썼는지도 몰랐다. 그저 뉴스거리로만 생각했던 게 새삼 미안해졌다. 그는 그냥 돈 많이 벌었던 가수가 아니라, 그야말로 한 분야의 역사였다.

사실 어느 분야든 특출난 사람은 다른 이들과 같지 않다. 우리가 흔히 쉽게 돈 번다고 생각하는 직업인들. '얼굴 하나 예쁜 걸로 오래도 가네?', '운동 하나 잘해서 그 연봉을 받나?' 하고 쉽게들 이야기한다. 수영을 하는 사람은 많지만 1등은 어차피 한 명이다. 하는 사람이 많은 만큼 1등을 하기는 더 어렵다. 베토벤 피아노 협주곡을 악보 안 보고 칠 수 있는 이는 전 세계에 수만 명이 있어도 1등은 따로 있다. 음이 틀려서 1등을 못하는 것이 아니다. 음은 다 맞게 쳤는데도 그 안에 혼이 들어 있지 않으면 사람들의 눈과 귀가 알아차린다. 신기하지 않은가. 사람들이 타인의 내면을 읽어 낸다는 것 말이다. 그것은 연주하고, 연기하는 그 순간만이 아니라 그 사람의 과거를 느끼는 것이다. 나는 그렇게 믿는다. 지금 보고 있는 그 사람에게서 그의 과거를 읽어 내는 것. 그럴 때만 사람들은 느낌을 받고, 끝내 감동하는 것이다.

김연아 선수가 하루아침에 피겨 스케이트의 여왕이 되지는 않았을 거라고 막연히 추측은 한다. 그녀의 엉덩방아 횟수를 헤아려 볼 필요도 없다. 그녀는 이미 초등학교 2학년부터 하루도 늦은 적 없이 새벽 여섯 시면 머리를 곱게 빗어 넘긴 채 픽업 버스를 기다리던 아이였다. 그녀가 지금의 그녀다. 고작 1, 2년 하고 그 경지에 이른 것이 아니다. 그런데 우리는 너무 조급하다. 1년쯤 했으면 답이 나오는 게 당연하다고 착각한다.

교육을 업으로 삼았던 나는 창업 17년이 지나도 영업의 '영' 자도 모른다. 퇴직금 받아 장사하면 '선생'은 거의 망한다고 했던가. 늘 권위의식에 쌓여 존중받던 자존심을 꺾지 못하기 때문이리라. 그러나 자신의 일을 더 잘하기 위해 자신을 파는 것은 곧 자신과의 싸움인 동시에 덕을 쌓는 일일지도 모른다. 자신이 세상에 이로운 존재라는 믿음으로 더 많은 사람들에게 자신을 내어 놓는 것. 그것이 덕이고, 열정일 것이다. 매우 긴 세월 동안 나는 강의나 컨설팅 영업을 흉하다고 여겼다. 아직도 잘 못하지만, 생각을 바꾼 것은 분명하다. 이왕 할 교육이라면 더욱 유능한 내게 기회를 달라고 설명하는 것이 상대에게 도움을 주는 길이라고 생각을 바꾸었다. 그러자 나의 표현이나 적극성이 달라졌다.

나는 한 번도 어느 연예인을 좋아해 본 적도 없고, 사진이 코팅된 책받침을 가져 본 적도 없었다. 1980년대, 여고시절 '조용필 오빠'가 같은 아파트에 살았지만 전혀 관심이 없었다. 물론 인간적으로 끌리는 연예인은 있다. 바로 배우 안성기인데, 그에게 끌리는 가장 큰 이유는 무엇보다 그의 인간적인 매력 때문이다. 〈따뜻한 카리스마〉에서 밝혔듯이 사람들 사이에서도 그의 신중하고 온화한 인품은 늘 은은하고 조용하게 돋보인다. 최근에도 한국인이 선호하는 배우 1위에 뽑혔을 만큼 여전한 사랑을 받는데, 사람들에게까지 그의 인간적인 매력이 전해졌기 때문이리라. 그때와 달리, 최근 나는 한 남자에게 빠져 있다. 바로 배우 김명민이다. 3년을 하루같이 PD와 작가를 찾아가 인사를 하며 자신을 알렸던 배우. 다른 배우들은 자존심 상한다며 2주를 못 넘기고 포기하는데, 그는 3년 동안 매일 인사를 다녔다. 그 덕분에 동기 가운데 단역을 가장 많이 했다.

자존심? 그건 맨 끝에 결정되는 것 아니던가. 간, 쓸개 다 집에 놓고 세상에 나가라고? 아니, 다 챙겨 나가 그들이 나를 찾게 하는 것이 자존심을 제대로 지키는 것이다. 강사료가 싸서, 혹은 일정이 맞아서 나를 부르는 것이 아니라, 일정을 조절해서라도 나를 부르게 만드는 것이 결국 내 자존심을 지키는 길이라 믿는다. 다른 영업에 신경 쓰기보다 오늘 주어진 이 강의에 최선을 다하는 것이 최상의 영업이라 믿는다. 그게 내가 생각하는 자존심이다. 자존심의 기준이 비슷하여 그가 좋아졌는지는 모르나, 아무튼 그는 진짜 자존심이 뭔지 안다.

지난번 연기했던 '강마에'의 카리스마는 어디에 두었는지, 그는 지금 금방이라도 쓰러질 듯한 루게릭병 환자의 모습을 하고 있다. 이미 볼이 푹 패였는데도 더 말라야 한다며 볼을 누른다. '이만큼 더 말라야 하는데…' 무릎뼈가 튀어나올 만큼 삐쩍 마른 그는 오늘도 자신의 이름은 잊고, 배역에 몰입한다. 내가 한번 불러주자. '김명민.' 늘 '이순신', '장준혁', '강마에'로 불릴 만치 배역이 사람들에게 다가가도록 자신을 투영

한다. 전문 지휘자도 일곱 시간 연습하는 것은 무리라는데 마지막 장면 하나를 위해 일곱 시간을 지휘한 그가 '드라마 하나 잘 만나서 뜬 배우' 일 수는 없다.

처음으로 단막극의 주연으로 캐스팅되어 모든 것을 준비해 갔는데 주연이 바뀌었다는 소리를 들었을 때 그 기분은 어땠을까. 세상이, 사람이 싫어질 것 같다. 촬영이 중단된 영화만 세 편이다. 그 정도면 해외로 떠나려 했던 결심도 비겁하지 않아 보인다. 그런 그에게 '불멸의 이순신'의 기회가 찾아왔다. 그것은 행운일까. 난 아니라고 본다. 세상은 결국 내 편이니까. 그에게 마지막 기회를 준 것이라 믿는다. 언론에서 그가 이순신 역을 맡은 것이 의외라는 말이 나오자, "이순신 봤어? 나처럼 생겼을지도 모르잖아?" 하고 소리치며, 연습에 임하던 그는 단지 연기에만 열중하는 이가 아니다.

연기 대상을 수없이 받았지만 아직도 볼펜을 입에 물고 발음 연습을 하는 그, 정기적으로 루게릭병 환자들을 만나며 연기에 필요한 정보를 얻는 것만이 아니라 그들의 아픔을 나누고 늘 미안해하는 그, 말없이 몰입하는 촬영장에서는 "웃고 떠들 겨를이 없는 거죠. 나름 바쁜 거예요, 저는. 저 혼자" 하며 그 배역과 하나가 되려는 그, 연습을 안 하면 NG 내는 악몽에 줄곧 시달리는 그, 그러나 그 무엇보다도 주연임에도 늘 촬영장에 30분이나 한 시간은 일찍 나와 모두를 기다리는 그, 스태프들 한명 한명의 이름을 다 외우며 '아무개야, 밥 먹었어?'로 인사하는 게 당연하다고 생각하는 그가 오늘의 그를 만들었으리라 나는 믿는다.

400대 1의 경쟁을 뚫고 들어와도 이름 없이 사라지는 수많은 배우들 가운데 유독 그가, 14년이 지난 지금 이렇게 강하게, 진하게 남는 이유는 무엇일까. 삶에 대한 그의 진지함과 세상에 낮게 임하는 자세, 자신에게 최선을 다한 과거의 시간들, 보통 사람들은 이해하기 힘든 경지에까지 올라 자신의 일에서 최고가 되려는 몰입이다. 그는 다른 건 몰라도 연기만큼은 최고라는 말을 듣고 싶다고 한다. 잊히고 싶지 않다고 한다. 그 욕심은 누구에게나 있지만 많은 이들이 그 욕심을 이루는 과정에서는 나약해지기 일쑤인데 그는 한결같다. 그걸 돈 욕심이라고 아무도 매도할 수 없을 것이다. 사람들은 각자의 역할 속에 최선을 다하고, 그 모습으로 다른 사람들의 삶을 이끄는 미션을 가지고 세상에 오는 것 같다. 그는 오늘도 내게 묻는 것 같다. '이렇게 사는 건 어떠하신지…'라고.

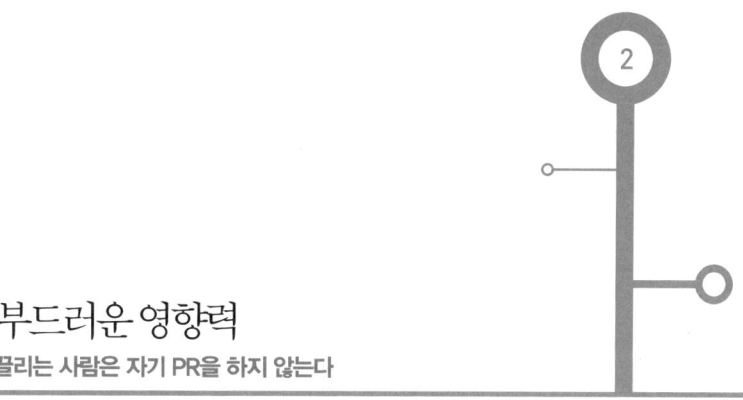

부드러운 영향력
끌리는 사람은 자기 PR을 하지 않는다

자수성가를 자랑스럽게 말하는 것이 나쁜 것은 아니다. 단지 혼자서 이루어 낸 것은 아니라는 것을 말할 필요는 있다. 그들은 사업을 시작할 때 두둑한 후원금이나 투자자가 없었다는 이유를 들겠지만 혼자 이루어 낼 수 있는 것은 세상에 없다. 난 확실히 그렇게 믿는다. 그런데 어제 컨설팅 중에 인간관계에 대한 주제가 나오자 어느 분은 말했다. "난 성과나 효율이 중요하지, 관계는 과외적인 것으로 생각합니다." 관계에 따라 효율과 성과가 달라진다는 것을 그는 아직도 모르는 것 같았다. 카네기멜론 대학교에서 성공에 영향을 미치는 요인을 분석한 결과 기술과 능력은 단지 15퍼센트에 불과했고, 85퍼센트는 좋은 인간관계와 공감 능력이 좌우한다.

'관계'는 결코 과외일 수 없다. 내게 누가 잘 있느냐고 물어서 내가 "덕분에요"라고 답하면, 자신이 해준 게 뭐가 있다고 그런 인사를 하느냐며 상투적인 인사로 치부하는 이가 있다. 내가 잘 있는지 궁금해 해주고, 나아가 잘 있기를 기원해 준 그 마음 덕분이라고 믿어서 하는 답인데도 말이다. 안부 한 마디, 격려 한 마디, 짧은 정보가 담긴 메일 한 통, 저녁 식사 대접 한 번, 그렇게 해 준 이들이 바로 지금의 나를 만들었다고 분명히 믿는다.

모 그룹 경제 연구소가 주관하는 CEO 문예포럼이 있다. 와인도 배우고 미술사 공부도 하는데, 600여 명 회원이 모두 모이는 제법 큰 행사가 있었다. 그 행사는 매우 성공적이었다. 행사 전문 업체가 개입하지 않은 채 회원들이 자체적으로 준비했던 것이기에 그 의미가 더욱 컸다. 10여 명이 주요 운영진으로 참여해 행사를 준비했는데, 그들 모두 자기 일을 하는 데만도 시간에 쫓기는 각계의 CEO들이었다. 고교 동창도 아니고 심각한 이해관계가 얽혀 있는 사이도 아니었다. 그런데도 그들은 기꺼이 그 행사에 자신의 재능과 전문 지식과 금쪽같은 시간을 투자했다. 사실 그들의 인건비를 다 환산해 계산했다면 어마어마했을 것이다. 그렇지만 식사비와 행사 진행비 등 300여 명이 참석하는 전체 경비는 최소한으로 마무리 지어졌다. 행사 후 각자가 성공에 기여했다는 뿌듯함을 느꼈다. 그런데 다들 알고 싶고, 배우고 싶어 하는 것은 전체 리더를 맡은 이의 리더십이었다. '우리가 이토록 시간과 애정을 바쳐 일했던 동기는 무엇일까? 어떻게 그토록 단합하고 몰입할 수 있었을까? 무엇보다 우리가 그를 좋아했기 때문이 아니었을까.'

크리스 와이드너가 쓴 〈영향력〉이라는 책에 이런 내용이 있다. 삼촌의 트랙터가 그리 많이 팔리는 이유가 뭐냐고 주인공이 묻자 삼촌이 짧게 대답했다. "그들은 우선 나를 좋아하는 거야." 그 말처럼 그 행사의 리더는 유능했고, 겸손했다. 그래서 까다로운 사람들도 그의 능력을 인정하고, 그에게 다가갔다. 그가 먼저 최선을 다했기에 우리는 그를 본받으려 했을 것이다. 그는 그렇게 우리의 마음을 훔쳤고, 그 덕분에 상상하던 것을 결국 이루어냈다. 누군가 그랬다. "관리까지 해야 하는 게 인간관계라면 차라리 안 하고 싶네요." 난 웃음이 났다. 머리카락 수나 뱃살 따위를 관리하는 건 당연하게 여기면서, 그보다 훨씬 귀한 인간관계에 애쓰는 것을 어찌 흉볼 수 있을까. 오만이다.

컵 하나를 팔아도, 그림을 팔아도, 컨설팅을 해도 결국은 사람에게 파는 것이다. 운전을 해도 차가 가는 것이 아니라 사람이 모는 것이다. 고성능의 내비게이션보다, 방금 누가 전화로 알려준 정보가 더 유용할 때가 있다. 사람과의 '관계'는 우리가 꼭 배워야 할 삶의 기술이다. 사람은 자기가 좋아하는 사람과 일하려 하기 때문이다. 사람이 일하는 곳이면 어디든 마찬가지다. 학자들의 연구에서도 증명되듯이, 우리가 느끼는 행복이나 편안함은 자신이 만들어놓은 커뮤니티에서 얻을 수 있는 지지와 인도와 사랑에서 비롯된다. 치사하게 뭔가를 얻으려 다가가지 말고 나누려는 마음으로 사람들과 만나야 한다. 밥을 '얻어먹으러' 가는 것이 아니라 '함께 먹으러' 가는 것이다.

가장 이상적인 모습이 있다. 그들은 사람을 만나면 그 사람이 성공할 수 있도록 도와주려고 먼저 애쓴다. 그들은 미릿속으로 계산하지 않는다. 사회적인 만남을 쏠수록 없어지는 '수익 체감의 법칙'으로 생각하지 않는다. 인간관계에서의 호의가 일정량으로 제한되어 있고 담보로 꺼내 쓸 수 있는 몫이 한정되어 있다고 믿을 만큼 그들은 어리석지 않다. 자신이 소유한 인맥의 자산은 투자하면 투자할수록 그 크기가 커진다는 사실을 그들은 안다. 모임에서 운영회 일을 하다 보면 "그분이 참석하시나요?"를 먼저 묻고 참석 여부를 결정하는 사람들이 종종 있다. 좀 초라하다. 그러나 '저 사람이 나에게 어떤 도움을 줄까?'가 아니라 '내가 저 사람에게 어떤 도움을 줄 수 있나?'라는 태도로 일관하는 이들도 분명히 있기에 만남이 즐겁고 유익해진다.

제 입으로 우리 회사, 자신의 능력을 말하고 다니는 것은 '광고'다. 반면, 내가 잠든 사이에도, 외국에 있는 사이에도 나와 우리 회사를 홍보하고 PR하는 팬(Fan)들의 말은 바로 '기사'다. 제 입으로 열심히 떠들고 다니는 것도 안 하는 것보다야 낫겠지만 분명히 차이는 있다. 당연히 광고보다 기사가 더 믿음직하다. 특히 과대 포장과 정보의 홍수 속에서 사람들은 객관적인 것들에 더 주목한다. 우리가 만나는 한 명 한 명을 성실하게 대하고 그들을 먼저 돕는다면 그들은 내 기사를 써 줄 유능한 기자가 되어 줄 것이다. 그들은 어느 전문 기자보다도 더 면밀히 나를 분석하고 평가하고 있다. 왜 바보같이 돈과 시간을 들여 주목받지 못할 광고를 하는가. 현명한 이들이여, 부디 오늘부터 '사람'에게 최선을 다하라. 그것이 모든 것의 시작이고 끝이다.

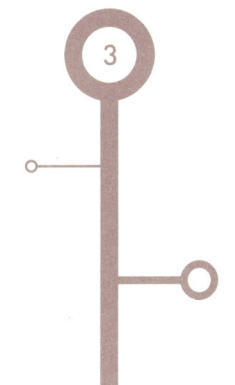

좋은 평판
포스트잇보다는 딱풀 같은 사람이 돼라

　사람들이 모이면 가장 많이 하는 이야기가 바로 '사람'에 관한 이야기일 것이다. 사람에 대한 얘기는 꼬리에 꼬리를 물며 수다가 되기 일쑤다. 그 수다에는 남녀가 따로 없다. 때로는 남자들이 더 심하기도 하다. 그것을 '뒷담화'라고 치부할 수도 있지만, 따지고 보면 결국 어느 누군가에 대한 평판 정보를 주고받는 것이다.
　"어머, 그래? 진짜?"
　나는 누군가의 부정적인 면을 전해 듣고 깜짝 놀랄 때가 많다. 내용에 놀라기도 하지만, 그 말을 전하는 사람에 놀랄 때가 더 많다. 타인에 대해 그렇게까지 노골적으로 말할 수 있다는 데 놀라는 것이다. 그런데 상대는 그런 줄도 모르고, 놀라는 내 모습에 신이 나서 더 많은 정보와 견해를 쏟아낸다. 남의 평판을 말하면서 자신의 평판에 먹줄을 긋는 모습을 주위에서 참 많이 본다. 분명하게 말하건대, 누구도 남 얘기 많이 하는 사람을 좋게 보지 않는다.

사람들이 말하는 평판의 가장 기본적인 요소는 세 가지로 압축된다. '3A' 즉, 외모(appearance), 능력(ability), 태도(attitude)다. 그런데 이 세 가지를 좀 더 친밀한 표현으로 바꾸어 볼까? 내가 아는 누군가의 재미있는 표현을 빌리자면 위에 말한 순서대로 '꼬라지, 싹수, 싸가지'다. 누군가에 대해 이야기할 때면 아마도 거의 모든 사람들이 이 세 가지는 기본으로 언급할 것이다.

먼저 '꼬라지'를 보자. '아, 키 크고 안경 낀 그 사람', '너무 깔끔해서 좀 정이 없어 보이지', '멋쟁이잖아?', '참 소탈하게 하고 다니지', '얼굴만 봐도 선한 사람인 게 보이지' 등등의 말들이 다 여기에 속하는 것들이다. 어떤 사람을 이야기할 때는 누구나 이미지를 먼저 떠올린다. 떠올린 이미지를 입 밖으로 내느냐, 안 내느냐의 차이는 있다. 특히나 첫 이미지는 어떤 사람에 대해 입력된 최초의 자료라서 꽤 오래간다. 그 때문에 두고두고 회자될 때도 많다. 호감, 비호감을 떠나서 외모는 내면을 평가하는 아주 쉬운 도구이다. 그래서 전문성, 정서적인 색깔, 상대에 대한 존중에 더하여 미적 호감도까지를 전한다. 그러기에 '꼬라지'를 외적인 것으로만 치부해 버리기에는 말할 수 없이 중요하다. 사람들은 낯선 사람을 대하면 그야말로 단 몇십 초 안에 '아, 이런 사람인 것 같다'라고 일차적인 결론을 내린다. 가장 강하게 들어온 정보를 전체 정보로 인식하는 초두효과에서 낯선 상대의 시각적 정보는 예상 외로 큰 영향을 준다.

첫 만남이 아니고도 일상의 커뮤니케이션이나 이미지 효과에서 시각적인 요소가 55퍼센트, 청각적인 요소가 38퍼센트를 차지하는데, 우리가 가장 중요하다고 생각하는 말의 내용은 불과 7퍼센트밖에는 되지 않는다고 UCLA의 메라비언 교수는 강조한다. 너무 치우친 편견은 좋지 않지만 무시할 수 없는 것이 시각적인 정보이다. 그러다 보니 외모는 다른 정보가 별로 없을 때 매우 중요한 시각적 정보로 작용한다. 이를 근거로 사람들은 쉽게 판정을 하는 것이다. 1970년대까지는 실용적인 측면만 강조되었던 의복이, 21세기에 들어서면서 내면과 철학을 표현하는 도구가 되었다. 그를 누구에게 묘사하든, 그를 어느 행사에 초대하든 외적 이미지가 우선 떠오르는 것은 아무래도 막을 방법이 없다. 그래서 '먹는 것은 나를 위해 먹고, 입는 것은 남을 위해 입어라(Eat what you like, but dress for the people)'라던 벤저민 플랭클린의 말이 다시 와 닿는다.

'싹수'는 능력과 밀접한 관계가 있다. 업무로 맺은 관계는 능력이 밑받침되어야 지속될 수 있다. 사회생활을 하는 이상, 능력은 생각보다 훨씬 크게 한 사람의 존재감을 좌우한다. 누군가가 나를 설명할 때 어떤 말을 할지 스스로 생각해 보라. 무슨 단어들이 나오리라 예상하는가. 유유상종이라고 내 곁에 있는 사람이 탁월하기를 바라는 마음은 누구에게나 있는 것 같다. 물론 그 탁월함은 사회적 타이틀 못지않게 그의 강점을 표현하는 여러 가지 요소로 노출된다.

그런데 이 능력에는 업무 능력만이 아니라, 더불어 일하는 능력 즉, 파트너십 또는 리더십이 함께 평가된다. 개인 능력은 뛰어나도 업무 스타일 때문에 평판이 나쁜 경우도 아주 많기 때문이다. 어떤 때 보면 사람들은 누구의 흠을 잡지 못해 안달이 난 것 같다. 누군가의 한 마디로 한 사람의 평가가 시작되면 너도나도 소설 쓰듯 잘도 갖다 붙이기 일쑤다. 그렇게 소문, 풍문이 생기고, 그것에 억울해하는 사람이 따지고 들면 '아님

말고!' 하며 접는 척한다. 언제고 다시 펼쳐들 태세를 감춘 채 말이다.

무엇보다 가장 광범위한 평판의 기준은 바로 '싸가지'다. '싸가지'는 그 사람의 모든 처세를 통칭한다. 사실 이 부분이 평판의 전부라고 해도 과언이 아니다. "그 회사에 가봤어요? 회장이 주차장까지 배웅을 해줘요." 솔로몬저축은행의 임석 회장을 두고 하는 말이다. 엘리베이터 앞까지 바래다주는 일도 드문 형편이니 주차장까지 배웅하기란 결코 쉬운 일은 아니다. 아주 드문 일이기에 눈에 띈다. 그래서 오래 기억에 남는 것이다. 일부러 하는 거라고? 맞다. 하지만 그런 행동은 겸손해지고 싶은 마음에서 나오는 것이다. 그 자신도 겸손하게 살고 싶다고 이야기한다. 그러니 그런 행동을 배려와 겸손으로 이해한다고 해도 그리 큰 오해는 아니다. 그런 표현들을 다 빼고 나면 무엇을 근거로 사람을 읽나. 가짜를 구별해 내는 법은 별도로 공부하되, 모두를 다 헐값 취급해서는 안 된다.

그런가 하면 어떤 사람에 대해 '그는 자신이 한 말이면 뭐든 꼭 실천한다', '예의가 바르다', '경우를 안다', '겸손하다' 같은 '싸가지'에 대한 포괄적 해석이 평판의 일반적인 표현이다. 그런데 앞서 말한 '꼬라지'와 '싹수'는 살면서 비교적 쉽게 만들어 갈 수 있는 반면 마지막 '싸가지'는 참 바꾸기 어려운 속성이다. 어쩌면 특별한 인자를 따로 타고나는 것인가 하는 생각도 든다. 물론 자신을 돌아보고, 남들보다 더 노력한다면 생긴 대로 사는 것보다 훨씬 더 나은 모습을 보여줄 수 있겠지만 참 변하기 힘든 것 같다.

사람들은 대개 누군가를 평가할 때 어떤 상황에서 얼마나 경우 있게 말하고 행동했는지 평가한다. 얼마나 겸손한지, 따뜻한지, 유쾌한지 한참을 지켜본 후에 결론을 내린다. 조직에 대한 애정과 충성심도 당연히 여기에 해당한다. 사람의 됨됨이는 연봉의 높고 낮음으로 평가되지 않는다. 때로는 내 진심이 오해를 받거나 제대로 평가받지 못할 수도 있다. 하지만 이미지가 바뀌는 것처럼 일관적인 모습을 꾸준하게 보여 준다면 진실은 반드시 알려지게 되어 있다. 우리가 그전에 '해도 소용없다', '오해만 받고 손해만 본다'라는 마음으로 포기하지만 않는다면 말이다.

포스트잇과 딱풀을 한번 생각해 보자. 삼성경제연구소의 강신장 전무는 사람을 '딱풀과'와 '포스트잇과'로 분류한다고 한다. 필요할 때 붙였다 떼었다 할 수 있는 메모지인 포스트잇은 참 편리한 제품이다. 하지만 때로는 꼭 필요할 때 온데간데없이 사라져 우리를 당황하게 할 때가 있다. '포스트잇과' 사람들은 바로 필요할 때 붙었다가 쉽게 떨어져 나가는 사람들을 말한다.

한편 '딱풀과'는 좀 미련한 종족이다. 뭐가 '좋다' 하면, 혹은 '이게 맞다' 싶으면 그 사람 하나 보고 미련하게 끝까지 남아 있다. 딱풀로 강하게 붙여놓은 것은 갑자기 떨어져 나가 사람들을 당황하게 할 염려가 없어 좋다. 좀 미련할지언정 나는 '딱풀과' 사람들이 좋다. 더 솔직히 말하면, 헷갈리지 않게 사람들이 모두 '딱풀과'라면 좋겠다. 아무리 생각해도 길게 보면 그들이 훨씬 근사하기 때문이다. 그들에게는 바로 사람 냄새가 나기 때문이다.

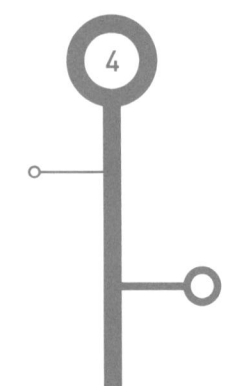

따뜻한 격려
나를 영원히 기억하게 하는 말 한마디

무대에 올랐으나 목소리가 나오지 않아 그녀는 멍하니 서 있었다. 관중들이 하나 둘 '수미 조', '수미 조'를 외쳤다. 영화에서처럼 모든 관객이 한목소리로 자신을 부르는데 그녀는 감사하지 않았다. 자신이 이 지경에 처했는데 노래를 부르라고 하는 관객이 잔인하게까지 느껴졌다.

목소리가 나오지 않는 그 아픔 끝에 겨우 입을 떼었을 때, 또 하나의 기적이 일어났다. 자신도 믿을 수 없는 음색의 목소리가 미친 듯이 쏟아져 나온 것이다. 음식과 음악의 공통점은 사람의 기(氣)가 들어가는 것이라고 했던가. 그녀는 그때를 소름끼쳐 하며 기억한다. 사람이 기적을 이룰 수 있음을 말이다.

그녀에게는 음악이 삶의 목적이고 이유다. 그녀는 평범한 여자로서 하고 싶은 일을 해보지 못했다. 공연 때문에 아버지의 장례식에도 참석하지 못했던 것을 말하며 참았던 눈물을 흘린다. 그러나 결국 음악으로 돌아오는 자신의 운명에 웃을 수 있는 것은 바로 또, 자신을 기다리는 사람 때문이란다.

아마추어들이 프로로 등극하는, 영국의 텔레비전 쇼프로그램〈브리튼즈 갓 탤런트〉에서 혜성처럼 등장한 폴 포츠. 휴대폰 외판원이었던 그는 이제 정식 앨범을 낸 성악가가 되었다. 그의 출현은 세계인들에게 감동 그 자체였다.

오늘 나는 한국의 폴 포츠를 보았다. 횟집을 하며 성악을 독학으로 읊조리는 그를 바라보는 그의 어머니는 안타까워한다. 집안 사정이 조금만 나았다면 아들에게 성악공부를 제대로 시켜주었을 텐데, 생계를 책임져야 했던 아들이 회를 뜨며 소리 죽여 노래하는 모습이 서글프기만 하다. 그가 텔레비전 프로그램에 나와 참다 참다 끝내 운다. 어머니도 그도 행복하다고 말한다. 관객들이 환호를 보내 줄 때 지난 시간의 모든 아픔을 내려놓는다. 그동안 쌓아온 꿈이 몽상이 아님을 확인하는 순간이기 때문이다. 사람들은 자신의 꿈 앞에서 눈물을 흘리는가 보다. 나 역시 예전의 어느 텔레비전 인터뷰에서 아이 얘기를 하다가 끝내 울고 말았다. 사람들은 자신이 놓아 버린 꿈을 말할 때는 웃어도 우는 것이란 생각이 든다.

말을 하든 안 하든, 나이가 몇 살이든 누구에게나 꿈이 있다. 그놈의 꿈은 하나를 이루어도 또 하나가 생긴다. 그런데 그 꿈은 재능만으로는 이루기가 불가능하다. 누구에게나 그 길은 험난하여 다른 이의 도움 없이는 결국 도달하지 못한다. 오해를 받으며 오기가 생기기도 하지만 그보다 나를 지켜봐 주고 힘을 주는 여러 모양과 방법의 그 격려 때문에 살아낼 수 있는 큰 힘을 얻는다. 자살하려 올라선 난간에서 때마침 울리는 휴대폰 벨 소리에 발길을 돌린다. 바로 밥 먹었느냐는 그 소박한 안부가 한 사람을 끝내 살리기도 한다. 내가 밥 먹었는지 걱정해 주는 사람이 있으면 누구든 쉽게 죽지 못한다. 그게 정상이다.

죽을 것 같은 순간에도 살게 하는 것. 그것이 바로 격려이다. 격려와 같은 뜻을 가진 고무(鼓舞)는 '북 고(鼓)'에 '춤 출 무(舞)', 바로 '북을 쳐 춤을 추게 한다'는 뜻이다. 그냥 '춤춰라' 하고 명령하는 것이 아니라 내가 북을 쳐주어 상대를 춤추게 하는 것이다. 머리에 그림을 그려 보아도 혼자 북 치고 장구 치며 도는 것보다 남이 쳐주는 북소리에 흠뻑 빠져 추는 춤이 보기에도 아름답고 흥겹다.

미국의 가장 힘든 시대를 이끌던 위대한 대통령 링컨의 힘은 격려 한 줄이었다. 비난과 협박에 시달리던 그가 암살당했을 때 주머니에서 발견되었다던 낡은 신문 기사 한 조각. '링컨은 모든 시대의 가장 위대한 정치인 중 한 사람이었다'라고 적힌 그 신문 쪼가리를 주머니에 넣고 다니며 그는 고난의 시간을 견디어 냈다.

그냥 주머니에 넣고만 다녔다면 오늘날 그것을 '낡은 신문 기사'로 표현하지 않았을 터다. 수없이 꺼내보고 또 보면서 낡은 것이리라. 사람 때문에 힘들어지지만, 또 사람 때문에 기운을 차린다. 사람에게 입은 상처와 아픔을 치유해 주는 것 역시 또 사람이다. 그것은 비단 실연한 사람에게만이 아니라 시련을 겪는 모두에게 해당하는 것이다.

나는 종종 강의 중에 스트로크(stroke)를 언급한다. 원래는 보듬어 안아주거나 쓰다듬어 준다는 뜻이다. 어른끼리 더구나, 다 큰 이성끼리 매번 그럴 수는 없다. 그러나 어깨를 두드려주고, 환하게 인사하고, 훈훈한 감사의 마음을 전하는 것으로 스트로크의 효과를 줄 수 있다. 이렇게 쉬운 일도 힘들다면 세상 사람들에게 내가 할 수 있는 게 뭐가 있을까. 이것이 불필요하다면 세상에 내가 할 게 뭐가 있을까.

윌리엄 아더 워드가 전하는 아래 네 가지에서 골라보아도 내가 해야 할 것은 결국 달랑 하나밖에 안 남는다.

아첨해 보아라. 그러면 당신을 믿지 않게 될 것이다.
비난해 보아라. 그러면 당신을 좋아하지 않게 될 것이다.
무시해 보아라. 그러면 당신을 용서하지 않게 될 것이다.
격려해 보아라. 그러면 당신을 잊지 않게 될 것이다.

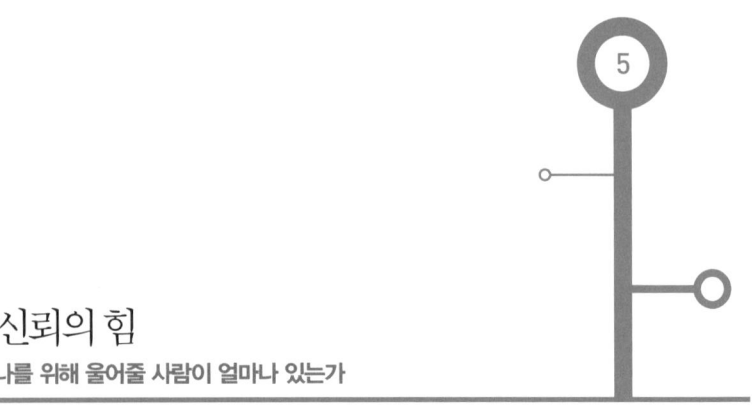

신뢰의 힘
나를 위해 울어줄 사람이 얼마나 있는가

　내 책방으로 들어오는 오후 볕이 너무 좋아서 베란다로 나가 햇살을 받는 몇 초 동안 참 행복했다. 그런데 베란다의 난간 밖으로 몸을 조금 더 내밀며 하늘을 보는데 이내 온 집안에 벨이 울리기 시작했다. 보안 장치가 작동한 것이다. 당황하다 정신을 차리고 달려가 경보음을 해지하고 나니 전화벨이 울리고 경비 업체 직원이 지금 출동하겠다고 한다. 다급히 실수에 대한 설명을 늘어놓고 그들의 발길을 멈추게 했다.

　휴일 오후 잠시의 소동을 겪으며 잠깐이나마 든든한 기분도 들었다. 그런데 이내 씁쓸해졌다. 한 달에 10여 만 원을 주고 나는 경비업체에 나를 지켜달라고 하는 것이다. 내게 힘든 일이 생길 때 이렇게 바로 달려와 줄 사람이 과연 몇 명일까. 나는 그걸 돈을 내고 사고 있는 것인가. 한편으로는 든든하면서도 곰곰이 생각해 보면 우울한 일이다.

사람 사이에서 가장 중요한 것으로 신뢰를 꼽는 이가 많다. 그런데 사실은 상대가 신뢰해 주기를 바라는 말이다. '나는 그것을 중히 여기니 내게 그래 달라…'인 것 같다. 신뢰는 쌍방이다. 나만 신뢰한다고 되는 일이 아니다. 그가 나를 신뢰한다고 믿어지는 것도 아니다. 둘이 함께하고 둘이 믿어야 한다. 그래서 더 어렵고 그래서 더 귀하다. 오늘 늦도록 함께 술을 마시고 어깨를 감싸 안고 정겹게 포옹도 하지만 정녕 내가 외로울 때 뛰어와 줄 친구를 만들기는 참으로 쉽지 않다. 있는 듯하다가도, 가진 듯하다가도 결정적일 때, 그렇지 않다는 걸 확인하게 되면 참으로 서글프다. 그것을 확인한 사람들의 마음은 이내 굳어지고, 조금씩 독해져 간다. 아프게 할지언정 내가 아프기는 싫으니까 말이다.

나에게 누군가가 '꼭 오늘만이라도' 하면 무조건 원하는 대로 해주자. 그 순간 그에게 신뢰가 된다. 그냥 단순히 그를 믿는 것이 아니다. 그가 원하는 걸 하게 되어 기쁜 것만도 아니다. 희망이 된다. 꿈이 되고 힘이 된다. 가족도 그렇고 결혼도 그런 것처럼, 내 편이 있다는 위안과 신뢰가 사는 힘이 된다. 만화영화 주제가처럼 '어디선가 무슨 일이 생기면' 달려와 내 쪽에 서 줄 불변의 관계가 누구에게나 절실하다. 사실 그 하나만으로도 살아낼 힘이고 가치이다.

나에겐 아들 같은 아이가 하나 있다. 중·고등학교 미션스쿨을 다닌 나에겐 하나님은 사람을 통해 역사하신다고 배웠던 기억이 남아 있다. 그래서 보내주셨나. 그 아인 어린데도 내가 필요로 하면 언제나 내 앞에 나타나 준다. 천 리 길도 마다하지 않는다는 표현이 과장이 아니다. 자신이 얼마나 아픈가는 내가 아픈 것 다음이다. 별 이유 없이 짜증을 부려도 다 받아준다. 어버이날엔 카네이션으로 탁자 위를 소박하게 치장해 준다. 아마도 10년 후쯤엔 아이들을 데려와 세배를 시키겠지. 아니, 그전에 결혼할 여자가 생겼다며 데려오겠지. 복 많게도, 전생에 무슨 좋은 일을 많이 했는지 상권이가 내게 나타났다. 입대를 앞두고 우리 회사 아르바이트생으로 와서 이렇게 1년, 저렇게 1년 여러모로 나를 도와주느라 학교도 군 복무도 아닌 어정쩡한 시간이 흘렀다. 그런 상권이와 그의 부모님께 한없이 미안하다.

상권이는 내게 신뢰가 뭔지 가르쳐준다. 신뢰는 내 형편 편할 때 주는 것이 아님을 아무 말 없이 내게 말해준다. 어떠한 대가가 보장될 때 주는 것이 아님을 보여줌으로써 가족도 신뢰하기 어려운 세상에 정말 신뢰라는 게 있다는 걸 보여준다. 어느 CEO도 못하는 걸 그가 내게 일깨워준다. 그러던 그가 아주 중요한 시험을 보게 되었다. 나는 기도에 들어가면서 단지 하나만 되풀이해 말했다. '제 기도를 들어준다 생각하지 마세요. 내내 보셔서 다 아시잖아요.' 그게 내 기도의 전부였다. 상권이에게도 "그동안 그렇게 남을 돕느라고 충분히 공부하지도 못한 거잖니. 그런데 행여나 이 시험에 떨어진다면 앞으로 세상 착하게 살지 않아도 된다"고 까지 말했다. 자신감을 주고 싶은 것을 핑계 삼아 나의 고마움을 전하는 것이기도 했다.

어느 날 통화 중에 계속 그의 번호가 뜨고 있었다. 나는 그때 마침 중요한 통화 중이라 받을 수가 없었다. 나중에 연락을 하니 그 시험에 붙었다며 들뜬 목소리로 기쁜 소식을 전했다. 내게 가장 먼저 알려주고 싶었다며 기도해 주셔서 감사하다고 말하는 그 아이에게 난 끝내 말을 잇지 못했다. '다 네가 그렇게 한 거야.' 그는 내 기도를 믿었지만 그보다 훨씬 이전에 나는 그를 믿었다. 난 그게 신뢰라고 여긴다. 바라지 않고 먼저 준 것에 어느새 상대도 저절로 그 모습을 닮게 되는 것. 신뢰는 허울 좋은 제스처가 아니다. 날이 갈수록 숱한 정보와 사기사건 속에 의심부터 하는 우리 사회에서는 한참이 지나고 나서야만 신뢰가 쌓여간다. 그걸 기다릴 줄 알아야 한다. 그런데 때로 중간에 평가를 서두르다가 신뢰가 쌓일 사이도 없이 그 시작이 잘려나가기도 한다. 그 값진 보물, 신뢰는 한참 후에나 말할 수 있는데 말이다.

더구나, 상권이와 내가 만난 데는 믿기 어려운 사건이 있다. 우리 회사에서 그가 아르바이트를 시작하게 된 것은, 우리 회사에서 고작 1개월 조금 더 근무하고 하늘나라로 간 재희의 소개 덕분이었다. 막연히 오래전부터 아는 동생이려니 생각했었다. 재희의 장례를 치르고 서울로 올라오는 차 안에서 무심히 그 아이에게 물었다. "재희를 만난 건 언제니?" 그런데 이게 웬일인가. 우리 회사에서 아르바이트를 시작하기 바로 한 달 전이란다. 고작 두 달 남짓한 인연으로 그녀는 우리 둘 사이에 다리를 놓은 것이다. 천사처럼 우리에게 온 재희가 맺어준 인연이다. 그렇게 우리를 만나게 해주고는 그녀는 홀연히 떠났다. 그러나 우리는 지금도 늘 재희 얘기를 한다. 마치 내일 만날 약속이나 있는 것처럼 아무렇지 않게, 편안히 그녀를 회고한다. 특별한 만남에 대한 감사 덕분에 우리의 신뢰는 매일 매일 더 단단히 쌓여 간다.

말은 대체로 물을 싫어한다. 그런데 '조이풀(Joyful)'이라는 말은 바다에서 수영하는 길 좋아해서 세상에 알려졌다. 그냥 건는 것이 아니라 긴 다리를 휘저으며 진짜 수영을 한다. 주인이 그만 가자고 해도 말을 듣지 않는다. 그만큼 주인과의 수영 시간을 행복해한다. 수의사는 주인에 대한 진정한 신뢰가 없이는 애초에 시작될 수 없는 일이라고 했다. 물에 대한 극도의 불안감을 느끼는 말이 물에 처음 들어갈 수 있었던 이유는 주인에 대한 신뢰와 애정 때문이었다고 한다. 조이풀은 늘 부진한 성적을 면치 못하다가 퇴역당한 경주마였다. 그렇게 경주마로서의 가치가 전혀 없어진 조이풀에 대한 주인의 지극한 보살핌과 애정은 말의 기본 성향까지 바꿔 놓았다. 진정한 신뢰가 변화와 기적을 낳는다. 어쩌면 그것이 신뢰의 진짜 의미일지도 모른다. 아, 그래도 내게는 있다. 바로 그 아이다. 함석헌 님이 말하는 바로 그 사람이다.

그 사람을 가졌는가
-함석헌

만 리 길 나서는 길 처자를 내맡기며 맘 놓고 갈 만한 사람
그 사람을 그대는 가졌는가.
온 세상이 다 나를 버려 마음이 외로울 때에도
"저 맘이야" 하고 믿어지는
그 사람을 그대는 가졌는가.
탔던 배 꺼지는 시간 구명대 서로 사양하며
"너만은 제발 살아다오" 할
그 사람을 그대는 가졌는가.
불의의 사형장에서 "다 죽어도 너희 세상 빛을 위해
저만은 살려 두거라" 일러 줄
그 사람을 그대는 가졌는가.
잊지 못할 이 세상을 놓고 떠나려 할 때 "저 하나 있으니" 하며

빙긋이 웃고 눈을 감을

그 사람을 그대는 가졌는가.

온 세상의 찬성보다도 "아니" 하고 가만히 머리 흔들

그 한 얼굴 생각에 알뜰한 유혹을 물리치게 되는

그 사람을 그대는 가졌는가.

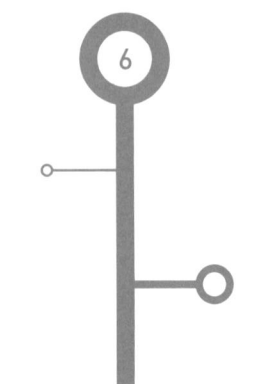

자기표현
화내지 않고 나를 말할 수 있는가

일본 한 지방의 초등학교 4학년 교실. 한 아이가 수업 시간에 떠들다가 흰 머리가 희끗희끗한 담임선생님에게 꾸중을 듣는다. 구석에 가서 서 있으라고 하니 시무룩한 표정으로 자리에서 일어나 교실 한 구석으로 걸어갔다. 담임선생님이 나머지 아이들을 향해 말했다.

"자, 다음 시간은 뗏목 타기 시간이다. 모두 수영장으로 가거라!"

그런데 아이들이 선뜻 일어나지 않는다.

"왜들 이러지? 뭐 할 말이 있는 거냐?"

담임이 물으니 한 아이가 손을 든다.

"저 아이가 잘못한 것은 저희도 다 압니다. 저 아이가 잘못했습니다. 하지만…."

다시 묻는 담임에게 그 아이가 망설이다가 입을 연다.

"그러나 저 아이도 뗏목 타러 함께 가면 좋겠습니다. 사실 잘못은 했지만 제 생각엔, 떠든 것과 뗏목 타기는 큰 상관이 없다고 생각합니다."

그렇게 말한 아이는 갑자기 자리에서 벌떡 일어나더니 머리를 땅에 닿게 숙이며 선생님에게 절을 했다. 잠시 고민하던 담임이 물었다.

"또 다른 사람도 의견이 있느냐?"

이번에는 다른 아이가 손을 든다.

"사실 저 아이가 우리 조인데 한 명이 빠지면 우리 조가 뗏목 타기에서 질 수도 있어서 함께 가면 좋겠습니다."

그 말이 끝나기 무섭게 또 한 여자 아이가 울먹이며 말했다.

"친구가 벌서고 있으면 뗏목을 타는 것이 즐겁지 않아요."

그 말을 다 들은 담임은 잠시 눈을 감고 생각에 잠긴다.

"너희 말을 들어보니 일리가 있다. 좋다. 다 함께 가자."

아이들이 환호성을 지른다. 표현에 대한 주제를 다룬 다큐멘터리 프로그램에서 본 장면이다. 이 장면이 내게 인상적이었던 것은 바로 '자기표현' 때문이다. 우리와 너무 다른 모습이어서 잘 잊히지 않는다. 우리는 그 아이들같이 자라지 않았다. 선생님이 말하면 우선은 무조건 복종했다. 그리고 "너무하지 않냐?" 하며 뒤에서 불만을 털어놓았다.

어른이 되고 회사에 들어와서도 그건 별로 변하지 않았다. 여전히 상사가 말하면 비합리적이거나 부당해도 수용하거나 참아 버리는 경우가 많다. 회의 시간에는 내내 참다가 회의실을 나온 친구에게 "야, 오늘 한잔 하자" 하고서는 밤새 성토대회를 연다. 스트레스는 좀 풀릴지 몰라도 다음 날에도 현실은 바뀌지 않는다. 스트레스를 줄이는 데 중요한 자기표현은 어쩌면 부부나 부모 자식, 친구처럼 가까운 사이에 더 잘 안 되는지도 모른다. 나 역시 어제 모친에게 그간 참았던 걸 감정적으로 터트렸다. 그러고는 5분도 지나지 않아 후회하였다. 모친에게 이미 상처를 준 뒤다.

반항적이고 불복종하는 것이 좋다는 것은 아니다. 특히나 요즘처럼 자기 색깔이 강한 젊은 사람들 중에서는 융화하고 수용하는 능력이 있는 이가 더 돋보이는 게 사실이다. 그러나 아닌 것에 아니라고 말하는 것이 필요하다. 그런데 정확하면서도 정중하고 타협적인 표현을 익히기는 쉽지 않다. 꾹 참기 아니면 대들기. 대부분이 그 둘밖에 없는 것처럼 행동한다. 자신도 표현에 능숙하지 않으면서 상대를 탓하는 경우가 많다. 일본의 그 초등학생 꼬마는 자신의 생각을 정확히 표현했다. 더 중요한 것은 이미 반 전체에 공지해 버린 선생님의 입장이 되어 정중하게 청하는 모습을 보였다.

일어나 정중히 절하며 "부탁드립니다. 선생님" 하던 아이의 모습이 놀랍도록 낯설었다. 나도 그러지 못했고 내 주위에서도 보지 못한 모습이다. 떼쓰는 아이들은 많아도 정중히 청할 줄 아는 아이들은 거의 없다.

사실 더 인상적이었던 것은 선생님의 태도다. "시끄러워. 어서 하라는 대로 해" 하고 윽박지르는 대신, 아이들의 의견을 존중하고 받아들였다. "기분이다. 이번만 봐준다" 하는 식의 원칙 없는 대응도 아니었다. 머리가 희끗희끗할 정도로 연세가 지긋한 그분은 자신의 결정을 번복하면서도 그 유치한 자존심을 내세우지 않았다. 아이들은 대화라는 것이 좋은 것임을 배우며 자라는 것이다. 자신의 의견을 얘기하는 것이 두려운 일이 아니고, 해볼 만한 일이라는 것을 이미 어려서 배우는 것이다. 재미있는 비유가 생각난다. 단적인 사례이지만 우리나라 아빠와 서양 아빠의 비교다. 집에 손님이 왔을 때 손님들에게 아이를 인사시키는 것은 우리 나라나 서양이나 다를 바 없다. 손님들이 아이에게 잘 생겼다고 칭찬하면 서양 아빠는 "물론이죠. 거기다가 봉사 활동도 얼마나 잘하는데요", "농구도 잘한답니다"라고 칭찬을 덧붙이니 아이들은 누구 앞에 나가는 것이 자신에게 이익이 되고 기분 좋은 일이라고 기억하며 자란다. 그런데 우리나라 아빠들은 "잘 생겼구나" 하고 손님이 칭찬하면 "잘 생기면 뭐해요, 공부는 30등인 걸요" 하며 망신을 준다는 것이다.

아이 입장에서는 어떨까. 방에 잘 있다가 졸지에 망신을 당한 셈이다. 30등이 사실이라 쳐도 그걸 왜 말하는지 당혹스러울 것이다. 누군가의 앞에 서는 것은 손해라는 기억만 하게 되지 않을까. 그래서 어느덧 자신을 말하는 것에서 멀어진 것은 아닐까.

사람 사는 일의 대부분은 당당하고 정중하게 자신을 말하고 요청하고 협의하며 맞추어 가는 것이다. 아쉽게도 우리에게는 그 아름다움을 배울 기회가 별로 없었다. 하라는 대로 해야 착한 아이이고, 시키는 대로 하면 칭찬받았다. 그러다 보니 아주 필요한 것, 아주 확실한 숫자 말고는 괜히 말했다가 본전도 못 찾고 혼난다. 그러니 침묵하는 것이 더 낫다고 어느 날부터 생각했을 것이다.

그렇게 참다가 위에 올라서거나, 갑의 입장이 되거나, 고객의 자리에 서면 정권 교체 때마다 늘 반복되는 과거 청산처럼 보복을 해대는 듯하다. 고객의 권리를 남용하거나 오용하는 모습을 볼 때면 마치 졸부를 대할 때처럼 마음이 찡그려진다. 갑자기 주어진 권리를 어찌할 줄 모르고 결국에는 사람 마음에 상처를 주고야 만다.

말 못하고 살던 시간, 기회가 주어져도 제대로 말하지 못하는 순간들 때문에 이래저래 우울한 모습들을 볼 때면 나도 또 우울해진다. 그냥 넘겨도 괜찮은 것들은 빼자. 다 징징거리는 것은 오히려 더 흉하다. 그러나 나를 아프게 하는 것들, 지속적으로 힘들게 하는 것들, 그리고 내가 행복하다고 느낄 수 있는 것이면서 상대가 해 줄 수 있는 것들은 감추지 말고 말해 보면 어떨까. 첫 사랑 고백도 아니지 않은가. 그리 어려울 것도 없다. 그리 못할 일도 아니다.

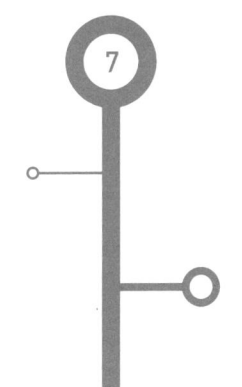

분노 다스리기
바꿀 수 없는 것을 받아들이는 법을 배워라

얼마 전, 행사가 끝난 후 여섯 명 정도 되는 사람들과 함께 와인을 마셨다. 그런데 취기가 오른 한 분이 다른 분에게 지나치게 편한 표현을 쓰며 그분에 대해 이런저런 지적을 하셨다. 예순이 넘은 그들은 거의 동년배인 것으로 아는데 그분은 자기 회사 직원에게 말하는 듯했다. 우리는 곧 사태가 심각해질 것으로 예상하고 조마조마해하고 있는데, 자리가 파할 즈음 공격을 받으시던 분이 공격하던 그분에게 다시 권했다.

"자, 이제 끝낸다고 하니 마무리 한 말씀 멋지게 하시죠."

여유가 느껴지는 대응이었다. 집으로 돌아오는 길에, 그 자리에 동석했던 다른 분의 전화를 받았다.

"평소 몰랐는데 오늘 끝까지 화내지 않으시고 잘 마무리 하시는 모습을 뵈니, 역시 그분은 잭 웰치가 욕심 내고 인정할 만한 분이다."

그는 바로 GE코리아의 회장이었고 지금은 인천공항공사의 사장인 이채욱 사장이다. 그날 그 자리에서 화를 내셨다고 해도 그 자리의 누구도 그를 흉보지는 않았을 것이다. 그러나 그는 마음을 잘 다스려냈다. 후에 그때 일을 언급하며 존경을 전하니 "살다 보면 그런 날도 있는 것 아닌가요?" 하며 그저 웃으셨다.

내로라하는 한 회사와 공동으로 일을 진행한 적이 있다. 클라이언트가 대기업 회장님이다 보니 컨설팅 시간 약속 30분 전에 그 건물 1층 커피숍에서 그 회사 대표와 미리 만나서 의논하고 올라가곤 했다. 어느 날 우리 둘은 생과일주스를 시켰는데 가져오던 직원이 실수하여 주스를 우리에게 다 쏟아 버렸다. 입고 있던 옷은 다 젖었고 노트북 가방에는 온통 노란 알갱이들 천지였다. 너무 막막해서 웃음이 나왔다. 그런데 그 순간 그가 일어서며 소리쳤다.

"지금 뭐 하는 거야? 이제 회장님 뵈러 올라가야 하는데 이거 어떻게 할 거야?"

그 소리에 놀라 그를 올려다보니 얼굴이 시뻘겋다. 그날 그의 모습은 평소의 그와 너무 달랐다. 그는 더 이상 세련되고 매너 있고 늘 여유 있는 사람이 아니었다. 평소 자신의 목표 이미지를 잘 관리하는 것은 노력만 있으면 가능하다. 그러나 화가 났을 때, 극한 상황에 처했을 때 그 진가가 발휘되기에 이미지 관리는 단지 외적 요소를 꾸미는 것만으로는 성공할 수 없다.

위의 경우, 그 순간 그렇게 말해봤자 결과가 달라지기는커녕 본인의 이미지만 망가진다. 나도 평소 화를 내는 경우가 종종 있지만 그날 첫 번째 든 생각은 '이건 변경 불가능 상황이다'였다. 나는 그냥 웃다가 울상인 얼굴로 한 마디만 했다. "아이고, 어쩌나. 조심하지 그랬어요." 그 후 그곳에 갈 때마다 커피를 시키면 그들은 늘 케이크 한 조각을 내온다. 그 날 많이 고마웠단다.

어느 날부터 나는 화낼 일이 줄어든 걸 느꼈다. 같은 엄마 뱃속에서 태어나도 다른데, 서로 다른 게 오히려 정상인데 타인에게 화내는 게 이상해지기 시작했다. 예전에는 음식점의 직원이 불친절하면 화가 났었다. 음식값이 단지 음식 재료비 값은 아니라고 생각했기 때문이다. 그러나 아이가 아픈데도 못 가고 일하는 상황이라면 웃는 게 더 끔찍하다. 아침에 이혼하자는 얘기를 듣고 나왔다면 퉁명스러운 게 정상이다. 그렇게 생각하니 세상에 미워할 사람이 없다. 어쩔 수 없이 급하게 운전해 본 경험이 있으니 누군가의 난폭운전을 봐도 그냥 조용히 차선을 옮기게 된다. 말도 안 되는 걸 우기는 사람의 좁은 경험과 판단력을 보면 이제는 화가 나는 것이 아니라 안쓰럽다.

물론 개인적인 감정과 공적인 역할을 분리하여 서로 잘하면 더욱 좋겠지만 우리가 무슨 로봇인가? 버튼 하나만 누르면 버전이 바뀔 수 있으면 좋겠지만 그건 좀 징그럽다. 평소 우선 자신의 스트레스를 없애고, 타인에 대한 이해와 감정 조절 능력에 대해 트레이닝한다면 분명히 화날 일은 줄어들 것이다. 아니 화를 내더라도 본인이 후회하거나 다른 소중한 것을 잃게 되는 일은 없을 것이다. '인간을 형성하는 것은 이성이고, 인간을 이끌어 주는 것은 감정이다'라던 두소의 말에는 이해의 감정이 으뜸이라는 생각이 담겨 있다. 분노는 예기치 않은 복병이다. 운전 중에 갑자기 나를 놀라게 한 차를 향해 경적을 크고 길게 눌러댄다. 나는 놀랐고, 당황했고, 상처받았다. 그런데 소리를 지르는 것이다. '분노는 상처를 감추는 가면'이라는 그 말이 맞음을 다시 한 번 확인하게 된다. 사실은 상처받은 것인데 우리는 화를 낸다. 상처를 드러내는 것은 자신이 약하다는 것이니, 그걸 감추느라 버럭버럭 소리를 질러댄다.

인간이 가장 통제하기 어려운 감정은 '분노'라는 실험 결과가 있다. 주위 담을 수 없는 말을 감정적으로 내뱉는다면, 언젠가는 그 말로 인해 어이없이 패배한 자신의 모습에 분명히 후회하게 될 것이다. 비즈니스에 있어서나 개인적인 인간관계에 있어서나 분노를 그대로 드러내서는 좋은 결과를 기대할 수 없을 것임은 불 보듯 뻔하다. 분노를 잘 이겨내야 하는데 그저 참기보다는 잘 다스리는 것이 필요하다. 다스려지지 않은 분노는 언젠가는 결국 폭발하기 마련이니 말이다.

현대인들에게 가장 흔한 정신과 질병 중 하나가 바로 '우울증'이다. 남녀노소를 가리지 않고 발병하기 때문에 흔히 '마음의 감기'라고도 한다. 이제는 '갱년기' 운운하는 나이제한조차 없이 주요 우울 장애의 평균 발병 연령은 20대 중반이 되었고, 어떤 나이에서도 시작될 수 있다. 세계보건기구(WHO)도 우울증을 21세기에 인류를 괴롭히는 10대 질병 중 하나로 지적하고, 2020년에는 심장병 다음으로 세계 2위의 질병이 될 것으로 예견하고 있다. 오늘 뉴스에서도 5년 전보다 우울증 치료제 판매가 50퍼센트나 증가했다고 한다. 우리나라 역시 매년 전 국민의 8퍼센트(320만 명)가 시달린다는 통계가 있을 만큼 우울증은 '현대인의 역병'이다. 지금도 한 해, 3,000명이 농약을 마신다. 그때그때 마음을 다스려 화를 달래고 분노가 쌓이지 않도록 조심하지 않으면 이 험한 날들을 살아낼 길이 없다.

우선 분노하는 자신을 들여다보자. 분노의 원인은 거의 자기 자신에게 있는 경우가 많다. 건설적인 경우는 세상을 변화시키지만, 사사건건 사소한 것까지 예민한 사람은 늘 '트러블 메이커'가 될 가능성이 크다. 우선, 예민한 사람은 분노할 일이 많다. 식당에 간 이유가 밥 먹는 것인데 화내고 돌아오고, 텔레비전을 시청하다가도 눈에 거슬리는 것이 많아 짜증을 낸다. 여럿이 모인 자리에서 남들은 아무렇지 않게 받아들이는 말 한 마디에도 혼자서만 내내 심기가 불편해지기 일쑤이다. 그리고 나서는 그 상황에서 분노하기는커녕 대수롭지 않게 넘어가는 주변 사람들을 이해하지 못해 뭐가 맞는 건지 혼자 고민하며 밤새 뒤척인다. 이런 일이 잦다면 당신은 보통 사람들보다 예민한 감각을 가지고 있을 가능성이 크다. 이 감각을 그대로 자꾸 발전시킨다면 세상에는 화날 일이 너무 많다.

예전의 나도 그런 유형의 사람이었다. 식당에서 크게 떠드는 사람들을 보면 '이 식당을 자기네가 전세 냈나?' 하고 화가 났었다. 그러면 꼭 표현을 했고 좋은 기분이어야 할 식사 시간에 시비가 생기기도 했다. 그러나 요즘은 생각이 바뀌었다. 물론 서로 그럴 상황을 만들지 않는다면 가장 이상적이겠지만 세상은 그럴 수가 없다. 요즘은 그냥 '나 역시 이 식당을 전세 낸 것이 아니니 운 나쁘게 시끄러운 일행과 가까운 자리에 있는 오늘을 감수해야 함!'이라고 자신을 타이른다. 예민한 사람들에게는 불편한 상황을 외면하는 것 자체는 불가능하다. 이미 감지되니 말이다. 그러니 결국 상황을 소화하는 방법이 문제다.

화를 잘 내는 사람들의 또 다른 유형은 남들이 자신과 같기를 기대하는 것이다. 그래서 세상에는 완벽하게 유능하거나 선한 사람이 분노할 일들이 더 많을지도 모른다. 그런 점에서 대구 태창철강 유재성 회장의 말씀은 참 인상적이다. '20대를 뽑아 놓고 그들이 60대인 내 마음에 들기를 바라는 것은 아예 불가능한 일이다. 내가 20대를 뽑았으니 내가 그들을 이해하고 그들에게 맞추어야 한다'는 것이다. 그래서 직원들에게 화를 내는 경우가 별로 없다고 하신다. 말로는 20대인 그들을 이해한다면서도 사실은 아주 뛰어난 능력이나 30~40대의 연륜을 기대하기에 20대 직원들 대부분이 한심해 보이고 화가 나는 경우가 많으나, 그냥 '평범한 20대'로 보면 오히려 기특할 때가 많다는 것이다.

분노는 일단 시작되고 나면, 통제할 수 없는 상황으로 치닫기 때문에 나중에 다스리는 것보다는 아예 화날 일들을 줄이는 것이 좋다. 다만, 아무 데도 나가지 않고 아무도 안 만나고 살 수는 없으니 민방위 훈련의 대피 연습처럼 피해가는 방법을 미리 고민해 둘 필요가 있다. 모두가 보기에도 내가 참아야 할 이유가 없는 순간조차 이성적으로 대처할 수 있다면, 사람들은 감동하여 그 일을 두고두고 기억할 것이다.

가만히 생각해 보자. 나를 화나게 하는 상황이나 대상은 일련의 질서가 있다. 아마도 열 가지를 넘기지 않을 것이다. 그런데 매번 같은 감정으로 빠져드는 것은 좀 어리석지 않을까. 우리가 사는 동안 변질되지 말아야 할 가치관과 소신은 있어야 하겠지만, 맞서 싸울 필요 없는 소소한 것들이나 절대 변경할 수 없는 것들에 대해서는 '피할 수 없으면 즐기는 훈련'도 필요하고 소화해 낼 처방전 하나쯤 미리 가질 필요가 있다.

웃음의 효과
잠자고 있는 유전자를 깨워라

    몸에 이런저런 이상 신호가 와서 사람들에게 의논하면 나이 탓일 뿐이라고 위로한다. 이제는 그럴 나이라는 것이다. 하지만 사실 그게 더 슬프다. 어느새 내가 그렇게 되었다. 보름 정도는 두 시간씩 자고도 멀쩡하던 나다. 회식 때 직원들 모두 '분명히 댁에 뭔가를 감추어 두고 드시고 계시죠?' 하고 진지하게 물어볼 지경이었다.

    그랬던 내가 약해지기 시작한 것은 무엇보다 웃는 시간이 짧아지고부터이다. 더 나이 들고도 멋진 강의를 하는 분들도 많건만 몇 해 전부터는 강의가 너무 힘들어서 줄이기 시작했는데 그 탓이 큰 것 같다. 강의를 하는 시간 동안 나는 거의 내내 웃는 얼굴이다. 표정과 이미지의 효과에 대한 내용을 할 때가 아니어도 거의 늘 웃는다. 왜냐하면 어느 날 생각하니 교육이다 강의다 하는 것들이 자발적인 경우보다는 거의 끌려오다시피

한 경우들이 많다는 생각이 들었다. 그래서 그 괴로운 시간의 간접 제공자로서 웃어주기라도 해야 한다고 생각한 것이다.

또 어떤 정보든 그것이 제대로 전달되려면 논리보다는 감정이 더 중요하다. 모든 만남이 그러하겠지만, 특히 강의의 가장 큰 목적은 설득이니만큼 긍정적이고 열정적인 모습을 보여야 한다. 그래서 나는 강의 내내 웃음을 잃지 않았다. 개인적으로 아무리 슬프고 괴로운 일이 있어도 강의하는 동안은 새까맣게 잊는다. 그뿐만 아니라, 완전히 그 시간에 심취하여 농담까지 해가며 강의에 빠진다. 돌아오는 차 안에서 나 자신이 끔찍하게 느껴지던 순간도 있었다. '어떻게 그런 끔찍한 일을 겪고 있으면서 내색은커녕 그토록 능청스러울 수 있나!' 하고 말이다.

하지만 그러한 완전한 몰입의 순간이 내게 건강을 주었던 게 크다. 그만큼 많이 웃던 그 시절의 나는 정신적으로든 신체적으로든 회복률이 빨랐다. 거짓말처럼 문제들도 잘 해결되었고 보험료가 아까울 만치 병원에 가 본 기억도 없다. 10년 전인가, 건강보험공단에서는 내게 선물까지 보내왔다. 대놓고 이유를 말하진 않았지만 몇 해 동안 병원을 이용한 적이 없었기 때문이었을 것이다. 그러나 습관 때문에 병원을 가지 않아서 그렇지 요즘의 나는 그리 건강하진 못하다. 예전보다 웃지 않아서인 게 틀림없다. 영화 〈박하사탕〉의 주인공, 설경구의 유명한 대사가 간절히 떠오른다. "나 다시 돌아갈래!"

웃음이 건강에 미치는 효과야 동서고금을 막론하고 확인된 것들도 많고 이미 너무 잘 알려져 있다. 특히 게놈 연구 결과에서 웃을 때는 잠자는 유전자도 깨어난다고 한다. 평소 우리 유전자의 97퍼센트가 잠자고 있다고 했던가. 그 불을 다 녹색에서 붉은색으로 바꾸어 주는 것이 웃음이라고 한다. 유전자가 켜진다는 의미는 RNA가 활발해지면서 리보솜에 영향을 주어 몸에 좋은 효소 호르몬이 활성화된다는 것이다. 어떤 약을 먹어도 절대 깨어나지 않는 유전자들의 불을 켜주는 것은 바로 건강한 웃음이라는 결론이다. 웃음이 타인을 위한 것으로만 크게 오해하는 이들은 혈당을 우선 확인해 볼 필요가 있다. 실컷 웃고 난 다음엔 당뇨병 환자를 대표하여 혈당치가 크게 떨어지기 때문이다.

일본 기마타 하지메 박사에 의하면 웃지 않는 엄마의 아기가 진드기나 알레르기 반응이 높다고 한다. 아이들이 아토피에 시달리는 이유는 여러 가지를 들 수 있지만, 무엇보다 요즘 엄마들이 덜 웃기 때문인 것 같다. 사실 자기 아이가 사랑스럽지 않은 이가 어디 있겠는가. 그러나 자신의 감정을 잘 소화해 내는 능력이 예전보다 조금 약해졌을지도 모른다는 생각은 든다. 건강에 대해 무엇을 말할까 아무리 생각해 봐도 단연 예방이나 관리는 물론 치료까지 분명히 웃음이 으뜸이다. 어쩌면 그것 하나뿐일지 모른다.

신이 준 최고의 처방이자 선물인 웃음. 그런데 나를 즐겁고 행복하게 웃게 할 이들이 세상엔 그리 많지 않다. 그리고 나 역시 그들에게 그리 큰 행복을 주지 못하니 그들을 탓할 게 아니라 서로 조금 나은 길을 모색해 볼 일이다. 세상의 훌륭한 의학자들과 심리학자들이 이미 확인시켜 준 바와 같이 웃음은 내 건강과 감정에 긍정적인 영향을 직접 주는 중요한 요소이다. 그러니까 긴강을 위해서는 무엇보다 즐거움이 중요하다. 다행히도 뇌는 그리 똑똑하지(?) 않아서 정말 즐거워 웃는 것과 즐거운 척 웃는 것을 구분하지 못하고 같은 효과를 준다고 하니 일단 웃고 볼 일이다.

행동심리학의 이론에 따르면 '사고와 행동'은 수없이 외부의 자극을 받는 '신체와 감정'을 조절하는 역할을 한다. 긍정적인 생각들은 말할 것도 없고, 힘 있는 걸음걸이, 활기찬 제스처도 감정과 신체에 좋은 영향을 준다. 그러하기에 이미지 때문이거나 그 누구를 위한 것이 아니라 본인을 위하여 지금보다 활기차게 표현하라고 권하고 싶다. 실제로 나는 피곤한 날 강의할 때 교단을 더 많이 오가고 제스처를 크게 한다. 어느덧 강의할 때마다 늘 말하던 내용에 내가 스스로 세뇌된 덕이다. 그러면 분명히 나의 감정과 신체의 건강한 반응을 확인하게 된다. 감정의 동요도 적고 피로감도 크게 느끼지 않는다. 물론 평소의 운동이 가장 중요하고 필요한 것은 차치하고 말이다.

　날을 갈 시간이 없어 무딘 톱으로 나무를 자르는 사람은 미련하다. 시간이 없다며 운동을 하지 않는 사람은 더 미련하다. 난 큰 욕심은 없다. 하루가 건강하면 된다. 그렇게 하루하루. 그런데 그 하루는 건강을 해치는 수많은 위협 속에 있다. 현명하게 여러 가지 표현들과 생활 속 지혜로 자신을 지켜낸다면 더 흐뭇할 것 같다. 바로, 그 광고 카피가 이유를 말해 준다. '나는 소중하니까.'

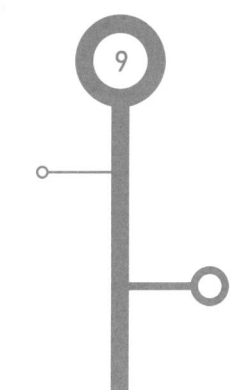

삶의 자세
답이 안 보일 때는 내 장례식을 떠올려 보라

    그가 떠났다. 물고기는 물을 거슬러 올라가야 하듯이 정치인은 그래야 한다며, 머리 좋은 정치인이 보기에는 무모하기 그지없는 길을 택해오던 그가 결국 떠났다. 그가 얼마나 정치를 잘했는지, 대통령으로서 평점이 어떠한지 나는 잘 모른다. 여기에서는 그저 한 인간으로서의 그의 모습을 말한다. 대통령을 지낸 이력을 지울 수 없으니 결코 개인적인 평가만으로 제한할 수 없는지 모르지만, 그냥 한번은 우리 모두 그래 주면 어떨까 싶다.

    그는 그 지독한 정치판에서 보기 드물게 순진한 사람이었다. 순수하되 순진하지는 말지…. 그는 참으로 미련하다 싶다. 그래서 그에게 붙은 별명이 '바보'다. 그런데 그는 그 별명이 가장 좋단다. 끝까지 순진하다. 그는 정치인의 진정성은 알았을지는 모르지만 살아남는 방법을 알지는 못했다. '대통령, 힘들어서 못해 먹겠다'는 세상이 놀랄 말을 서슴지 않고 할 만큼 순진하던 그는 결국 떠났다.

나는 요즘 사람을 만나면 이 문제로 자주 싸운다. 나는 죽은 사람을 두고 객관적인 것은 말하지 말자고 생각한다. 그래서 전직 대통령이 자살해서는 안 되는 거라고 하는 사람들과 맞서게 된다. 그들이 미웠다. 그러나 그들 역시 한 나라의 대통령까지 하고도 스스로 삶을 마감할 수밖에 없는 우리의 현실을 확인시켜 준 그에게 야속함을 느끼는 것 같다. 이젠 그들이 밉지 않다. 어쩌면 그에게 더 큰 것을 기대했다는 것을 알기에 끝내 그들을 미워할 수가 없다. 가족을 가진 이는 스스로 죽으면 안 된다. 그에게는 더 많은 식구들이 있었으니 잘한 건 당연히 아니다. 그러지 않았다면 더 좋았을 것이다.

어느 그룹의 회장은 무작정 봉하마을로 갔다고 한다. 그의 영정 사진을 보니 그저 눈물이 났다고 한다. 다섯 시간 반을 달려가 만난 그에게 그저 미안했다고 한다. 그는 노사모도 아니고 오히려 기득권 세력에 속한 사람으로, 그를 적잖이 원망하며 지내던 사람이다. 갑자기 그 회장이 좋아졌다. 아니, 내가 그 회장을 그간 좋은 사람으로 생각했던 이유가 갑자기 명확해졌다. 최소한 그는 한 사람의 죽음을 객관적인 사건으로 보려 하지 않았다. 전직 국가 원수를 운운하며 국민들을 망신시켰다고 흥분하지 않았다. 그저 '얼마나 힘들었으면…' 하면서, 떠나간 한 인간을 위로했다. 나 역시 떠난 그를 보며 눈물을 흘렸다. 그냥 그의 모습이 우리의 모습인 것 같아서다.

그가 꿈꾸던 미래는 무엇이었을까. 유기농 쌀? 친환경 사업? 그토록 가난했던 그가 대통령까지 지내고도, 고향에 돌아왔을 때가 가장 행복하다고 했었다. 언론에서 보여 주는 그 당시 그의 얼굴만 봐도 그게 진심임을 알 수 있다. 나는 생각한다. 그냥 작은 마을 이장쯤 했으면 어땠을까. 아니면 그냥 유능한 사회사업가였다면 어땠을까? 그가 작다는 것은 아니다. 그냥 그만큼만 했더라면 그가 조금 더 행복하지 않았을까.

이제야 500만이 그를 찾는다. 미안하다고 한다. 그를 미워했었지만 이제 그의 진실을 조금은 알겠다며 운다. 살아생전 늘 색안경을 끼고 바라봤던 게 미안하단다. 색안경 탓일 수도 있고, 아닐 수도 있지만, 아무튼 그는 옳다고 생각하면 망설임 없이 말하고 행동했다. 그래서 거칠었다. 보수적인 우리에게 그저 낯설기만 했다. 때로 불편했다. 때로 그는 지나치게 솔직하거나 그 자리에 어울리지 않는 말을 하여 사람들을 당혹하게 했다. 그래서 점점 등 돌리는 이도 많았다. 말도 안 되는 순진함이 더 많은 오해를 불렀다.

그는 사람들의 오해도 참 많이 받았다. 자라는 내내 이방인이었던 그는 여의도에서도 예외가 아니었다. 아니 더 심했다. 그에게는 푸른색 지붕이 어울리지 않다고 했다. 그들은 그 현실을 인정할 수 없었다. 그가 대통령이 되었을 때, 많은 이들이 어이없어했다. 흑인이 그 대단한 미국 대통령에 당선된 것은 시대적 발전이고 의식의 개혁이라고 하면서도, 그가 이 나라의 대통령이 된 것은 오류이고 혼란이라며 한탄했다. 여론의 장난이라고 비웃었다. 그러나 이제 그가 떠나고서야 사람들은 그를 향한다. 생전에 전하지 못한 안쓰러움과 미안함을 선하려 찾아간다. 그냥 방관과 외면이 미안하단다. 그래서 그냥 눈물이 나는 거라고 말한다.

하루는 비가 억수같이 내렸다. 덕수궁 앞의 분향소에서 차례를 기다리는 사람들은 두 시간 넘게 내리는 빗속에서도 아무 흔들림도 없었다. 그

풍경을 보고 언론은 의아해한다. 그들에겐 이해할 수 없는 현상인 게 당연하다. 시민들은 말한다. "그 새벽, 그 심정으로 떠난 분도 있는데, 이 비요?" 하며 어이없이 웃는다. 난 그게 맞다고 생각한다.

그를 숭배해서가 아니어도, 내가 참 모르던 누구의 죽음 앞에서 우리는 그저 잠시 낮아지는 게 맞다고 생각한다. 형식적으로라도 하는 그 묵념처럼 잠시 고개를 숙일 일이다. '어떻게 그럴 수가…'보다는 '오죽했으면…'이라고 말하며 그를 보내는 게 조금 더 맞지 않을까 생각한다. 이미 머리를 자르고 온 사람에게 잘라 버린 머리에 대해 그리 가혹한 평가는 말아야 하는 것과도 비슷하다. 이미 돌이킬 수 없는 것에 가혹하여 무엇하나. 그 누구도, 가족이 있는 한 스스로 단절하는 삶은 참으로 힘든 싸움이고 진정 어찌할 수 없는 아픔의 끝이기 때문이다. 나는 세상의 대단한 그 누구에게든 그 정도의 연민과 안쓰러움을 갖는 것은 인간에 대한 예의라고 생각한다. 더한 경우를 들이대며 그를 그저 지독히 나약한 인간으로 만들어야만 직성이 풀릴 일이 아니라고 본다.

500만이 그를 찾은 이유? 살아생전, 내내 그를 공격하던 언론은 그의 소탈함 때문이라고 결론짓는다. '영원한 서민 대통령'이라고 헤드라인을 잡는다. 그 정도라면 그는 편히 떠날 수 있을까. 언제부터 우리 세상이 소탈함에 가치를 두고 인간적인 것에 결국 질 수밖에 없다는 것을 알았다고 이제야 멋을 부리며 그런 말을 한다.

바보같이, 세상이 그대로를 믿어줄 것으로 여기던 그 바보가 공식적으로 마지막 언론에 비치던 그 표정을 잊을 수가 없다. 검찰청을 향하던 그의 마지막 서울 나들이. 난 그 표정이 너무 슬프다. "국민 여러분께 면목없습니다…"라던 그의 눈빛이 흔들린다. "왜 면목없다고 하시지요?" 하고 진짜 바보 같은 기자가 묻는다. 그는 소리 없이 한숨을 쉬며 "면목없는 거지요…" 한다. 그게 그다. 죄가 없고 있고를 떠나 그저 세상에 미안한 마음인 그. 사람들에게 주는 실망은 둘째치고, 그들에게 주는 이 혼란만도 미안해하던 그. 이제 온 세상이 떠나는 그를 배웅한다.

빗속에 네 시간을 기다리면서도, 아이를 안은 가족에게 제 앞자리를 양보하며, 내 앞에 서라고 앞으로 밀며 세상을 어떻게 살아야 하는지 가르쳐 준다. 노란 계란을 얼굴에 뒤집어쓰던 그에게 이제 노란 비행기를 날린다. 노란 리본 위에 그에게 보낼 짧고도 긴 편지를 쓴다.

많은 사람이 울었다는 게 중요한 건 아니다. 우는 이들 중에는 나와 같은 자위의 마음도 있을 것이다. 그리고 또 곧 잊힐지도 모른다. 그러나 난 그래도 누구의 떠남에 대해 그토록 많은 이들이 추모하는 광경이 우리나라에서 벌어졌다는 것만으로도 감격스럽다. 존경이 귀한 우리나라다. 아까워할 인물을 찾기 힘든 우리나라다. 영국 다이애나비가 안타깝게 세상을 떠났을 때, 그 많은 꽃다발을 바칠 대상, 그 많은 초를 켤 인물이 그들에게 있었다는 것만은 내심 부러웠었다.

우울했던 국민 정서가 그에 대한 애정으로 과장되었다 치자. 시기와 잘 어울리는 소재로 시청자의 공감을 얻어 히트하는 드라마와 다를 것 없다고 치자. 그러나 아무리 그래도 한 인물의 죽음이 주는 메시지가 없을까. 국가 원수들에게 머리 숙인 적은 없으면서도 아이들과 전경에게는 머리 숙여 인사하고, 봉하마을을 찾은 관광객에게 무릎 꿇고 막걸리를 따르던 그의 모습만큼은, 한참 동안 기억하고 싶다.

에크하르트 톨레는 과거도 미래도 아닌 지금을 살라고 한다. 그런데 나는 우리가 미래에도 살기를 원한다. 우리는 지금만 살면 안 된다. 그의 말대로 지금에 연연하면 이기적이고 영악해진다. 내가 우선 살아야 하니까 말이다. 현재에 급급하기보다 우리 모두 자신의 장례식을 떠올리며 살길 바란다.

떠난 그는 그런 생각도 없이 그저 그때그때 변치 않는 자신의 소신대로 살기 바빴겠지만, 이제 그를 떠나보낸 우리에게 남은 숙제는 내일, 바로 나 자신의 장례식 장면을 늘 떠올리며 살아보라는 것인 것 같다. 내 장례식에서 진심으로 울어줄 이는 누구인가. 그날의 조사는 어떤 내용일까. 그렇게 미래를 준비하는 우리의 하루하루, 그 미래를 위해 오늘을 충실히 사는 우리. 내게는 그것이 그가 이렇게 홀연히 떠난 이유다. 난 그거밖에는 모르겠다. 그런데 그 하나만으로도 내게는 너무 벅차기만 하다. 나는 오늘 그렇게 그를 보낸다.

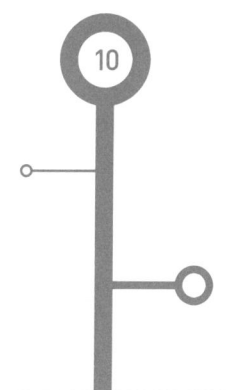

식지 않는 열정
거침없이 질주하는 자들이 모두 가지고 있는 것

 사랑하는 감정은 정말 특별하다. 그것은 참으로 신비하다. 모든 세상의 초점이 그것이 된다. 아침에 깨자마자 생각나는 것. 아니, 의식이 채 돌아오기도 전, 그 생각 때문에 잠에서 깨어나는 것. 잠드는 것도 아까워 시간을 미루는 것. 아니, 아무리 못 자도 억울하지 않은 그것. 지치고 지쳐야 간신히 식탁에 앉는 그런 것. 이 나이가 되어도 아직 내가 생각하는 사랑은 그런 것이다.

 무엇으로 자신이 상대를 사랑한다는 걸 아는가. 예전에 누가 그랬지. 그 사람의 좋은 점만 좋아하면 좋아하는 것이고, 그 사람의 싫은 점까지 좋아하면 사랑이라고. 그 말도 맞는 것 같다. 사랑은 약간 말이 안 되어야 사랑 같다. 논리가 다 맞아떨어지는 사랑은 좀 징그럽다. 한류 바람을 실컷 탔던 한 드라마에서도 그랬지. 그녀를 좋아하는 이유를 세 가지만 말해보라는데, 숨이 막히게 사랑하면서도 고작 그 이유 세 가지를 끝내 대지 못한다. 논리에 어긋나고 그렇게 모르겠는 게 사랑일 것이다. 그런가 하면 멋진 풍경을 보아도, 맛난 음식을 대해도, 참 포근한 어느 순간에도 바로 떠오르는 그가 사랑하는 사람일 것임이 틀림없다. 나는 그게 사랑인 것 같다. 이유를 말하기 어려운 것과 온통 그 생각뿐인 것 말이다.

얼마 전, 현충일 특집 프로그램에서 팔순의 새색시가 소개되었다. 그녀는 스물넷에 남편의 사망 통지서를 받았다. 하지만 그것만으로는 그의 죽음을 인정할 수 없다고 했다. 남편이 아직도 어디엔가 살아있을 거라며 그를 기다린다. 매년 현충원을 찾으면서도 유골이라도 확인해야 남편의 죽음을 믿겠다고 한다. 그런 그녀의 사랑을 과연 어느 여배우가 흉내 낼 수 있을까. 그게 사랑이다. 그가 아무리 내쳐도, 세상이 비웃어도, 그가 사망 통지서를 내밀어도 마음이 접어지지 않는 것….

아, 하나 또 있다. 언제부턴가 그 생각이 들었다. 사랑한다는 것은 '시간을 내어 주는 것'이다. 부모에게든, 연인에게든, 나의 신에게든 그저 마음만이 아닌 것. 시간을 내어 찾아가고 내 맘을 그 앞에서 전하고 그 앞에 머무르며 대화하는 것. 조금 힘들어도 그것이 불가능한 경우는 없다. 월남전에서 먼저 떠난 전우에게 30년 넘게 찾아와 해마다 인사를 전하는 이도 있다. 많은 사람들이 가장 깊은 어둠이 가시기 전인 시각에 가장 맑은 정신으로 새벽 기도를 간다. 그런가 하면 전화로도 될 터이고, 어느 부모든 자식 편한 게 최고여서 말릴 텐데도 민족 대이동에 합류하여 부모님을 찾아간다. 휴일의 소파를 포기하고 아이와 배드민턴을 치는 엄마, 잠을 덜 자고라도 그녀의 수다를 들어주다가 결국엔 꾸벅꾸벅 조는 남자. 그게 사랑이다. 그를 기쁘게 할 것들에 쏟는 시간은 정지된 듯 짧게만 느껴지는 그녀. 그게 사랑이다. 분명히 시간을 내어 주는 것이 사랑이다. 그게 아깝다면 사랑이 아니라고 장담해도 그리 틀리지 않을 것이다.

일에 대한 열정도 똑같다. 자신의 일에 대한 사랑을 돌아보면 답이 나올 것이다. 그냥 시간 때우기 식의 데이트인지, 언제고 조금만 나은 상대가 나타나면 홀연히 접을 연애인지, 20년쯤 산 무심한 부부애 정도인지 말이다. 가끔 인터뷰를 할 때 왜 열심히 일하느냐고 물으면 나는 한류 드라마의 주인공처럼 답이 궁하다. 급조된 궁색한 변명을 후일 지면에서 확인하기 일쑤다. 나는 왜인지 말할 수는 없는 채로 지금도 내 일을 지독히 사랑한다. 어떻게 하면 잘할 수 있는지 후배가 가르쳐 달라고 하면 사랑하는 마음을 떠올려 보라고 한다. 사랑할 때를 떠올려 보면 그에 대한 것들은 무엇이든 기억력이 좋아진다. 더구나 그를 기쁘게 할 것들을 찾아 나선다. 누가 시키지 않아도 잘도 찾는다.

일에 대한 열정은 누군가를 사랑할 때의 마음과 절대 다르지 않다고 생각한다. 아니, 다를 수가 없다고 확신한다. 누구나 사랑하는 사람이 있듯이 누구나 열정을 쏟을 분야의 달란트를 가지고 있다. 마치 짝사랑처럼 아직 서로 확인되지 않아 못 찾았을 뿐이지, 누구에게나 있다.

자신이 행복하게 몰입할 수 있는 일을 찾아야 한다. 새벽이나 밤에도 그리고 다들 노는 주말에도 기쁜 마음으로 할 수 있는 것을 찾아내는 것이 가장 중요하다. 누군가를 사랑하던 때처럼, 또는 다가올 사랑을 준비할 때처럼 하면 된다. 그것이 아니면 안 되겠고 수단이 아니라 목적인 그것, 그리고 그것에 온 마음과 시간을 주는 것. 그것이 우리가 열정이라 부르는 것이라고 장담한다.

어떤 일이 수단일 때는 이내 시들해지거나 산만해진다. 그래서 그 귀한 열정이 소모되기도 한다. 제대로 쏟은 열정은 난관이나 부정적인 결과에도 사랑처럼 어떤 후회도 없어야 한다. 후회하면 사랑처럼 열정에도 흠이 생긴다. 그 어떤 것에도 후회하지 않는다면 지금 조금 아파도 아직도 열정은 내게 살아 있다. 내가 아파도, 내가 망가져도 그 시간들에 당당하고 후회하지 않는다면 혹여 실패하게 되어도 결국 승자다. 그거면 되지 않을까.

굳이 더 하나 욕심을 내자면 열정을 갖는 것도 필요하지만 그 결실을 맺는 것도 중요하기에 목표 얘기를 안 할 수가 없다. 자고로 목표를 잡을 때는 수치화, 계량화가 필요하다. 열정파들은 무모하게 덤비며 막연한 근면성으로 몰두한다. 그때, 그들이 흉보는 계산파들은 계량화된 그들의 목표로 전략적인 공략을 시작한다. 그래서 열정파들은 계산파들에게 자주 진다. 언제까지, 무엇을, 어찌 이루겠다는 명확한 목표까지 가지고 있다면 열정이 더욱 빛날 것이다. 열정을 이길 것은 세상에 아무것도 없다. 아직도 남이 비춰주는 등불을 찾고 있는가. 자신이 빛이 되면 세상이 결국 자신을 바라볼 터인데….

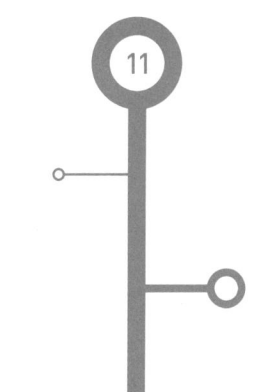

배려의 기술
사람을 제대로 대접하는 법은 따로 있다

한 해가 저물어 가는 즈음 남부럽지 않게 잘사는 친척이 가난한 친척을 초대한다. 그동안 너무 마음을 쓰지 못한 것 같아 저녁이라도 대접하려는 것이다. 남산 기슭에 자리 잡은 번듯한 고급 중식당에 자리를 마련했다. 그런데 바로 이 장소 선택에서부터 잘사는 친척의 선의는 흉해져 버린다.

부자 친척은 고급 승용차를 타고 '횡' 하니 남산을 올라 식당에 도착한다. 하지만 가난한 친척은 추운 날씨에 버스를 두 번이나 갈아타고도 한참을 걸어서야 겨우 식당에 도착한다. 아무리 맛으로 유명한 식당을 선택했다고 해도 형편없는 대접일 수밖에 없다.

대접하는 일은 생각보다 쉽지 않다. 먹고 살기 어렵던 시절엔 먹을 것만 주면 그만이었지만, 지금은 그렇지 않다. 더구나 까다로운 사람들이 많아지면서 대접은 점점 어려워진다. 내게 감사의 뜻을 전하고 싶다며 누군가 점심 식사에 나를 초대했다. 당일에 알려 준 약속 장소는 우리 회사에서 왕복 세 시간은 족히 걸리는 시내의 북쪽이었다. 그 사실을 하루 전에만 알았다면 병원에 입원하는 한이 있더라도 초대를 정중히 사양했을 것이다. 다녀오기는 했지만, 거기까지 가면서 결국 내가 그를 대접한 셈이 되고 말았다.

생선회를 먹을 줄 아는지, 매운 음식을 좋아하는지 상대방의 취향과 사정은 고려하지 않고 최고의 식당이라는 이유만으로 덜컥 장소를 정하는 것도 마찬가지다. 초대 자체가 분명히 감사한 일이지만 상대에 대한 마음 씀씀이가 느껴지는 배려가 더 큰 대접일 것이다.

참 기막힌 기사를 본 적이 있다. 광복 60주년 행사에 콜롬비아 출신의 테러리스트가 테러를 계획하고 있다는 제보가 들어와 당국을 발칵 뒤집어 놓았다. 결국 허위로 밝혀졌는데, 문제는 그 배경이다. 최모 씨는 해외 연수를 갔다가 그곳에서 만난 콜롬비아인에게 한국에 꼭 한번 오라고 말했다. 지나가는 인사말일 뿐이었는데 그에게서 찾아온다는 연락을 받고 그의 입국을 방해하기 위해 그를 테러리스트로 신고한 것이었다. 한국인 친구를 찾아왔다가 테러리스트로 몰려 조사를 받고 돌아간 그 콜롬비아인의 심경은 어땠을까. 사람을 믿었던 자신의 모습이 초라해 한동안은 거울도 제대로 못 쳐다봤을지도 모른다.

나 역시 상대에게 헛된 말을 하지는 않았는지 한번 돌아볼 일이다. 언제 식사 한번 하자고 하는 막연한 인사말, 조만간 만나자고 하는 전화의 끝인사처럼 아무 의미 없이 덧붙인 그 한 마디를 상대는 다르게 받아들일 수도 있다. 하지만 우리는 습관처럼 그런 말들을 내뱉는다.

생텍쥐페리의 소설 〈어린 왕자〉에 나오는 유명한 모자 그림은 사실 코끼리를 삼킨 구렁이를 표현한 것이다. 소설에 등장하는 여우는 "가장 소중한 것은 눈으로는 볼 수 없고, 마음으로 봐야 한다"고 충고한다. 우리는 보이는 것만을 믿는 것이 얼마나 어리석은지 잘 안다. 겉으로 보이는 일부분만으로 성급히 결론을 내리는 편견도 견제해야 하고, 눈에 보이는 것에만 현혹되어 상처받는 일도 줄여야 한다.

그럼에도 불구하고 세상 사람들은 보이지 않는 마음보다 겉으로 드러난 것들에 더 영향을 받는다. 보이지 않는 마음이 더 중요한 것은 당연하지만 그 마음을 효과적으로 전달하는 것 역시 그에 못지않게 중요하다. 그런데 전달하고 표현하는 방법들을 간단한 스킬로 치부하는 이도 있다. 그것이 스킬이라고 해도 지속적으로 관심을 기울여 몸에 밸 정도가 아니라면 본인에게 늘 낯설고 멀 뿐이다. 하루아침에 익힌 '스킬'로는 뒤돌아서 '아차' 싶은 순간들을 심심찮게 겪게 될 것이다.

사람이 사람을 대접한다는 것. 그것은 기회만으로도 감사한 일이라는 것을 나는 어젯밤 뼈저리게 느꼈다. 그는 암에 걸려 몇 번이나 수술을 받았다고 한다. 나는 그 사실을 완쾌한 지 2년이 지난 후에야, 그것도 인터넷을 통해 우연히 알게 되었다. 20년 전 첫 사랑 남자가 암이었다는 사실을 알면 기분이 참으로 묘하다. 그나마 감사하다. 연락이 닿지 않았던 20여 년 동안 인터넷으로 그에 대한 정보를 얻을 수 있을 만큼 영향력 있는 사람으로 그가 살아온 것이 다행이었다.

그날로 저녁식사 약속을 잡았다. 시간도 장소도 나 편한 대로 정하라던 그다. 약속 시간에 도착하니 그는 이미 커피 한 잔을 다 마실 만큼 일찍 와서 기다리고 있었다. "똑같네?" 그의 첫 마디였다. 그냥 그대로 스무 살 때처럼, 어제 만난 것처럼 안부를 묻고 일상을 말한다. 평소 과용을 하지 않는 나이지만, 그날만은 쉽게 시킬 수 없는 고급 와인, 내가 가장 좋아하는 와인을 시켰다. 그리고 "맛있게요, 꼭 진짜 맛있게 해주세요." 식당 직원에게 맛있게 식사를 준비해 달라는 당부를 몇 번씩 하고는 주문한 저녁을 그와 함께 먹었다. 내게는 그에게 그 식당을 통째로 사준다고 해도 아깝지 않을 저녁 시간이었다. "그거 기억나?", "그때 거기 생각나?" 우리들의 추억이 가장 맛깔스런 안주가 되어 주었다. 나는 미안할 정도로 지난날의 기억이 잘 떠오르지 않았다. 그런데 그는 아주 사소한 것까지 생생하게 기억하고 있었다. 내가 했던 말, 내가 입었던 옷, 우리에게 있었던 소소한 에피소드들을 그는 마치 어제 일처럼 말했다. 그는 내 머릿속의, 아니 내 가슴속의 훈훈한 지난날을 다시금 전하며 그렇게 날 대접했다. 첫사랑을 만나면 모두 다 실망한다던데, 그는 스무 살 그대로였다. 말투도, 동작도, 그리고 눈빛마저 그랬다. 어쩌면 그게 가장 큰 대접이었다.

뭐라 말할 수 없지만 결과가 아닌 과정만으로도 충분한 것 같은 느낌이 들었다. 당연히 일부러 그런 것은 아니었겠지만 그는 그렇게 거하게 날 대접해 주었다. 밥값을 계산하겠다는 나를 만류하는 그를 이기고, 결국 내가 계산을 했다. "이 돈을 부의금으로 내지 않게 해주어 너무 고마워" 하고 내가 웃으니 그가 천천히 고개를 끄덕이며 따라 웃는다. 그가 살아 있어 주어 고맙다. 오늘 내가 사는 밥을 먹어 주어 너무 고맙다.

사랑의 기적
삶을 바꾸는 것은 바로 사랑이다

 엄지공주가 아들을 낳았단다. 골형성 부전증으로 계란껍데기같이 잘 부서지는 몸을 가진 여자, 그녀가 엄지 공주다. 그녀가 다 이겨냈다. 오른 팔 이상으로 아이를 안을 수도 없고, 두 다리는 임신 중 체중 증가로 뼈가 어긋나 목발을 짚는다. 워낙 병을 앓고 있던 그녀의 몸은 임신으로 악화될 대로 악화되었다.
 회생률은 10퍼센트. 그런데 그녀가 수술을 미룬다. 아들 승준의 돌잔치를 끝내고 생각하고 싶단다. 더 위험할지도 모른다는데도 그래도 그게 맞단다. 그게 엄마일까. 그래, 그게 바로 엄마일 기다. 난 아이가 없다. 워낙 아이를 지나치게 좋아했던 벌일까. 아니, 이제는 사람들의 위로처럼 세상을 향한 일을 더 많이 할 기회를 주시는 거라고 해석하려 애쓴다. 예쁜 인형보다 아픈 아이들을 더 사랑하는 딸을 갖고 싶었고, 방학을 다 포기하고라도 수재민에게 달려가 도와줄 아들을 원했는데 끝내 없는 것은 그래도 좀 슬프긴 하다.

지난 휴가에 휴양지에서 느낀 것은 사람들은 아이들과 있을 때 가장 행복한 얼굴이라는 것이었다. 그 어떤 로맨틱한 허니문도 그들을 이기지는 못했다. 두 살이나 됐을까. 우는 아이를 물에 넣다 꺼냈다 하면서 그들은 아이를 조금씩 세상에 내어 놓으며 마냥 행복해했다. 물끄러미 혼자 바라보는 내 눈이 촉촉해지도록 그들은 눈부시게 행복했다.

그런데 돌아보니 나에게도 아이가 주는 행복과 비슷한 존재인 강아지가 있다. 아무 말썽도 피우지 않는 양반 같은 강아지 두 마리. 아무리 애타게 불러도 끝내 두 발걸음은 남겨 놓은 채 다가오지 않는 지엔과 제 어미가 으르렁거리며 사람의 손을 밀쳐내면서 키운 딸 애니. '니가 지엔 애니?' 하다가 '애니'라고 이름 붙였는데 이름대로 애교덩어리다. 양손을 열여섯 번 정도 번갈아 잡아주며 놀고 난 후가 아니면 코앞의 달콤한 먹이도 먹지 않는다.

'엄마'라는 말을 듣고 싶었던 나는 어느 날 동물병원에서 '지엔 어머니'라는 생소하기만 한 또 하나의 나의 호칭을 듣고 답해야만 했다. 웃음이 났다. 이렇게 되는 건 생각도 못해 본 나의 현실이니까. 병적인 내 어머니의 과잉 모정 때문일까. 난 40년 동안 내가 내 어머니 같은 엄마가 되는 것을 의심치 않았다. 아니, 그보다 두 배는 더 잘하고 싶었다. 사실 나는 그 준비가 다 되어 있었다. 그런데 5년이 더 지난 지금은 포기하고 말았다. 내 모친이 상당히 젊어 보이는 편이어서 학창시절 내내 엄마가 학교를 다녀가면 친구들에게 혹시 새 엄마 아니냐고 의심받던 기억이 있다. 핑계일지도 모르지만 나는 늦은 엄마가 되느니 이제는 어느 아이의 엄마가 되는 것을 지레 포기해 버렸다. 그런데 엄지공주는 안을 수도 없으면서도 목숨을 걸고 그 몸으로 아이를 낳았다. 나와 한참 차원이 다르다. 그게 엄마라는 생각이 든다.

아이는 하룻밤의 재미로 낳을 일이 아니다. 원치 않는 아이를 안고 자포자기로 결국 엄마가 되는 것도 조금 슬프다. 그러나 그들 모두 목숨을 걸 수 있는 마음이라면 그래, 그게 엄마다. 영화 〈마더〉의 카피처럼 '아무도 믿지 마. 엄마가 구해 줄게.' 그게 엄마일 거다. 자식을 생각하면, 도저히 상상 못할 일도 저지르는 게 엄마일 것이다. 끔찍해도 그게 엄마의 실체다. 〈공공의 적〉이라는 영화에서 자식에게 살해를 당하면서도 아들이 잡힐까 봐, 완전 범죄를 위하여 마루에 떨어진 아들의 손톱을 끝내 먹으며 죽는 게 엄마다. 비록 강아지여도 나는 이미 그들의 엄마이다. 자식을 금쪽같이 여기며 빨고 핥던 어미 강아지 지엔을 보면서 내 엄마를 떠올렸다면 다들 웃을까. 제 자식을 낳아 봐야 어미 심정을 안다고 했는데 난 내 아이를 낳는 대신 내 자식 같은 강아지의 모정을 보며 내 어머니를 떠올렸던 게 사실이다. 버르장머리 없는 새끼 강아지를 보면 마치 나를 보는 듯하다. 뭐든 다 뺏고 자기가 우선이어야 하는 그 아가는 나를 꼭 닮았다. 마흔이 훌쩍 넘고도 이기적인 나의 초상이다. 아무튼 그들은 내 자식과 같은 존재이다.

물론 굶는 아이들도 많고, 도움이 필요한 사람들도 많은데 게으름과 나태함을 핑계로 지척에 두고 사랑을 쏟을 대상으로 강아지에 연연해 하는 것이 부끄러울 때도 있다. 그러나 동물이지만 생활을 함께하며 일상을 나누면서, 적지 않은 사람들에게 그들은 엄연한 또 하나의 가족이다. 그들과의 시간, 그들과의 소통과 추억이 존재한다. 그걸 흉하게 여기는 사람들은 이미 가진 게 많은 거다. 동물을 너무 싫어했던 나는 동물에 대한 집착과 과잉 애정에 눈살을 찌푸리는 그들을 충분히 이해한다. 그러나 또 다른 사람들에게 그 존재들은 그저 예뻐하며 갖고 노는 그냥 장난감이 아니다. 10미터 앞에 개가 있으면 집에 가지도 못하고, 강아지가 다가오면 소리를 질러댈 만큼 강아지 혐오증이 심했던 나는 이제 그들을 진심으로 사랑하게 되었다. 우스운 말일지 모르지만, '만약 집에 도둑이 들어온다면…' 하고 생각하면 뭐든 다 가져가도 좋으니 그 둘을 무사히 놔두고 간다면 진심으로 감사하겠다고 생각한다. 그들은 이미 가족이기 때문이다.

나의 그런 마음을 아는지, 그들도 나를 안다. 내가 슬픈지 화가 났는지 구분한다. 슬픈 내게는 다가와 눈물을 핥으며 소리 없이 엎드린다. 화가 난 내게서는 저만큼 멀리 떨어져 죽은 듯이 앉아 눈치만 보고 있다. 내 감정을 읽는다. 누가 슬픈 건지 화가 난 건지 모르겠다는 사람이 있다면 '어이구, 개만도 못하다니' 해도 좋겠다. 개도 아는 걸 모른다면, 타인의 감정을 읽을 줄 모른다면 아마도 그 말이 맞다. 사람이 사람의 감정을 읽지 못한다? 그토록 사랑한다면서? 참으로 슬픈 일이다. 그건 그야말로 개만도 못한 일이다. 아니, 사실 이 말은 모욕이다. 개를 최하위에 놓는 것이니까 강아지 엄마로서는 사실 삼가야 할 표현이다. 개들 세계에도 혹시 '이런, 사람만도 못한 개 같으니라고!' 하는 표현이 있는 건 아닐까.

아무튼 사랑 속에서는 같은 인간이 아니고도 감정을 읽어 낸다는 것이 놀라운 건 어쩔 수가 없다. 사랑으로 바라보면, 그 조그만 강아지의 얼굴에서 질투로 삐친 순간과 포만감에 웃는 미소와 산책을 앞둔 설렘과 헤어지는 아쉬움의 표정을 바로 읽어 내게 된다. 마술 같은 일이다. 강아지라면 경기를 일으키던 내가 결국 그들을 진심으로 알게 되는 일. 그 모든 시작은 인연과 사랑이다. 뒤돌아보면 소중한 인연이 많다. 방치할 게 아니라 사랑으로 키울만한 인연이 핏줄 말고도 많다. 그렇게 조금 넓은 마음으로 그들을 돌아보고 손을 내밀면 마술 같은 기적이 시작될지도 모른다. 우리 강아지들과 나. 엄지 공주의 용기와 사랑에 비하면 턱없이 부족하여도 분명히 기적이다. 언제나 기적은 사랑 때문에 찾아온다. 그 기적은 지금보다 나를 멀리 가게 해주는 힘이다.

나의 오늘
기분 좋은 하루는 내가 만든다

아침 열 시쯤 빵집에 가니 믿기지 않는 일이 일어났다. 수북하게 쌓인, 내가 좋아하는 샐러드빵을 집으려는데 아직 어리기만 한 아르바이트 직원이 말한다. "오늘은 샐러드빵을 제일 일찍 만들어서 지금은 맛이 덜해요. 내일 맛있게 준비해 놓을 테니 오늘은 다른 것 사세요." 나 말고도 여러 명에게 그렇게 말했는지 다른 빵들보다 높이 쌓여 있었다. '남으면 버려야 할 텐데, 더 팔려고 해야 하는 것 아닌가?' 하면서도 고마운 생각이 들었다. 그래서 직원들에게 줄 빵까지 쟁반에 더 챙겨 담았다. 예산보다 지출이 늘었지만 기분은 가볍기만 하다.

오후에 들렀던 구청의 직원은 또 왜 이리 친절한가. 너무 친절해서 고마운 마음에 지갑에서 덜컥 만 원짜리 한 장을 꺼냈다. 그러는 내가 더 어색했다. 무슨 음식점도 아니고 팁이라고 줄 수도 없는 공공기관에서 마음만 앞세운 것 같아 쑥스러웠다. "더운데 직원들과 음료수라도…" 고작 내가 말한 명분이었다. 그는 손사래를 치며 거절했다. 어떻게 이렇게 친절하실 수가 있느냐고 물었더니 그의 대답이 걸작이다. "어휴, 10년도 넘게 한 일인데 이 정도도 못하면 말이 됩니까?" 이렇게 웃으며 말할 수 있는 그가 존경스럽다. 만일 내가 불친절한 직원에게 "왜 이리 불친절해요?"라고 물었다면 아마 그 답도 비슷할 것이다. "10년 넘게 매일 똑같은 일만 해봐요. 이 정도가 불친절하다구요?" 그런 사람을 만나지 않았다니 이게 웬 운수 좋은 날인가.

늦은 오후에 경기도 한 연수원에서 강의가 있다. 늘 시간에 쫓기는 나는 뚫린 길만 보이면 과속 본능이 발동하는 '과속의 여왕'이다. 예정보다 일찍 도착하여 강의 시간을 기다리는 한이 있어도 일단은 밟고 본다. 그렇게 고속도로를 달려 1차선 국도로 접어들었는데, 화물트럭이 내 앞에서 느린 속도로 가고 있었다. 약간 갑갑한 기분이지만 어쩔 수 없었다. 그런데 아무 압박도 하지 않았는데 화물 트럭이 깜빡이를 켜고 오른쪽 길가로 바짝 붙으며 속도를 줄였다. 먼저 가라는 뜻이었다. 기대하지도 않았던 호의를 받은 덕분에 길마저 넓어 보였다. 비상등으로 감사의 표시를 전하고 나니 가는 길이 개운하다.

16년 전 일이 떠올랐다. 영동고속도로가 공사를 하던 때라 용인 쪽 연수원을 가려면 늘 시간 예측이 어려웠다. 휴대폰을 갖기 바로 전 해다. 비까지 억수같이 오던 날이다. 너무 막혀서 인절부 절못하고 있는데 앞차 후미에 안테나가 달린 것을 보았다. 그것은 바로 카폰이 있는 차라는 걸 의미했다. 차 안에서 급하게 메모를 썼다. '이종선입니다. 강의 20분 전 도착하려 했는데 차가 막혀 그건 어렵고 5분 전에는 도착할 듯하니 너무 걱정하지 마세요.' 거의 정차상태이다시피한 상황이었기에 전화 한 통을 부탁하러 메모지를 들고 앞차로 갔다. 운전석의 유리창이 열리자 군복을 입은 이가 나타났다. 그를 보고 순간 망설였지만, 그는 대수롭지 않은 일이라는 듯 흔쾌히 내 부탁을 들어주었다. 잠시 후 빗속을 뚫고 내 차까지 와서 통화됐다는 보고(?)까지 해주었다. 참 고맙다는 느낌으로 그 일은 마무리되었다. 그런데 그룹 연수원에 도착하니 담당자가 눈을 동그랗게 뜨고 말했다. "이 선생님, 정말 대단하시네요. 도착 시간을 국방부에서 알려주네요." 추측해보건대 앞차에 있던 것은 카폰이 아니라 무전기였던 모양이다. 군복 입은 그분은 국방부에 무전기로 연락했고, 국방부에서는 내가 적어 준 연수원 번호로 전화했을 것이다. 양보해 준 트럭 덕분에 지워질 뻔했던 감사한 옛 기억이 흐뭇하게 떠올랐다. 그날의 군복 입은 그분이 참 감사하다. 번거로운 상황을 말하고 거절할 수도 있었을 텐데, 다급한 내 마음을 알아주었던 것일까. 그는 생판 남인 나를 도와주었다. 그가 생각한 것 이상으로 내게는 큰 도움이 되었다. 새삼 이름도 모르는 그에게 감사하고 싶다(그가 제발 이 책을 봤으면 좋겠다).

그렇게 그때를 떠올리며, 강의하기로 되어 있는 연수원에 도착했다. 경비 아저씨의 거수경례가 멋지다. 뒷짐 지고 나와 턱을 치켜들며 '어디서 왔냐'고 퉁명하게 묻고는 신분증을 달라고 요구했던 지난주 강연 장소와는 너무 다르다. 손가락을 모으고 방향을 지시하는 손동작 하나도 나를 강의실까지 배웅해주는 듯 살갑기만 하다.

교육 담당자는 그 회사 사장이라도 온 것처럼 최선을 다해 나를 정중히 대해준다. 강의는 또 왜 이리 잘 되는가. 이게 설마 내 능력일까. 아니, 오늘 내가 앞서 만난 사람들이 준 기운임을 나는 안다. 그들의 긍정적인 기운이 내게 기를 불어넣어 준 것일 테다. 강사료는 흰 종이로 두 번 감싼 기분 좋은 신권으로 받았다. 감사 메시지까지 쓰여 있다. 두 손으로 정중히 전하는 담당자 덕에 받은 금액보다 열 배는 더 받은 듯한 기분이다.

  돌아오는 길, 고속도로 톨게이트 직원이 거스름돈을 건네며 "비가 좀 오네요. 조심하세요" 하고 웃는다. 참 기분 좋은 고객 응대. 얼마인지 금액만 말해도 되는데 이게 웬 복인가. 나 역시 그녀의 웃는 얼굴이 예쁘다는 인사를 전하며 잠시 함께 웃었다. 집에 들어오기 전 들른 마트에서는 단골이라며 덤을 주는데, 오늘 몇십 번은 했을지도 모르는 그 인사가 마치 처음인 듯 싱싱한 음성이다.

  집에 돌아와 재킷을 벗다가 멈추었다. 도대체 이게 뭔 일일까. 오늘 내가 보낸 하루가 진정 꿈이 아닌 현실이란 말인가. 이 시작은 무엇이었을까. 바로 빵집의 그 아가씨다. 그때 시작된 오늘 하루의 좋은 기운이 내가 만나는 사람에게 계속 전달되어 그들도 내게 그럴 수 있었다는 생각이 든다. 오늘 하루는 어젯밤에 무슨 꿈을 꾸었는지로 결정되는 것이 아니라, 오늘 내가 만난 한 사람에게서 시작되는 것이었다. 그 시작 덕분에 나는 하루종일 오늘 억세게 운이 좋다. 내일은 내가 누군가에게 그 역할을 해 봐야겠다. 오늘은 정말 기분 좋은 하루다.

혼자서는 결코 멀리갈 수 없다

Chapter Three

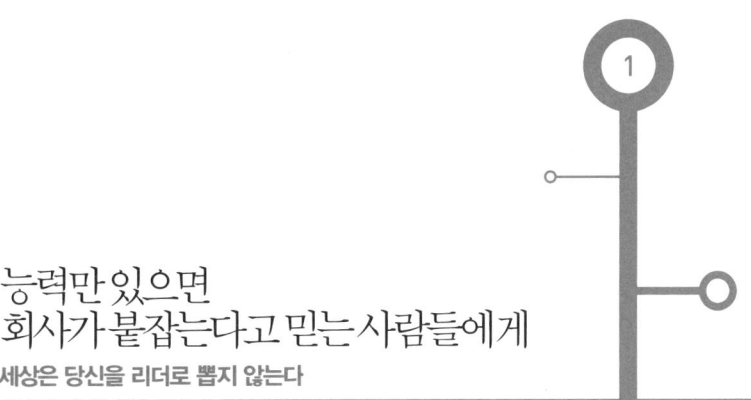

능력만 있으면
회사가 붙잡는다고 믿는 사람들에게
세상은 당신을 리더로 뽑지 않는다

봄꽃이 한겨울에 피고 단풍이 가을에도 제대로 물들지 않는 세상이 되었다. 계절마다 어울리는 이미지가 있는데 우리가 너무 세상을 함부로 대하다 보니 자연이 복수를 시작했다. 나무나 꽃이 계절과 시기에 맞게 변하는 모습이 자연스러운 것이라면, 한겨울에 핀 개나리나 겨울에도 내리지 않는 눈은 자연스럽지 않다. 자연이 자연스럽지 않으니 이제야 사람들은 불안해한다.

이미지 관리에서도 역시 자연스러운 것이 좋다. 자신의 역할과 상황에 어색해하지 않고, 경우에 맞는 모습을 보이면 그것을 지켜 보는 사람도 자연스럽다고 느낄 것이다. 상대가 자연스럽게 느낄 때 비로소 그 자연스러움은 빛을 발한다.

얼마 전 컨설팅을 의뢰한 외국계 금융사의 대표는 새로운 이미지가 필요하다는 말로 상담을 시작했다. 지금까지 자신감 넘치고 도전적인 이미지로 자신의 능력을 인정받았는데, 이제는 포용력 있고 여유 있는 리더의 이미지가 필요하다는 것이다. 자신에게는 그런 부분이 충분히 있는데도 주위에서는 냉정하고 권위적인 사람으로만 여긴다며 안타까워했다.

이미지 컨설팅은 없는 것을 만들어 내는 마술이 아니기 때문에 무리한 요구를 하는 의뢰인을 만나면 막막할 때도 있다. 그의 경우는 내면을 겉으로 잘 드러낼 방법만 함께 고민하면 길이 보일 것 같았다. 그러나 오랜 시간 이성적이고 도전적 이미지로 무장해 온 그의 내면을 오해나 거부감 없이 전달되도록 하려면 적잖은 노력이 필요할 것이다. 그는 회사 선배의 사례를 전하며 변화에 대한 절실함을 털어놓았다.

몇 차례 대표 후보에 올랐다가 번번이 탈락한 한 임원이 자신의 실적과 능력을 근거로 미국 본사에 억울함을 호소했다. 본사의 답변은 뜻밖이었다. 실적과 능력은 탁월하지만 리더가 되기에는 여러모로 부족하다는 것이었다. 그는 무엇이 부족했던 것일까. 본사에서 조목조목 짚어 준 내용은 이렇다. 유머가 전혀 없고, 직원들에게 인간적인 관심을 보이지 않았다는 점, 그리고 무엇보다 경비 아저씨나 청소하는 아주머니에게 먼저 인사한 적이 없을뿐더러 그들의 인사도 받아 주지 않았다는 점이다. 그것이 그가 매번 탈락하는 결정적인 이유였다.

우리보다 훨씬 개인적이고 실적과 효율을 우선시 할 것 같은 외국계 금융사의 사례라서 더 놀라웠다. 동서고금을 막론하고 리더에게 필요한 것은 통계 보고서를 정확하게 작성하는 능력이 아니라 모두가 공유할 수 있는 비전을 제시하고, 사람을 이끌 수 있는 능력이다. 온갖 리더십 교재들과 내로라하는 경영의 대가들이 리더의 덕목으로 포용과, 여유, 유머를 꼽는 것도 다 이런 이유에서다. 하버드대학교에서 1930년대 졸업생을 60년 동안 관찰한 결과, 성적이 좋은 학생보다 커뮤니케이션에 능하고 사람들과 어울릴 줄 알고 훌륭한 유머 감각이 있는 학생이 성공할 가능성이 훨씬 크다는 사실을 밝혀낸 바 있다.

그런데 리더로서의 자질과 성품이 마흔 이후에 갑자기 생기는 걸까? 며칠 만에 속성으로 얻을 수 있는 걸까? 당연히 그렇지 않다. 리더십은 백화점에서 필요할 때 살 수 있는 물건이 아니다. 적금처럼 꾸준히 쌓아가야 하는 것이다. 오랫동안 연습하고 노력하지 않으면 얻을 수 없다.

능력이나 실적, 효율도 물론 중요하다. 하지만 그것만이 전부가 될 수는 없다. 자신과 주변을 돌아보고 그들과 내가 함께 갈 수 있는 길을 찾으려는 노력 없이 앞만 보고 달리다가는 반드시 후회할 일이 생긴다. 능력만 있으면 회사가 당신에게 리더 자리를 맡길 것으로 믿는가. 아마 그 외국계 회사의 임원처럼 당신이 리더에 오를 수 없는 수십 가지의 이유를 들어야 할지도 모른다. 답은 내가 사는 세상 속에 마구 섞여 있다. 조심조심 잘 살펴보지 않으면 놓치기 십상이다. 지금까지 나를 성장시킨 모습에서 한발 더 나아가, 내 나이와 자리에 맞는 모습을 갖추기 위해 꾸준히 노력해야 한다. 그러면 당신이 어느 자리에 있든 자연스럽게 당신의 능력을 발휘하고 제대로 평가 받을 것이다.

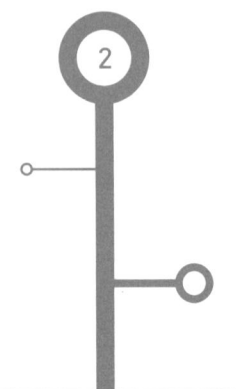

모든 것을 귀찮아하는 사람들에게
당신은 지금 가장 중요한 일을 미루고 있다

　하루가 멀다 하고 쏟아져 나오는 신조어들을 알아듣기란 여간 어려운 일이 아니다. 좀 안다고 자부했지만 얼마 전에야 '스샷(스크린 샷의 줄임말. 캡처라고도 한다)'이 무슨 뜻인지 알게 되었을 정도다. 개인적으로는 신조어와 줄임말이 불만스럽기도 하고, 안타깝기도 하다. 그런데 해외 출장 때 직원에게 문자를 보내면서 그들의 심정이 어느 정도 이해가 됐었다. 비싼 요금 때문에 말을 어떻게든 줄이려다 보니 어느새 나도 그런 말들을 흉내 내고 있었던 것이다.

　아무튼 짐작하기도 어려운 약어와 신조어가 참 많다. 그 가운데 '귀차니스트'라는 말은 그나마 오래되어서 귀에 익는다. 우리말 형용사 '귀찮다'와 사람을 뜻하는 영어 접미사 '~ist'의 합성어로 귀찮은 것을 매우 싫어하고 혼자 노는 데 익숙한 이들을 가리키는 말이다. 그리고 이런 귀차니스트의 사고방식을 '귀차니즘'이라고 한다.

　귀차니스트라는 말의 부정적인 어감과는 달리 긍정적으로 해석하는 사람도 많다. 국내의 유명한 경제연구소 마케팅 소장은 자신이 선호하고 존중하는 일에 몰두하고, 생활의 효율성을 극대화하기 위한 귀차니즘은 게으름이나 나태와는 다르다고 해석한다. 이들은 시간을 가장 우선시하여 번거롭고 사소한 일은 직접 하는 것보다 차라리 돈으로 해결하는 편이 더 경제적이라고 생각한다. 무기력한 백수가 아니라 효율 중심적인 사람들이라는 것이다. 그런 해석에 의하면 귀차니스트는 게으른 사람이 아니라 오히려 시간을 의미 있게 쓰려는 새로운 소비 집단이다. 너무 복잡하고, 바쁜 현대 사회의 한계를 극복하려는 사람들이라는 평가를 받기도 한다.

　이러한 귀차니스트를 위한 다양하고 이색적인 상품들도 많다. 로봇청소기, 손빨래 전용 미니 세탁기, 슬리퍼 걸레, 김치 자르미, 씻은 봉지 쌀 등이 모두 그런 것이다. 나는 스스로 귀차니스트가 아니라고 믿지만 개중에는 탐나는 물건이 꽤 있다. 어쩌면 나도 이미 귀차니스트 반열에 들어선 것일지도 모르겠다. 그런데 갑자기 그런 생각이 든다. 이들은 이런 물건으로 아낀 시간에 무엇을 할까. 고작 적을 죽이는 게임을 하느라 밤을 새우는 게 아니라면 좋겠다. 퍼질러 앉아서 이미 봤던 드라마의 재방송까지 챙겨보며 대사를 외우고 있는 게 아니라면 다행이겠다.

　얼마 전 감사 메시지를 보내려고 인터넷 카드를 고른 적이 있다. 클릭 서너 번 하면 될 줄 알았는데 생각처럼 간단한 일이 아니었다. 바탕 그림만 해도 100여 가지가 훌쩍 넘었고, 나와 잘 어울리는 아바타를 찾는 데만 한 시간을 넘게 썼다. 그런데 이번에는 배경 음악을 고르란다. 또 한참 시간이 흘렀다. 그렇게 겨우겨우 인터넷 카드 한 통을 만들었다. 온 집안 구석구석 걸레질을 했어도 몇 번을 했을 시간이었다. 사실 나는 발품 팔아 산 편지지에 꾹꾹 글을 눌러 쓰고, 침 바른 우표를 붙여 우체통에 넣어 보내던 낭만적인 편지가 사라졌다는 것을 아쉬워하는 사람이었다. 그런데 그날 이후 직접 쓴 편지보다 이메일이 더 삭막하다고 생각하지 않게 되었다. 아웃룩으로 메일을 보내도 내용에 진심을 담고, 그에 맞는 이미지를 정성껏 고른다면 손으로 쓰는 편지 못지않다는 것을 깨달았다.

아주 사소한 것도 귀찮아하는 귀차니스트들에게 그런 정성을 기대할 수 있을까? 그렇게 아껴놓은 시간을 정말 중요한 데 쓴다면 참 다행이지만 과연 귀찮지 않은 일이 어디 있겠나. 하나가 귀찮기 시작하면 매사가 귀찮아진다. 누군가를 위해 그림을 고르고 음악을 고르는 일을 어떻게 할 것이며, 사랑과 우정은 어떻게 만들어갈 수 있을까. 그것만큼 정성과 시간이 오래 걸리는 것도 없는데 말이다. 그렇게 생각하면 일주일에 한 번 부모님 찾아뵙는 것도 시간 아깝고, 따뜻한 밥 한 끼 해드리는 것 역시 쓸데없으며, 시장에서 만들어 놓은 반찬을 사는 대신 직접 전을 부치고 잡채를 만들어 대접하는 것(사실 잡채를 만드는 데만도 다섯 가지 이상의 반찬을 만드는 데 드는 시간과 노동력이 든다) 또한 한심한 일이다. 교회나 결혼식에도 갈 이유가 없다. 인터넷뱅킹과 휴대폰이 있으니까. 친구와 느긋하게 한강변을 걸으며 노을을 감상하는 것은 생각만 해도 멍청한 짓이다. 사과할 일이 있거나 감사의 마음을 전해야 할 때도 직접 만날 필요가 없다. 문자 한통 날려주면 몇 시간을 절약할 수 있다. 그러니 번거롭게 만나자는 사람에게는 문자가 얼마나 시간을 아껴주는지 설명해 주려 할 것이다. 화단에 물주기, 강아지 밥 그릇 씻어주기 등등의 일도 마찬가지다.

내게 그다지 영양가 없는 누군가가 도움을 청한다거나, 길 잃은 할머니가 집을 찾아달라고 하면 어떤가. 화를 내지 않는 것만도 그들은 내게 고마워해야 한다. 사실, 인생에서 소중한 것들은 대부분 시간 효율하고는 참으로 거리가 멀어 보인다.

그런데 효율을 따지는 그들을 위해 시장은 그들이 환호할 이런저런 상품을 들이댄다. 나는 세상에 별의별 것이 다 생기더라도 세상에서 가장 소중한 것들의 영역은 침범하지 않았으면 좋겠다. 성능 좋은 어떤 기계가 나와도 가족이 앉을 자리는 내가 직접 걸레질하고, 우리 가족과 함께 사는 나무에 물을 주거나 강아지를 목욕시키는 일은 아이들이 하는 게 당연하다. 현대가족 정태영 사장처럼 가족이나 친구의 손을 잡고 장흥 천문대를 함께 가는 여유는 결코 시간 낭비가 아니라고 믿고 싶다. 그리고 수재민에게 돈 봉투만 건네는 것보다는 손을 내미는 모습이 더 아름답다. 더딘 것들이 오히려 세상의 변화를 만들었고, 사소한 것들이 늘 사람 사는 길을 가르쳐 왔다는 것을 인정하면 좋겠다.

귀찮다는 이유로 지금 할 수 있는 일을 미루고 소홀히 하다 보면 정작 소중한 것을 할 기회가 사라져버릴 수도 있다. 가족과 사랑, 우정 같은 것들이 당장 급한 일은 아니지만, 그렇다고 하찮은 일도 아니다. 모두의 인생에서 가장 소중히 여겨야 할 가치들이다. 빨리 가는 데는 소용없는 것처럼 보일지 몰라도 오래, 멀리 가려면 반드시 챙겨야 하는 것들이다. 시간을 아끼려는 마음에 정작 소중한 것을 잃고 후회하는 사람이 바로 낭신이 아니었으면 좋겠다.

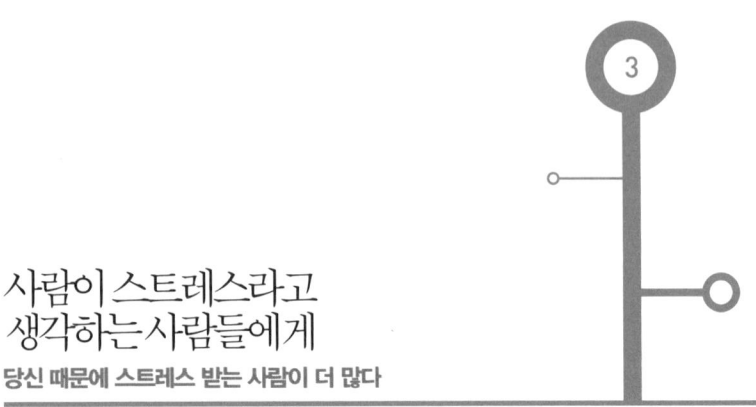

사람이 스트레스라고 생각하는 사람들에게
당신 때문에 스트레스 받는 사람이 더 많다

싯다르타 고타마의 '삶은 해결해야 할 문제가 아니라 겪어야 할 현실이다'라는 가르침처럼 우리 모두 문제들을 짐으로 여기기보다는 일상의 하나로 무난히 소화해 낸다면 지금보다는 훨씬 행복해질 것이다. 그런데 많은 사람들이 '감정노동(Emotional Labor)'에 시달리며 병들어 간다. 감정노동이란 배우가 연기하듯 근로자가 일상적으로 고객의 감정을 맞추려 자신의 감정을 억누르거나 통제하는 일을 말한다. 자신에게 주어진 역할에 맞게 당연히 참아야 하는 것으로 간주되었던 감정이 그야말로 노동 수준으로 우리의 정신 건강을 해치고 있다. 문제는 육체노동 이상으로 무서운 스트레스가 쌓인다는 데 있다.

감정노동 스트레스의 핵심은 바로 '감정불일치'다. 근로자가 기분이 좋지 않더라도 고객을 웃음과 친절로 대해야 하는 직무상의 요구로, 실제 느끼는 감정과 외부로 표현하는 감정이 서로 달라 충돌하면서 괴리감을 느끼게 된다는 것이다. 자신의 감정을 다 드러내고 살 수야 없는 일이지만, 이러한 중노동이 매일 반복된다면 겉은 웃지만 속은 새까맣게 타 들어 가 머지않아 정말 불타버릴 것이다.

전체 산업에서 서비스 산업이 차지하는 비중이 날로 커지고 고객만족이 기업생존의 화두가 되면서 '감정노동'으로 스트레스를 받는 사람들이 크게 늘고 있다. 그러나 산업 구조의 변화보다 더 큰 원인은 바로 사람이다. 일하면서 기본적인 스트레스를 받는 것은 어쩔 수 없겠지만 우울증과 대인기피증, 홧병의 주범은 다름 아닌 사람인 것이다.

물론 다 그런 것은 아니지만 병원의 간호사, 백화점과 대형 할인점 고객만족센터에서 일하는 사람들의 병든 모습이 전해진다. 그들은 폭언에 가까운 말을 매일같이 들으면서도 싫은 표정 한 번 제대로 내비치지 못한다. 불안함과 답답함을 호소하던 그들 중에는 결국 직장을 그만두고 1년여간 집에서 은둔형 외톨이 생활을 한 사람도 있었다. 고객 제일주의를 내세우는 조직의 지시를 따르다 보니 그들은 환자들의 무리한 요구와 불평을 계속 참아야 했다. 낮에는 열심히 일하지만 집에 오면 탈진한다는 한 간호사는 사람을 기피하며, 말이 없는 고양이 인형을 가장 좋아한다고 했다. 게다가 스트레스를 풀려고 술을 마시기 시작했고, 술에 취해 주변인들에게 공격적인 모습을 보이기도 해서 가족과도 떨어져 지내고 있었다. 물론 그들 모두가 그런 것은 아니지만 드러나지 않았을 뿐 상당수가 사람에게 시달리고 사람 때문에 병에 걸린다.

그 기사를 접하면서 나를 뒤돌아보았다. 행여나 내가 그들을 그렇게 만든 것은 아닌가. 하는 일이 사람에 대한 교정이다 보니 오랫동안 내게는 심한 직업병이 있었다. 내가 내는 밥값은 그저 식자재 값이 아니라 사람이 제공하는 서비스까지 포함된 것이라는 계산법으로, 친절하지 않은 직원들에게 지적이 많았다. 그야말로 어디 가서 편히 밥 한 끼 먹고 오는 날이 드물던 시절도 있었다. 이론만 내세워 평가하려 들면 특급 호텔도 지적거리와 불만 요소가 수두룩하다. 그들도 모두 내가 모르는 각자의 현실과 감정을 가진 사람들인데 철없던 시절, 가혹하게 굴었던 것을 후회한다.

'똑똑하기보다 친절하라'는 유태인 속담은 사는 내내 염두에 두어야 하지만, 현명한 고객을 가리키는 말이 되기에도 손색이 없다. 불쾌감을 아쉬움 정도로 정리하고 그들에게 이성적인 요구를 하는 선에서 마무리 짓는 요즘의 내가, 나는 조금 더 마음에 든다.

감정노동에 시달리는 이들은 비단 고객을 일선에서 상대해야 하는 영업 직원들만이 아니다. 재판정에 나오는 판사의 얼굴에는 미소나 분노, 슬픔과 같은 감정 표현이 없다. 대부분 늘 굳은 표정을 하고 있는데 재판관으로서 권위를 지키고 엄격하게 중립을 유지한다는 것을 보이기 위함이라 한다. 이 역시 중립적인 감정노동을 하는 경우이다.

전문가들은 감정노동의 우울 수준을 감소시키기 위해 노동자들의 복지 향상, 직무 스트레스 감소 프로그램 개발 등을 권고한다. 또 그동안 부수적 형태의 노동, 개인 차원의 문제로 여겨졌던 감정노동을 하나의 노동 과정으로 새롭게 인식해야 한다고 지적한다.

감정노동이 과중해지면서 가장 먼저 나타나는 공통적인 현상은 약자에게 공격성을 드러내는 것이다. 하급 직원이나 나이 든 부모에게 지나친 짜증을 부리고, 기혼 여성은 아이들에게 화풀이하는 경우도 늘어난다. 겉으로는 웃으면서 마음은 침체의 늪에 빠지는 가면(假面) 우울증과 내가 남이 된 것 같은 이인화(異人化) 현상도 겪는다. 자신이 못나서 이런 곳에서 일한다는 자기 비하에 빠지거나, 자기 존중심이 사라지는 것도 이들의 특징이다. 심한 경우 감정 불감증 상태에 이르기도 한다.

전문가는 개인 차원의 대처기법으로 적응하기, 일과 나와의 분리, 혼잣말 등 인지적(認知的) 기법과 분노 조절 훈련, 생각 멈추기 등을 권한다. 또한, 근무강도를 조절해주면서 '당신은 우리 회사의 소중한 사람'이라는 인격 존중의 회사 분위기를 조성해나갈 것을 권한다. 외부 고객 만족을 위해서는 우선 내부 고객 만족이 더 중요하다는 것이다.

그런가 하면 신경정신과 전문의는, 우리 뇌 속에는 감정의 몇 가지 채널이 있는데 항상 쓰는 감정만 쓴다든지, 또는 잘 잡히지 않은 채널을 억지로 갖다가 잡아서 쓰기만 하면 문제가 생긴다고 한다. 그 사람 자신에게 가장 자연스러울 수 있는 채널을 돌려주어야 한다는 것이다.

그러나 상황만 조금씩 다를 뿐 결국 사람을 대하고 살아야 하는 사회생활에서 우리 모두 조금은 더 늠름하게 자신을 단련시켜 병마에 지지 말아야 한다. 상대에게도 그들만의 현실이 있고 감정이 있음을 이해해주고, 그 주먹들을 너무 아프게 받아들이지 말자는 것이다. 심한 표현을 하는 그들은 나를 특별히 무시해서가 아니라 어디 가서도, 누구에게든 그 강도의 펀치를 날린다. 그러니 그냥 '아, 보통사람들과 좀 다르구나' 하고는 잊을 일이다.

자신의 잘못이 있는 경우에는 물론 반성과 성장의 기회로 삼되, 그들에게 휘둘리며 직업 자체에 회의를 느낄 필요는 없다. 그 순간, 별것도 아닌 것에 크게 고마워하던 고객이나 상사와의 의미 있는 만남도 있었음을 기억하자는 것이다. 그렇게 다양한 사람들을 만나는 경험들이 결국 삶이니 말이다.

　백화점이나 병원에서 근무하지 않는다고 나 자신은 감정노동자가 아닐까. 사실 우리 모두 감정노동에 시시때때로 시달리고 있다. 자신의 감정을 감춘 채 애써야 하는 순간들은 사방에서 쉼 없이 이어진다. 그것이 병이 되지 않도록 우리는 시기적절한 방법으로 예방하고 치료하여 스트레스를 관리할 필요가 있다.

　그러나 그 못지않은 또 하나의 큰 과제는 나 때문에 생기는 타인의 감정노동 지수를 낮추어 주는 것이다. 자신도 감정노동에 시달리면서 뒤돌아서면 또다시 그 제공자가 되는 우리는 모두 피해자인 동시에 가해자다. 상사와 고객에게 시달린 스트레스를 지갑 들고 찾아가는 온갖 장소에서 험한 말과 거친 행동으로 풀고는, 돌아서면 다시 내가 그 대상이 되는 반복의 고리를 끊어내자. 가정에서도 직장에서도 우리 모두 감정노동에서 완전히 벗어날 수는 없다. 그러나 지금보다 훨씬 많이 줄일 수 있다. 그 시작은 바로 나 자신이다.

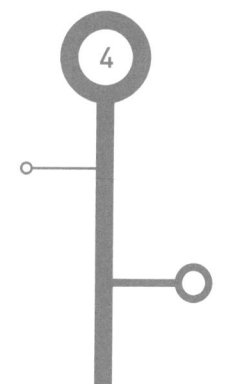

일이 최우선인 사람들에게
지금 당신에게 정말 소중한 사람들이 떠나가고 있다

학기가 시작되어 모두 낯선 틈에서 내 등을 톡톡 치며 "너 이름이 뭐니? 난 신선희라고 해" 하던 우리의 첫 만남이 생각난다. 이름이 참 예쁘다 싶었다. 이선희나 김선희 같으면 조금은 촌스러울 수 있는 그 이름이 이렇게 예쁘게도 들리는구나 싶었다. 우린 그렇게 여고 1학년에 만났지만, 얼마 전만 해도 난 그게 그냥 우연인 줄 알고 살았다. 봄 햇살이 맑은 하얀 병실의 비좁은 침대에서 선희가 말했다.

"그거 알아? 내가 너 찍었었던 거…. 너 그거 몰랐지?"

"무슨 말이야?"

"사실은 말이야, 너랑 짝이 되려고 난 앞에 선 애들 머릿수 세어 가며 까치발 하고 네 앞에 섰었어."

25년이 지나서야 배시시 웃으며 그녀는 내게 여고시절을 고백했다. 그 시절, 선희와 한 달 넘게 말을 안 하고 지낸 적이 있었다. 체육 시간 다음이 점심 시간이었는데, 교실에 들어와 도시락을 여니 밥은 하나도 없고 주번으로 교실을 지키던 선희의 쪽지가 있었다.

'친구야, 하늘을 봐. 푸른 하늘을 보면 배가 고프지 않을 거야.'

그렇게 시작하는 내용이었는데 끝에 아무에게도 말하지 말라고 쓰여 있었다. 그런데 나는 쪽지를 다 읽자마자 "어떡해. 선희가 내 도시락 다 먹어버렸어"라고 크게 말해버렸고 선희가 그걸 들었다. 그 후 선희는 자신의 이름을 불러도 들은 척도 안 하고 나와는 말을 안 했다.

화해를 위해 노력하던 나는 모기업에서 CM송을 공모한다는 내용을 듣고, 부제를 '내 친구 선희'라고 해서 작사, 작곡한 곡을 악보로 그려 보냈다. 그리고 그 악보를 그 당시 유행하던 코팅을 해서 아침 일찍 선희의 책상에 넣어두었다. 선희가 학교에 오고 나는 초조하게 기다리고 있었는데 잠시 후 선희가 조그만 목소리로 "친구야!" 하면서 내게 돌아왔다.

세월이 흘러 우린 이미 오십을 바라보는 어른이 되어 있었다. 몇 해 전인가 선희가 백화점 화장실에서 화장을 고치며 노래를 흥얼거리는데, 들어보니 바로 그 노래였다. 얼마나 기쁘던지. "그 노래 기억하네?" 하며 흐뭇하게 물었다.

"응. 난 말이야, 누가 노래시키면 항상 이거만 불러. 근데 왜 이 노래만 부르는지 알아?"

"그야 뭐⋯."

"왜냐하면 부르다가 틀려도 사람들이 아무도 모르거든."

선희의 그 말에 우린 한참을 같이 웃었다. 하지만 또 금세 가슴이 미어지는 것 같았다. 열일곱에 만난 우리는 그렇게 지금이다. 서로 모르고 산

세월보다 서로 알며 지낸 시간이 더 길다는 걸 확인하면서, 신기하기도 하고 신이 나기도 했다. 고작 한 해를 한 반 동무로 지내고 30년 가까운 세월 동안 서로를 가슴속에 담아둘 수 있다니 말이다.

봄이 채 다 오지도 못한 삼월의 어느 날, 흔한 드라마의 한 장면처럼 의사가 내게 말했다.

"보호자 되세요? 큰 병원 가셔야겠어요."

내시경 결과 위암 중에서도 가장 치료가 어려운 5번 유형의 말기 같다고 했다. 검사가 끝나고 쇼핑하러 가기로 했었는데 의사가 내게 그런 말을 했다. 매일 시간에 쫓긴다는 핑계로 어머니 병원 길 한 번 동행한 적 없는 내가 우연히 맞은 시간을 그녀에게 내주고는 두고두고 생색내려 했는데, 위암이라니⋯.이건 말도 안 된다. 최근 이혼한 연예인 얘기를 하며 간만에 수다를 떨면서 검사 순서를 기다리고 있었는데, 의사는 내가 언니 같아 보였는지 큰 맘 먹으라 했다. 자신의 보호자는 자신이라며 끝내 의사를 붙들고 병명을 듣던 선희의 그 멍한 눈빛을 나는 지금도 잊을 수가 없다.

"어떻게 해. 우리 아들 아직 중학교도 안 갔는데⋯."

그렇게 울다가는, 몰골이 흉해지기 전에 스스로 죽어버리겠다고 말해 나를 가슴 아프게 했다. 그런 그녀도 떠나기 얼마 전에는 영국에서 이제 막 개발된 신약 뉴스를 듣고서, 그 약에 대해서 알아보지 않는다며 자신의 남편에게 마구 화를 냈었다. 기막힌 병명을 함께 듣고, 그 후 많은 밤을 함께 보냈다. 하지만 그해 겨울에 결국 황량한 바람이 숭숭 불던 벽제에서 나는 그녀를 보내야 했다.

선희가 떠나던 새벽, 아무리 힘주어 쓸어내려도 감기지 않던 그녀의 눈은 미처 다 보지 못한 아름다운 세상에 대한 미련 때문이었을까? 그녀가 아프고 난 후, 나로서는 많은 시간을 내어 곁에 있어주었는데도, 그게 나로서는 많은 것을 내어준 것이었는데도, 나는 최선을 다하지 않았었나 보다. 사람들은 내가 왜 우는지 이유를 모르지만 지금도 아름다운 걸 볼 때면 늘 그 친구 생각이 나서 울게 된다. 하나도 아쉬워하지 않던 것들, 늘 곁에 있어 모르던 소중한 것들, 우리는 왜 그것들을 잃을 때에야 잡고 싶어지는 걸까.

선희가 자다가 뒤척이기만 해도, 배만 만져도 난 선희가 그토록 무서워하는 그 통증이 설마 벌써 시작되는 건 아닐까 무서웠다. 그러다가도 내 두려움 따위가 도대체 뭔지 한심하기도 했다. 똑같은 위암으로 언니가 아팠을 때 차라리 언니를 죽게 하고 싶었다는 선희, 날로 여위는 언니의 모습을 지켜보던 그 고통을 자기 가족이 겪어야 한다는 걸 알고서 얼마나 두려웠을까. 그런 그녀에게 준 게 너무 없다는 걸 너무 늦게 알았다. 내가 뉴욕에 있을 때에도 늘 선희가 먼저 연락했고, 선희가 남편과 함께 버클리에 가 있는 동안에도 나는 전화 한 번 먼저 한 적이 없었다는 걸 그녀가 떠날 때쯤에야 기억해냈다.

늘 그녀가 먼저 연락했고 바쁜 나는 1년에 두 번 정도, 그야말로 '만나주었다.' 늘 그녀가 내게 주었다. 후에 난 그게 죽도록 미안했다. 학창시절 〈어린 왕자〉의 구절들을 뜬금없이 말하며 하늘을 자주 보던 아이. 강남의 고급 아파트에 살면서 구겨진 교복을 입고 와 선생님께 혼나면 "집에 다리미가 없어서요"라고 말해 우리를 어이없게 하고, 그 시절의 서울대생이라고는 믿기 어려울 정도로 멋을 내고 나중에 예쁜 아이들만 진료해 줄 거라 말하며 웃던 그녀이지만, 아픈 아이들에게 더 맘을 쓸 그녀라는 걸 나는 알고 있었다.

대학 때는 소설을 쓰겠다며 "주인공이 이렇게 되니까 내가 해봐야만 해" 하며 난데없이 룸살롱에 나가야 한다던 아이. 그 후 세월을 보내고 넉넉한 시댁과 자상한 남편과 똑똑한 아들을 두고 너무도 평범하게 살아가던 그녀를 보며, 어느 날 나는 '이상하다. 선희가 이렇게 평범한 여자가 될 리가 없는데…' 하는 생각을 한 적이 있었다. 시샘도 아니고 무언가를 겨냥한 것도 아니지만 아무튼 난 잠시라도 그런 생각을 했었다.

그녀의 병명을 듣던 날, 내 머릿속에 울리던 그 둔탁한 소리와 내 모든 세포들이 주저앉아 버리는 것처럼 느껴진 이유도 바로 그것 때문이었다. 마치 그런 생각을 잠시라도 떠올렸던 나 때문에 영화처럼 그녀가 병에 걸린 것 같았다. 그나마 그 죄를 갚으라고 처음으로 내가 그녀를 먼저 찾게 되었고, 아직 추운 초봄의 어느 날 그녀의 집에 가게 되고, 처음 병원 갈 때 함께 갈 여건이 주어졌나 보다.

그런데 이상한 건, 선희가 떠났다고 표현은 하고 있지만, 그녀가 떠나고 한 해가 지나고부터는 난 더 이상 슬프지 않았다. 그냥 옆에 있는 것 같다. 그냥 그녀가 미국에 갔을 때 같다. 어느 날 내게 좋은 일이 생기면 우선 선희 생각이 난다. 그게 다 선희가 해주는 거라는 걸 나는 안다. 그냥 저절로 알게 된다. 그때는 못 참고 다시 펑펑 울고 만다.

어느 책에서 그랬다. 죽을 때 '좀 더 사무실에서 더 오래 일할걸…' 하고 아쉬워하는 사람은 아무도 없다고 말이다. 회사에서 일할 때가 제일 편하고, 제일 안심이 되던 일 중독자였던 나는 그 외의 다른 것들에는 큰 인심이라도 쓰듯이 각박했다. 사람들의 얄팍한 칭찬 속에서 진짜 소중한 것들을 놓치고 살았고, 앞으로만 가느라 옆을 보지 못했다. 늘 거기에는 그럴 듯하고 거창한 이유가 있었다. 세상을 어떻게 살아야 하는지 입으로만 떠들었지, 나는 내 소중한 인연들에게 소홀했다.

그 소중한 사람들에게 내가 해줄 게 너무 많다. 지금 실컷 사랑하지 않으면 훗날 가슴을 치며 후회해 봐야 아무 소용 없다. 세상에서 가장 아픈 일은 사랑하는 사람을 먼저 떠나보내는 일일 것이다. 그 아픔은 누구를 미워하는 것보다 더 괴롭기에 불교에서는 '미워하는 사람도 사랑하는 사람도 갖지 말라'고 한 것 같다.

그러나 원하지 않아도 사랑하는 사람들은 우리에게 다가온다. 마치 운명처럼 그 사랑은 살금살금 다가와 내 모든 것들을 조금씩 흔들어놓는다. 세상에 그야말로 도저히 어쩔 수 없는 것이 그에게 가는 내 마음이다. 첫눈에 반한 연인이 그렇기도 하고 태어난 아이가 그 존재가 되기도 한다. 우연히 길에서 만난 강아지 한 마리가 어느 날부터 내 하루를 온통 붙잡아두기도 한다. 그런데 우리는 그 사랑이 내 곁에 있는 동안은 그 존재의 가치를 잘 모른다. 아프고 나서야, 가슴이 미어지고 나서야, 떠나보내고 나서야 아쉬워하는 어리석음의 연속이다.

멀고 삭막한 길을 달리는 동안 앞만 바라보지 않게 도와주고, 삶이 막막하여 주체할 수 없이 초라해질 때면 서로 일으켜 주었으면 좋겠다. 우리 서로 눈을 감고 있노라면 어느새 떠오르는 얼굴들이 되었으면 좋겠다. 그렇게 서로 동화되었으면 좋겠다. 많고 많은 사람 중에서 철저한 타인으로 살아오다가 어느 날 만나 인사를 나누고, 서로를 알아가고, 돕고 돕는 사이가 되어간다는 것. 그렇게 조금씩 연을 맺게 되는 그 기적이 무엇보다도 소중한 재산이고 보물임을 우리는 너무 늦게 깨닫는다.

조금씩 그렇게 색이 바래가는 어느 날, 하늘의 경고처럼 어이없는 일이 일어났다. 휴대 전화를 만지작거리다가 '초기화'라는 버튼을 호기심에 눌러보았는데 모든 전화번호가 지워져 버린 것이다. 단 몇 초 사이에 전화번호 함은 텅 비어 버렸다. 순간 기분이 얼마나 멍했는지 모른다. 마치 사막 한복판에 홀로 서는 느낌이 들었다. 지난 15년간의 관계들과 나는 아무 상관이 없어져 버렸다. 지극히 수동적인 관계로 전락해 버린 것이다. 그들이 나를 찾지 않는 한 나는 그들을 찾을 수 없게 되었다.

사실 그간 나는 내가 늘 시간에 쫓김을 알고 있을 상대에게 무언의 양해를 구하며 부재중의 전화에 소홀하거나 더 급한 일 때문에 그들을 미룬 적이 많았다. 가까운 사이일수록 더 그랬던 것 같다. 내게 안부를 물어 주고, 건강을 염려해 주고, 격려해 주는 그들에게 받는 것에만 점차 익숙해져 가고 있었다. 그러다가 벌 받은 그날 이후, 나는 부재중 전화가 와 있으면 바로바로 전화하여 누구인지 확인하고 정성껏 번호를 입력해둔다. 저장된 번호가 1,000개 넘던 때는 1년에 한 번 안부 전화하는 데도 소홀하더니, 요즘은 한 개 한 개가 소중하다. 이제 겨우 스무 개 남짓 모인 번호들에 안부 문자도 종종 보낸다.

어느 해 겨울, 창밖으로 내리는 눈을 바라보는데 희끗희끗할 뿐 선명하지가 않았다. 방이 너무 환하기 때문인 것 같아 불을 잠시 꺼 보았는데 순간 놀랐다. 내 방의 불을 끄자, 창밖의 어둠과 흰 눈이 너무도 선명하게 보였다. 내 안의 불을 끄고 나니 내 앞의 세상이, 내 앞의 사람들이 훨씬 잘 보였다.

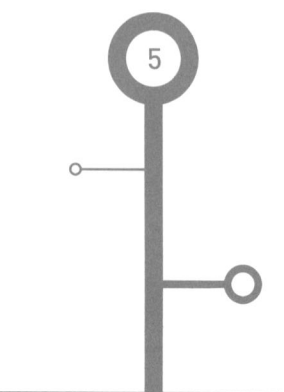

세상을 원망하는 사람들에게
세상이 당신에게 갚아야 할 빚은 없다

　사람들은 각자 다른 미션을 가지고 태어나는 것 같다. 만약 그게 아니라고 한다면 억울할 게 많다. 어느 유능한 의사가 내게 말했다. 부모님에게서 우수한 유전자와 양질의 교육을 제공 받은 것 말고는 뭐든 자기가 하나하나 이루어야 했던 삶이 때로는 고달프게 느껴진다고. 세상은 자신에게 아무것도 공짜로 준 적이 없고, 누군가에게 혜택을 받기보다는 늘 누군가를 돕는 역할이었다고. 그게 억울하지는 않아도 때로는 힘겹다고 했다.
　가만히 그를 바라보다가 내가 말했다. 이렇게 유능하게 일할 수 있는 유전자와 기회를 타고난 것인데 뭐가 억울하냐고, 이번에 세상에 많이 주면 다음 생에는 큰 복을 안고 태어나 편하게 살거나 아니면 영생을 얻을 테니 억울할 것 하나 없다고. 그가 조금 생각하더니 결국 내 말이 맞다고 했다.

사실 내 삶도 그런 그와 별반 다르지 않다. 언젠가 우연히 타로 점을 봤는데 내 삶은 비즈니스 리더보다 이너 가이드(inner guide)에 가깝다고 한다. 그 말을 듣고 '그래서 이 가난한 밑천을 가지고도 계속 강의를 하는가 보다' 하는 생각이 들었다. 지명에는 다 이유가 있다고 한다. 김포(金浦)는 '금이 들어오는 항구'에서 유래한 이름인데 지금은 금속성의 비행기가 드나드니 여전히 금이 드나드는 것이 맞는 셈이다.

사람 이름도 마찬가지라 한다. 내 이름이 맘에 안 든다는 내게 어느 분은 '성함이 이종선(李鍾善)인 이유는 세상에 선한 종소리를 퍼뜨리라는 의미일 것'이라며 그런 운명을 이미 타고난 거라고 말했다. 듣고 보니 그 말이 좀 맞는 것 같다.

부모님이나 가까운 이들은 나를 '지영'이라 부른다. 태어날 때부터 부모님이 불러준 이름이다. 그래서 학창 시절의 친한 친구들은 지금도 그렇게 부른다. 종(鍾)자 돌림을 쓰는 항렬에 따라 할아버지가 지어주신 '종선'이라는 이름은 그리 내 마음에 들지 않았지만, 이미 그때 앞으로 어떻게 살아야 할지가 정해진 듯하다. 세상에 선한 종소리를 퍼뜨리라는 미션 때문인지 내가 이번 인생에 누리는 물질적인 것들은 힘들게 일한 대가치고는 왠지 조금은 작다는 느낌이 드는 것도 사실이다. 그러나 그걸 두고 뭐라고 탓할 수 있을까.

그런 기회를 얻은 것만도 감사하다는 생각이 든다. 10년 넘게 한 달에 400시간 이상씩 일하면서 얻은 것이 고작 지금 내가 가지고 있는 것이면 너무 적은 것인가? 아니다. 그것만으로 백 번 감사할 일이다. 집에 불이 나서 어린 시절 앨범이 다 없어진 것도 아니고, 사기 사건의 피해자가 되어본 적도 없다. 귀가 얇은 탓에 얼마든지 사기를 당하고도 남을 내가 말이다. 이것만으로도 지독하게 감사할 만하다.

뉴욕에서 아르바이트할 때가 생각난다. 잠시 가게에 다녀오는 사이에 차에 두고 갔던 주급 400불은 깨진 유리 파편과 함께 사라져 버렸다. 예전에는, 사업 망했다고 자살하는 사람들 얘기를 들으면 한심하다고 생각했는데 그것은 나의 오만이었다. 고작 일주일 일한 게 날아가 버린 것만으로도 하늘이 노랬다. 그런 내가 그동안 큰 사기라도 당했으면 자다가도 벌떡벌떡 깨며 시름시름 앓다가 죽었을지도 모른다. 그런 내가 그간 무사했음이 어찌 횡재가 없었다며 더 욕심 낼 수 있을까. 거리에 나앉아야 할 만큼의 큰 곤란도 없었고, 근 20년 동안 회사를 운영하면서 도난 사건이 두 번뿐이고, 돈 빌려 주었다가 못 받은 일이 겨우 다섯 번밖에 안 된다니 참 복도 많다. 보험 사기단에 차가 들이받쳐 생돈을 갖다 바치지 않아도 되었던 것만으로도 감사할 따름이다.

이만큼 감사하며 살다 보면 내 다음 생이든, 아니면 우리 가족의 미래든 뭐라도 좋아지는 게 있을 거라고 믿는다. 사람들과의 관계를 두고 사람이 계산을 할 때는 종종 소위 '뻭사리'가 나며 적자를 보기도 한다. 하지만 하늘의 정산은 틀리는 법이 없다. 신기하리만치 늘 정확하니까 분명히 행한 만큼 돌아오게 될 것이다.

내가 A에게 열을 주었는데 A는 둘만 줄 때가 있다. 그러면 손해 보는 느낌이 든다. 그런 일을 반복하여 겪다 보면 이제 아무에게도 주지 말아야겠다는 마음이 든다. 그런데 행운이 도둑처럼 살금살금 찾아오는 날이 있다. 내가 둘밖에 주지 않았던 B가 나타나서 내게 열을 주는 그런 때 말이다. 그런 걸 보면 결국 세상은 공평하다. 그러니 억울할 일도 없고, 아쉬울 일도 없다.

　예전에는 사실 억울해하는 일이 많았다. 나보다 착하지 않은데, 나보다 열심히 살지 않는 것 같은데 나보다 더 많은 것을 누리는 사람들을 보면 그 이유를 몰라 답답했었다. '무슨 이런 계산법이 있나, 이건 아니잖아' 하며 억울해했다. 그러던 어느 날 깨달았다. 전생에 그는, 그리고 예전의 그녀는 나보다 치열하게 세상을 짊어졌었고, 나보다 훈훈하게 사람들의 가슴을 껴안았을 것이라고. 내가 본 것이 전부가 아니고, 내가 모든 것을 기억하는 것도 아니기 때문이다. 그렇게 생각하고 나니 이 세상에 억울할 것이라곤 하나도 없었다. 인생은 마라톤에 비유하면서 왜 정작 현실에서는 단거리 선수처럼 지금만 생각하는 걸까. 오늘 조금 억울했더라도 제대로 살고 있으면, 머지않아 행운이 '짠' 하고 나타날 것이다. 그게 하늘의 이치인데 뭐가 속상하고 아쉽고 억울한가.

　구드룬 파우제방의 책〈핵폭발 후 최후의 아이들〉은 선전포고도, 경고도 없이 독일의 한 도시에서 피어오른 섬광과 버섯구름으로 시작된다. 그 찰나의 순간에 많은 이들이 죽고 사라진다. 그러나 그들은 차라리 다행스럽다. 진정한 '최후'는 간신히 살아남은 자들에게 천천히, 더욱 참혹하게 찾아온다. 구드룬 파우제방은 스스로 부른 재앙에 처참하게 쓰러져 가는 인류의 모습을 단 한 점의 동정도 없이 냉정하게 보여준다. 세상은 그렇게 어느 순간의 어느 것이 더 낫다고 말할 수도 없다. 그게 세상이다.

　정혜, 우연히 알게 된 인생 후배인데 늘 밝고 참 열심히 산다. 하고 싶은 게 뭐냐고 하니 불어, 요가, 발레까지 말한다. 요즘엔 종교에 심취하여 6개월 과정의 수업도 듣는다. 나보다 열한 살이나 어린데도 남을 이해하고 자신의 부당함도 포용할 줄 아는 후배다. 최근 직장에서 부당한 처사를 겪고 있는 정혜에게서 어느 날 밤 전화가 왔다. 가장 힘들 때 힘을 주어 감사하다면서 말을 하다 말고 흐느꼈다.

"아냐. 자기가 이런 걸 받을 수 있게 그간 살아서 오늘이 있는 거야. 난 그 역할만 하는 것뿐이야. 내가 하는 게 아니야."

몇 번을 말해도 그녀는 아니란다. 몇 가지의 예를 더 들며 그녀가 그간 얼마나 열심히 살았는지, 나에게 먼저 얼마나 잘했는지, 사람들에게 늘 어떤 마음으로 대했는지 열거하고 나서 "그래도 아니야?" 하고 재차 물으니 그제야 맞는 것 같다고 한다. 세상에 공짜가 없다는 말은 뭘 받으면 갚아야 한다는 것만을 의미하지는 않는다고 생각한다. 그 말 안에는 내가 무엇을 하든 언젠가는 다 내게 돌아온다는 의미도 포함되어 있을 것이다. 그런 뜻에서 세상에는 공짜도 없고, 손해도 없는지 모른다. '세상에 공짜는 없다'를 철썩 같이 믿고 살자. 뭘 받고서 빚진 것처럼 무거운 마음으로 살자는 것이 아니다. 누구에게라도 신나는 마음으로 기꺼이 먼저 주면서 살자는 말이다. 그 말을 믿자. 그렇게 믿으며 기다리자.

'세상은 내게 빚진 게 하나도 없다'고 생각하는 것이 풍요로운 삶의 시작이라는 그 작가의 말이 맞다. 그 말이 틀림없이 맞다.

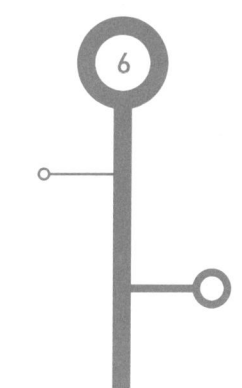

사소한 부탁도
거절하지 못하는 사람들에게
어차피 모든 사람을 만족시킬 수는 없다

　미국의 유명한 상담전문가 듀크 로빈슨이 쓴 〈내 인생을 힘들게 하는 좋은 사람 콤플렉스〉라는 책이 있다. 이 책이 내 눈길을 사로잡은 이유는 부제가 마치 나를 위한 것처럼 느껴졌기 때문이었다. '착한 사람들이 힘들어하는 9가지 이유'. 이 책은 여러 언론에 소개되면서 좋은 반응을 얻었다.
　세상 사람들은 누구나 자신을 선하다고 생각한다. 누가 봐도 극악무도한 사람 역시 자신의 결백을 주장한다. 세상은 물론 선(善)이 지배한다. 세상은 공평하여 선을 베푸는 자에게 결국 더 큰 것을 돌려준다. 나는 하늘이 사람과 세상에 정성을 쏟는 사람에게 결코 등을 돌리지 않음을 장담한다. 결국 세상은 그들 편이다. 그러나 세상을 둘러보면 선한 사람들이 힘들어하는 모습을 보일 때가 종종 있다. 그들은 죄책감 없이 거절하는 것이 힘들다. 그래서 이것저것 껴안는다. 소위 말해서 오지랖이 넓다. 그래서 자신의 기(氣)를 빼앗긴다. 그러니 뭔가 자신의 것을 이루는 것은 오히려 오래 걸리거나 힘들다. 어려운 사람도 거절하기 힘들고, 선한 것에 등 돌리기도 어렵고, 명분이 있는 것도 도와야 하고, 힘겨운 것에도 자신의 힘을 보태고 싶어 한다. 그래서 산만해지고 기가 모이지 않으니 어느 날의 자신의 간절한 소망은 오히려 힘겹다. 조금은 가뿐하게, 별것 아닌 것에는 거절이 쉬워져야 한다. 자신을 너무 과대평가하고 다 안으려 하면 자신조차 넘어지게 된다. 그렇게 자신이 넘어지면 다 끝장이다. 그러기에 놓을 줄 알아야 한다. 내가 아니고도 될 일들, 상대가 나를 가벼이 이용하는 것들, 세상에 큰 영향을 끼치지 않을 것들을 다 안으려 하지 말아야 한다. 그렇게 기(氣)를 모아 더 소중한, 더 귀한 것에 쏟는 지혜가 필요하다는 생각이 든다.

게다가 선한 이들은 모든 이들을 기쁘게 하려 노력한다. 이것은 마치 어린아이 같은 짓인데도 네 살짜리 바보가 아니면 욕심내지 말아야 할 것을 마흔이 지나고도 하려 들었던 나는 어쩌면 어리석었는지 모른다. 명분이 아무리 거창해도, 동기가 아무리 좋아도 분명히 그것은 욕심이고 그러면 아프다. 세상 사람 모두를 기쁘게 하느라 또 자신의 기를 분산시키지 말아야 한다.

나에겐 직업병이 있다. 한 회사의 사장인 나는 사장이 애써 준비한 강의 자리라면 전 직원이 경청하여 모두 변화하기를 기대할 사장의 마음을 알기에, 강의 중에 단 한 명도 졸거나 딴 생각에 머무는 것을 그대로 두지 않았다. 또, '아름다운 세상 만들기'가 내 미션이라고 생각하는 만큼 어느 곳의 누구나 아름다워야 하고 친절해야 하고 진솔해야 해서 그렇지 않은 걸 발견하면 언제든 나서서 바로잡아야 했다. 그래서 자잘한 다툼도 많고, 시비도 잦았던 젊은 시절이 있었다. 그러나 나는 어느 날 단호하게 인정했다. 직업병도 병이라고. 맞다. 그 좋은 직업 때문에 생긴 병으로 상대와 내가 고달프다면 그 병, 고치는 게 맞다. 더 이상 모두를 만족시키고 모두를 기쁘게 하려 애쓰지 말아야 한다. 농담처럼 강사료가 없는 것에는 개의치 말자고 결심했었다. 그냥 내 앞의 내 양만큼 겸손히 행해야 한다. 다 나서지 말아야 한다. 교만함을 버리는 것 역시 자신의 기를 분산시키지 않는 현명함일 것이다.

그런가 하면 자신의 풍요로운 삶을 위해서는 굳이 남들의 인정을 받으려 할 필요가 없다는 사실도 내가 모르던 큰 것이다. 강의는 늘 과정과 결과를 피드백 받는 직업이다. 강의 중에 그들의 동의와 참여가 느껴지지 않으면 결코 신나게 할 수 없다. 그래서 늘 그들의 인정의 눈빛이 필요했다. 그러나 이제는 알겠다. 어떤 인정이든 지금 당장 확인하려고 서두르면 조급해질 수밖에 없다. 그러면 초라해지기 십상이다. 그게 그냥 먼 훗날이면 어떻고, 영 오지 않으면 어떤가. 이제는 남들이 인정해 주지 않아도 나 자신이 당당하고 만족하면 그것만으로 충분하다. 나를 몰라주는 상사나 선배가 뭐 그리 야속한가. 하늘이 다 아는데 말이다. 굳이 사람의 인정을 당장 확인하려 들면 기운 빠진다. 그 '사람들'이라는 게 고작 내 주변이라면 너무 좁지 않은가. 그냥 두어라. 어차피 세상이, 하늘이 언젠가는 알게 될 것임을 그냥 믿자. 나는 믿는다. 조금 느린 아닐로그여도 하늘의 정산 시스템은 지극히도 정확해서 언제고 자신이 세상에 한 것만큼 돌려준다는 것을.

우리가 자신에게 베푼 감정은 모두 외부로 빛을 발하며 그 감정에 맞는 사람들을 끌어당긴다. 내가 온화한 빛을 뿜으면 온화한 사람들이 답할 것이고, 내가 너그러우면 너그러운 사람들에게서 답이 있고, 내가 선하면 또 선한 사람들에게서 답을 얻을 것이다. 누가 내게 오지 않는다고 슬퍼할 것도 없다. 그와 내가 맞지 않기 때문이다. 소위 말하는 화학적 반응이든, 코드든 상관없다. 누가 내게 다가오지 않는다는 것 역시 나를 위해 벌어진 일임을 왜 믿지 못하는가. 우리가 믿지 않는 한 그것은 현실이 아니다. 그러나 내가 그렇다고 믿으면 사실 그대로 세상은 내 빛에 반응하며 내게 이롭게 돌아간다.

세상이 험하여 아플 때도 있다. 그러나 내 마음에 무엇이 있는가를 왜 확신하지 못하는가. 왜 몇몇 사람이 흔들린다고 나까지 흔들려야 하는가. 자신의 행동을 살펴보아라. 선함이 항상 우선이었다면 당신이 매우 선함을 믿어도 된다. 내게 돈이 되거나 승진에 도움이 되는 것보다도 세상에 중요한 것이라 믿는 일에 귀한 시간을 먼저 내준 적이 있다면 신나게 세상을 살아도 절대 불행해지는 일은 없다고 장담한다. 세상을 짧게 보면 아닌 것 같아도 지금 내가 편해지려고 버린 것들은 끝내 나 자신을 힘들게 만든다.

큰 비행기일수록 긴 활주로가 필요하다. 우리는, 선한 당신은, 그 끝을 기다려야 한다. 조금 갑갑하여도, 끝내 조급증이 나도 조금만 더 기다리면 온다. 선한 그 끝이 온다. 그렇게 믿으며, 자신의 기를 모으며 조금 더 기다려야 한다.

모험이란
 - 작자 미상

사람 앞에서 웃는다는 것은
바보처럼 보이는 위험을 무릅쓰는 것입니다.
다른 사람에게 다가가는 것은
그에게 속을 수 있는 위험을 무릅쓰는 것입니다.
사랑하는 것은 사랑을 보답 받지 못할 위험을 무릅쓰는 것입니다.
믿는 다는 것은 실망할지도 모르는 위험을 무릅쓰는 것입니다.
노력하는 것은 실패할지도 모르는 위험을 무릅쓰는 것입니다.

그러나 모험은 감행되어야 합니다.
아무 모험도 하지 않는 이들은
그 순간의 고통이나 슬픔을 피할 수 있을지는 모르나
배울 수 없고, 느낄 수 없으며, 변화될 수 없고,
성장할 수 없으며, 사랑할 수 없고,
진정으로 살아갈 수가 없습니다.
자유는 모험한 후에 얻는 것입니다.
모험하는 자만이 자유를 얻게 되는 것입니다.

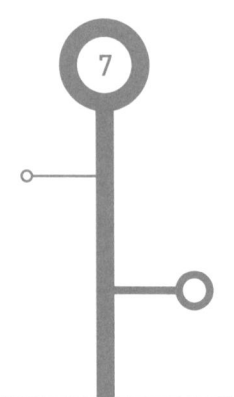

잘나가는 사람들만
챙기는 이들에게
당신과 다시 일하고 싶은 사람은 없다

평판이 중요한 시대라고 한다. 이미지 컨설팅에서도 평판관리는 매우 중요한 부분이다. 내 평판은 과연 어떨지 궁금했던 적이 있다. 종종 간접적으로 전해 들은 말로는 착하고, 강하단다.

그래서일까. 십자가를 대신 지는 것을 잘해서 머리 좋은 사람들이 내게 악역을 맡기는 일이 많다. 사실은 그것을 다 알면서도 억울해하지 않으려고 한다. 내가 나서서 조금이라도 나아질 수 있다면 짊어지려고 한다. 누군가 해야 할 일이면 그냥 내가 하는 게 낫다고 믿는다. 그러다 보니, 나서는 일이 많아졌고, 그러면 사람들의 말들도 많아지는 건 당연했다. 그중에는 억울하고 속상한 일들도 많았다. 그래도 꽤 오랫동안을 평판 따위는 염두에 두지 않고 살았다. 그냥 진실이면 되려니, 그게 거창하다면 사실이면 되려니 하며 살았다. 누군가는 그런 내게 순진한 거라며 조언을 해주었다. 순수하되 순진하지 말라고, 그러지 않으면 세상에 아플 일이 많다는 것이다. 하긴 이미 길들여진 세상 사람들은 너무 순진한 상대에겐 어쩔 수 없이 악역을 맡게 될 테니 그들을 탓할 게 아니라 그것도 삼갈 일이다. 처칠이 그랬던가. 세상에서 순진해도 되는 이는 어린이와 바보뿐이라고.

직업상 여러 사람을 알아서일까. 중매서는 게 어떠냐는 둥, 그 사람 어떠냐는 둥 내게 묻는 이들이 많다. 여기서 중요한 건 사람들이 '내게 물었다'가 아니라, '누군가에 대해 묻는다'는 것이다. 사실보다 부풀려진 광고보다, 좀 더 객관적인 기삿거리를 찾는 것이다. 돈 주고 꾸며 놓은 홈페이지나 고급 넥타이에 현혹되는 것이 아니라 객관적 의견에 주목한다는 것은 참으로 바람직하다. 항상 내게 시간을 꽤 넉넉히 내주는 어느 그룹 회장님이 내게 건넨 첫 마디는 "평판이 꽤 좋으시더군요!"였다. 다행한 일이다. 아마도 내 가까운 누군가에게 들으셨나 보다. 그런데 이렇게 운 좋은 경우가 그리 흔할까. 사실 아닐 때가 훨씬 더 많다.

좀 지나치다 싶게 앞뒤 안 가리고 영업에 매진하기로 소문난 A사장이 어느 날 등산 떠나는 버스에 올라탔다. '아, 이젠 등산까지?'라고 생각했는데, 그는 하루 종일 가장 재력 있는 회장 곁에 딱 붙어 있었다. '아마도 저 회장님이 오늘의 타깃인가보다'라는 생각이 바로 들었다. 영업을 열심히 하는 게 나쁜 건 아닌데, 돈이 되는 것이 아니거나 영향력 있는 사람이 아닌 경우 그의 냉정함을 여러 번 보았기에 어느새 그의 평판은 그리 좋은 편이 아니었다. 돌아오는 버스 안, 그 회장님이 내 옆자리로 오시더니 조용히 물었다.

"아까 A사장과 인사 나누는 것 같던데, 어떤 사람이오?"

그에게 별로 좋은 느낌을 받지 못한 나는 이렇게 말할 수밖에 없었다.

"음, 저에게 묻지 마시고 그냥 한 번 겪어보세요."

그게 내가 그에게 해줄 수 있는 최선의 대답이었다. 그 정도 대답하는 데만도 많은 이성과 동정이 필요했었다. 그 회장님은 무슨 말인지 알았다는 표정을 짓고는 자리로 돌아가셨다. 그 이후의 일은 나는 모르지만, 하나 분명한 것은 그 회장님은 결코 내게만 물을 것이 아니라는 것이다.

이런 일도 있었다. 몇 해 전 이삿날이었다. 정신없이 바쁜 와중에 전화가 걸려왔다.

"○○헤드헌터 회사인데요, 이○○ 님을 스카우트하는 과정에서 그에 대한 평판조회를 의뢰받아 진행하는 중입니다. 답변 가능하세요?"

이삿짐을 분주하게 옮기며 "이건 어디 놔요? 여기요?" 정신없이 묻는 아저씨들에게 잠시 양해를 구하고, 20분 동안 통화를 했다. 객관식, 주관식 할 것 없이 다양한 질문이 쏟아졌다. 나는 거의 모든 항목에 대해 'A'를 주었다. 친척이라고 오해할까 봐 비중이 낮은 것들은 일부러 가끔 'B'라고도 했다.

"다음은 리더십에 대한 것인데요. 아, 함께 근무하지 않으셨으니 이건 생략할게요."

나는 리더십 항목을 건너뛰려는 그의 말꼬리를 붙잡았다.

"잠깐만요. 왜 몰라요? 제 잠재된 능력을 이끌어 내어 그 분량의 책을 쓰게 한 기획자였는데 리더십을 왜 몰라요?"

그랬더니 그럴 수도 있겠다며 답을 하라고 하여 주저하지 않고 'A'라고 말했다. 한 달 정도 지나서 평판조회의 당사자가 전화를 걸어와, 최상의 조건으로 좋은 사람들과 일하게 되어 감사하다고 말했다. 그게 바로 평판이다. 평판관리는 더 이상 감정적인 만족을 주는 선이 아니라, 자신의 가치를 결정한다.

한 건설사의 영입 임원의 이미지 컨설팅을 진행하게 되었을 때, 그가 현재 회사에 영입될 당시의 평판조회 기록을 참고 정보로 제공 받았다. 전 직장과 선후배가 평가한 내용이었는데 전체적으로 꽤 부정적이었다. 난 그 자료도 포함하여 현재 이미지를 분석한다. 그것이 목표이미지 설정 기준으로 이어진다. 이처럼 평판은 출신 지역, 출신 학교, 전공처럼 꼬리표가 되어 따라다닌다. 방울을 물지 못하는 고양이처럼 나만 모른 채 말이다. 메이저급의 한 헤드헌터는 말한다. 정이 많은 한국 사람은 모질게 표현하지 못하기에 결정적일 때에는 단 한 가지만 묻는다고 한다.

"그와 다시 함께 일하고 싶습니까?"

이 질문에 대한 답은 꽤 솔직한 편이라 한다. 오늘도 우리는 이렇게 저울질 되고 있다. 내가 등 돌린 사이, 내가 하는 말과 행동 하나하나는 내 주변의 누군가에게 마치 CCTV처럼 녹화되고 있다. 내 집 앞을 24시간 지켜주는 CCTV는 고마울지 몰라도 이건 여간 피곤한 일이 아니다. 그러나 피해갈 수는 없다. 사람들은 아직 사람을 믿는가 보다. 사람들에게 묻는다. 운이 나빠서 하필이면 나를 잡아먹지 못해 안달이 난 사람에게 내 평판을 물을 수도 있지만, 그런 최악의 상황은 잘 일어나지 않는다.

세상을 사는 매 순간에 충실하다 보면, 그리고 만나는 한 사람 한 사람을 모두 귀하게 여긴다면 그런 일은 하나도 겁낼 것 없다. 오히려 생각했던 것보다 훨씬 더 좋은 기회를 얻을 것이다. 결국 세상은 내 편이니까.

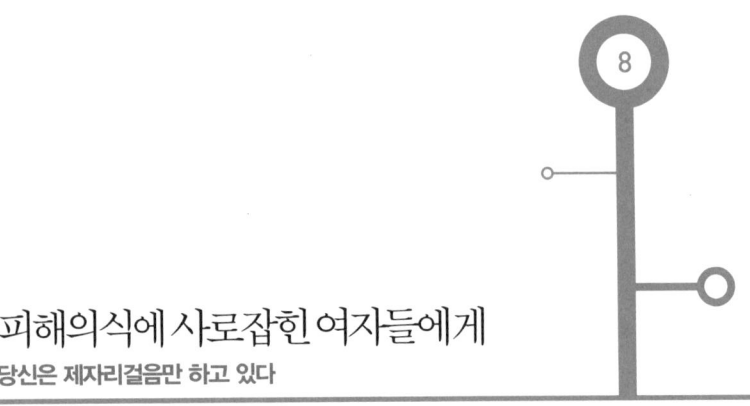

피해의식에 사로잡힌 여자들에게
당신은 제자리걸음만 하고 있다

여성이 일을 잘하면 다들 '뭔가 있는 것 같은데…' 하며 다른 무엇을 떠올린다. 심지어 여성들조차 '여자의 적은 여자'라는 말을 확인시키듯 더 먼저 덤벼댄다. 물론 내 인생은 그런 여성들과 다른 것이 좋다. 그래야 훗날 후회가 없을 것이다. 그런 의미에서 보자면 여성은 조금은 더 지혜로워져야 한다. 남자들이 만들어 놓은 세상 룰에 적응하기란 결코 쉽지 않다. 그들이 일방적으로 자신들의 입장에서 만들어 놓은 룰을 따르며 그들과 공생하는 것이 어떻게 쉬울 수 있겠는가. 그러나 나는 그러하기에 더욱 감사하다. 그들과 섞여 그들과는 다른 나를 만들어 가는 과정이 이제는 즐겁다. 그들과는 인자가 다르기에 더욱 특별한, 감히 그들은 흉내 내지 못할 결과를 만들어 내는 것에 기꺼이 동참한다. 여기에도 성차별은 있다. 여성이 해냈을 때 더 치하한다. 그것은 역차별이다. 그런데 생각해 보면 차별이 아니다. 출발선이 달랐기에 주는 핸디캡이 어찌 차별일 수 있을까. 따지고 보면 다시 공평해진다.

내 경험 하나가 생각나는데 아무래도 어머니가 마음에 걸린다. 오래전 내가 그 일화를 모친께 얘기했을 때, 죽을 때까지 아무에게도 이야기하지 말라는 말을 들었기 때문이다. 그러나 내 귀한 책에 고백했다 하면 용서하실지도 모르기에 그냥 쓴다.

뉴욕에서 내가 친구의 보증을 잘못 서서 죽도록 아르바이트를 하며 아무도 모르게 그 빚을 갚아 나갈 때의 일이다. 학교 앞 '하야시'라는 일식당에서 일하는데 막 식사를 끝낸 어떤 한국 아줌마가 내게 명함을 건네며 말했다.

"여긴 한국과 달라요. 그저 옆에 앉아 있기만 하면 돼요. 오히려 손님들이 술을 따라 준다우. 더구나 여긴 미국인데 누가 안다고? 아무도 몰라요. 주급을 네 배는 더 받을 텐데 왜 이 고생을 해? 생각해보고 연락해요. 꼭이요."

그 아줌마는 묘한 웃음을 흘리며, 전화하라는 몇 차례의 손 신호를 남기고 떠났다. 그날 밤, 아무 생각도 안 했어야 했는데 지친 나는 그녀의 말을 떠올렸다.

'그래. 그리 나쁘지 않은 방법 같기도 해. 그 일 한 달이면 방학 내내 고생하지 않아도 되잖아? 그야말로 아무도 모르는데….'

그런데 문득 떠올랐다.

'아무도 모른다고? 거울을 볼 때마다 증인처럼 매번 나타나는 내 얼굴은 어떻게 해? 세상 아무도 몰라도 바로, 바로 내가 알잖아….'

내 인생의 엄청난 도전적인 상황은 그렇게 종지부를 찍었다.

아무튼 여성에게는, 자신에게 스스로 상처를 주는 세상의 유혹들이 조금은 더 많다. 그건 여성이 나약하기 때문이 아니라 본래 사회생활이라는 것의 기본 룰이 남성에게서 시작되었기 때문일 것이다. 그래서 게임의 룰을 조심스레 잘 살피며 거기에 맞추어야 한다. '그저 열심히'라는 막연한 근면성은 착한 여자가 실패하는 사례만 늘리기 십상이다.

나는 그 말을 한동안 이해하지 못했었다. '가장 한국적인 것이 가장 세계적인 것이다'라는 그 말. 그러나 어느 날 알 것 같았다. '가장 여성적인 것이 가장 특별할 수 있다'라는 것만큼 맞는 말인 것 같다. 성공한 여성 CEO 가운데 매우 남성적이고, 여성성을 죽인 것을 자신의 강점으로 당당하게 어필하는 이들이 있다. 그것도 대단한 노력으로 이룬 것이기에 인정받아 마땅하다. 그러나 자신의 강점인 여성성을 살리면서도 그로 인해 휘둘릴 일은 전혀 없게 자신을 관리해 나가는 이들이 나는 더 강하다고 믿는다. 그것이 세속적인 세상에서 더 강한 것이기에, 더 많은 사람들이 인정하고 용납하고 결국 수용하는 것이 더 맞는 것이라 믿는다.

물론, 그래도 한계는 있다. 남성들 사회에서 자정이 넘어 전화하여 하소연하거나 존경을 전하는 것은 각별한 메시지이고, 더욱 돈독한 관계의 시작이 될 수도 있다. 하지만 여성이 남성에게 그럴 경우 자칫 오해를 살 수 있다. 그런 건 억울해할 것 없이 안 해야 한다. 함께 사우나에 가 속속들이 내보일 수 없는 것이 여성의 조건이라는 것을 이미 안다면, 그럴 수 없는 한계도 아쉬움 없이 인정해야 한다. 그것을 인정하는 대신 그들은 흉내 낼 수 없는 것을 주면 된다.

보통의 접대는 저녁 식사 후, 룸살롱이나 가라오케로 옮겨 또 이것저것 대접하는 것이 통상의 규칙이라 해서 여성인 나 역시 그걸 따를 필요는 없다. 나는 사업상 필요한 이와 저녁을 함께해야 하면, 우선은 단둘이 하는 것은 피한다. 서로가 아는 사람을 몇 명 더 부르거나 직원과 함께 나가며 2차를 가지 않는다. 그러나 내가 여사장이어서 그들이 손해 본 느낌이 없도록 식사 후 선물을 주는 것으로 2차 접대를 대신한다. 그 선물은 그리 거하지도 흔하지도 않은 것으로 정성껏 준비한다. 그리고 오늘 밤 내게 시간을 내어 주느라 함께하지 못한 그의 가족들에게 보내는 선물이라고 분명히 말한다. 그를 세상에 내어 놓은 대신, 나 같은 어떤 이와 일하도록 놓아준 대신 주는 선물이다. 물론 그게 딱 맞아떨어지는 계산으로 정산되지는 않더라도 그거면 상대도 내 진심을 알 것이라는 막연한 믿음이 있다. 그리고 그 믿음은 거의 대부분 맞았다. 늘 늦던 남편이 들고 온 뜻밖의 선물은 그날의 바가지를 상쇄하기에 충분하여 결국 당사자인 그가 '해피'해지면 내게 감사가 돌아오는 경우도 드물지 않다.

그런가 하면 여성들 스스로가 갖는 피해의식, 즉 누군가가 진심으로 인정해 주어도 행여 나를 여자로 보고 베푸는 혜택은 아닌지 의심부터 한다면 그것은 오히려 스스로 여성의 한계를 만드는 일이다. 같은 여성끼리도 호감도에 차이가 있다. 하물며 이성 간에 그런 것이 없다고 전제하는 것은 무리다. 물론 그저 이목구비가 예쁘장한 것을 선호하는 사람도 있다. 하지만 거의 대부분의 사회관계에서는 지금의 그녀에게서 그녀의 과거를 유추해 내어 점수를 매긴다는 사실을 믿을 필요가 있다. 그게 사실이니까 말이다. 단지 착한 얼굴, 착한 몸매의 여성이기 때문이 아니라는 것을 믿고 당당해져야 한다. 세속적인 기준에서가 아니라, 내게는 그것보다 우월한 특별함이 있다는 것을 믿고 그들에게 당당해야 한다. 인맥, 학맥으로 이득을 보는 남성들과 여성적인 매력으로 이득을 보는 여성 사이에 뭐 그리 큰 차이가 있나. 고교 후배의 말이라면 더욱 귀담아 듣는 것이 인지상정이다. 그와 마찬가지로 이성인 그녀에게 조금 더 귀 기울여 주는 것은 때로는 공평하기조차 하다.

 자신이 여성성으로 접근한 것이 아니라면 지나친 피해의식으로 굳이 멀리돌아가는 것도 별로 현명하지는 못하다고 생각한다. 때로 그들이 색깔 있는 접근을 해와도, 내가 아니면 결국은 금세 잠들 것이라는 자신감이 필요하다. 그랬던 그가 무안하지 않게 훗날 두고두고 작은 배려를 하며 결국은 아주 편안한 사이가 되도록 유도할 여유도 있어야 한다. 내 맘이 그게 아니면 결국 사람들은 끝내 알게 되는 것이 이치인 것을 아는 것도 필요하다. 건전한 나를 건전히 받아들이면서도 이성이기에 같은 값이면 플러스 알파가 있는 것조차 신의 공정한 섭리로 여기며 비굴할 것도 부끄러울 것도 없이 당당하면 세상은 결국 곧 알게 된다. 표피적인 전달 요소가 무엇인가 하는 것보다 자신의 진심이 중요하다. 오해를 억울해할 것도 없고, 세상 사람의 입방아에 아플 필요도 없다. 자신만 아니라면 아무 상처도 받지 말아야 한다. 자신이 만든 상처에 자신이 얽매어, 자신이 만든 그 올가미 속에서 아까운 것들을 잃어버리는 어리석음은 절대 피해야 한다.

 그리고 나면 세상이 뭐라 하든, 단편적으로 내가 뭘 잃든 억울할 것이 없게 된다. 결국 후회하는 사람은, 창피해지는 사람은 근거 없이 쑥덕이던 그들일 것임을 믿고 오늘도 나의 진심에 충실하며, 그들보다 더 잘할 수 있는 것들에 열중하면 그만이다. 이러쿵저러쿵 쑥덕이는 세상 소리에 휘말리면 결국 자신을 잃어버릴 수도 있기에, 그건 전염병을 멀리하듯 우리가 의식하며 피해가야 할 여자들의 당연한 숙제이다.

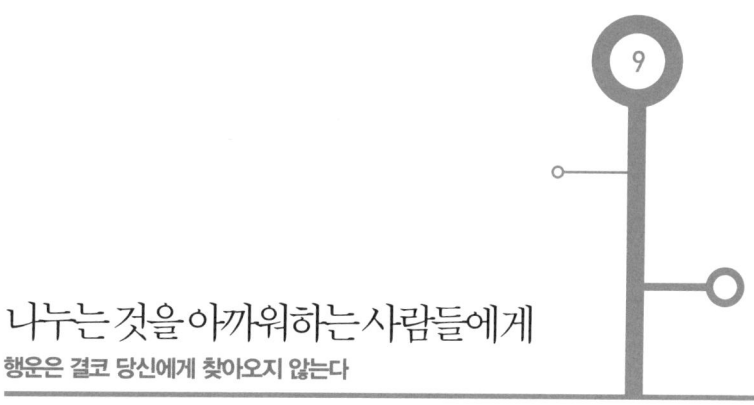

나누는 것을 아까워하는 사람들에게
행운은 결코 당신에게 찾아오지 않는다

박태환 선수가 빨간 헤드폰을 끼고 경기에 나왔다. 그가 결승에 나가게 될 걸 예상도 못하던 시절에 크레신의 이종배 회장이 딸 친구의 친구에게 그저 응원 선물로 준 것이다. 그런데 베이징 올림픽 400미터 결승전에 턱 하니 그것을 끼고 나타난 것이다. 박태환은 시공에서 초월하려는 듯 그 빨간 헤드폰으로 중국말 소음을 막고 시합 준비를 하였다. 패션을 떠나 그의 몰입하는 모습 때문에 그의 팬들과 네티즌들은 그 헤드폰에 열광하였다. 언론도 그 헤드폰을 별도로 다루었다. 아무것도 바란 것 없이 준 게 돌아오는 것…. 그게 세상 이치다.

나도 잘한 게 하나 있다. 몇 해 전, 시무식이 있던 1월 3일에 직원들과 간 만둣국 집에서 평소 존경하던 이시형 박사 일행을 보았다. 나를 전혀 모르는 그에게 다가가 명함을 드리고 존경을 표했다. 그런데 그걸로는 성에 안 차서 42,000원쯤 되는 음식값을 몰래 내드렸다. 물론 나는 그 기회조차 감사한 기분이었다. 그리고 여러 해가 지났다. 대학원 강의에서 이시형 박사를 다시 만났다. 그런데 그는 나를 기억하고 있었다. 그리고 소위 횡재 사건이 내게 벌어졌다. 그가 홍천에서 운영하는 선 마을, 힐리언스에 나를 초대했다. 문명과 단절된 채 몸과 마음을 건강하게 하는 100여만 원의 프로그램에 나를 거저 초대해 준 것이다. 42,000원이 100여만 원이 되는 것, 그게 세상이다 (참고로, 내가 그 식사비를 낼 때는 아직 힐리언스는 운영되지 않을 때였다). 그러니 주는 게 얻는 것이라는, 그 말이 분명히 맞다.

그러나 돌아오길 바라고 시작하면 이미 퇴색된다. 그건 하지 않은 것과 같다. 그리고 꼭 돈이 내가 준 만큼의 액수로 돌아와야 하는 걸까. 물론 당연히 아니다. 세상은 내가 세상에 준 형태와 다르게 내게 돌려줄 때도 많다. 아니, 거의 대부분은 그렇다. 지금의 나의 건강만 해도 그 돌아옴이다. 병원비도 안 들고, 치료의 고통도 없는 지금이 과연 공짜일까. 모두 알 듯 당연히 아니다. 세상은 이렇게 우리에게 돌려준다. 물론, 아픈 이들이 세상에 준 것이 없는 결과라는 뜻은 결코 아니다. 살다 보면 아플 때가 생기는 것에는 그리 인과 관계에 의미를 둘 일은 아니다. '효자 아버지에게서 불효자식은 나올 수 있지만, 불효자 아버지에게서 효자 자식이 나오는 일은 없다'는 그 말이 아마 이 뜻일 것이다. 공짜 같은 세상은 또 있다. 내가 사랑하는 사람 또한 나를 사랑하는 기적 같은 일이 벌어진다. 그것 역시 공짜가 아니라고 믿는다. 거금을 들여도, 무슨 작전을 써도 어려울 그 일이 저절로 내게 일어나는 것은 세상이 돌려주는 것이다.

바보 같다고 느낄 정도로 사람들에게 퍼주는 이들이 있다. 자신이 다

가진 후 남는 것을 주는 게 아니라 사는 동안 나누는 이들, 김밥 한 줄 한 줄 판 돈을 모아 장학 기금으로 내놓고 참기름을 팔아 앞이 보이지 않는 아이들의 개안 수술을 해 주는 이들은 말한다. 남을 도우면 자신이 기뻐진다고. 그러나 그저 기분이 좋은 것만이 아니다. 세상의 좋은 기운이 오는 것이다. 그래서 그들은 남보다 훨씬 덜 갖고도 내내 행복해하는 것이다. 나는 그렇게 믿는다. 아예 자신의 일생을 인류의 꿈을 이루는 것에 바치는 대단한 어른들도 세상에 많이 계신다. 그러나 그만큼이 아니고도 내 일, 내 생활 속에서 남과 함께할 수 있는 것들은 많다. 상계동 의사 선생님은 칠순이 넘었지만 불편한 다리를 이끌고 1,000원씩만 받으며 하루 종일 진료를 계속하신다. 실력이나 없으면 말을 안 한다. 최고의 의술을 갖고 대형 병원에서 누리던 시간 끝에 그는 아는 것이다. 세상이 자신에게 준 재능을 세상에 돌려주고 가야, 가는 길이 더 홀가분하고 따뜻하다는 것을 아시는 것이다.

  부모님이 경제적으로 어렵다면 그들을 우선 돕는 것도 어떤 애국지사의 일생 못지않은 가치이다. 그것도 다른 이의 꿈을 이루어주는 것이다. 내 금쪽같은 자식이 내 바람대로 자라주고 이만큼 함께할 수 있음에 그들이 훗날 행복하게 눈 감는다면 그것 역시 작지 않은 역사를 이룬 것이라 생각한다. 그런데 그것만 하기에는 인생이 너무 길다. 이제 더 길어졌다. 내 나이 사십 중반인데 이만큼을 살았는데도 앞으로 거의 또 이 만큼을 더 살아야 한다. 공부하고 일하고 돈 벌고 집 사고…. 그렇게 산 시간을 돌아보며 대견해 하는 것도 나쁘지 않다. 그러나 어떻게 남은 생을 그것에만 목메나. 뭔가 또 하나가 있을 것 같다. 내가 세상에 태어난 이유가 고작 나 하나 잘살라는 것일 리가 없다. 분명히 뭔가 있다. 그걸 일찍

이 깨달은 이가 지인 중에 있다. 그는 인생에 직업 세 가지를 미리 정했다. 출발은 치과 의사 그리고 최고 경영자가 되어 세상에 도전해 보는 것, 그리고 다음은 제대로 사람들을 성장시킬 투자가, 바로 그것이다. 다 돈만 버는 일 같아도 꼭 그렇지는 않다. 각각의 것마다 그만의 철학이 담겨있다. 병원의 문화는 어때야 하는지, 환자가 고객이 되는 시작을 시도했던 그이다. 돈 있는데도 빚 갚지 않는 친구의 목을 조일 방법을 알아도 그는 그렇게는 살고 싶지 않다는 원칙을 지킨다. 새것을 넣을 수 있도록 머리를 비우는 법과 더 큰 것으로 채우는 법을 후배들에게 알려 주며 돈만 버는 것이 다가 아님을 가르쳐준다. 훗날은 잘 모르겠으나, 그동안을 보면 그는 아마도 세상이 등지는 진짜를 찾아내고 등을 두드려주는 가장 건강한 투자가로 살 것이다. 그래서 지금까지의 그는 거의 100점이다.

비행기를 최초로 발명한 이들은 라이트 형제라는 건 초등학생도 안다. 그런데 그들은 발명만 했다. 그들은 결국 세상에서 밀려났다. 그 엄청난 업적에도 불구하고 고립되었다. 비행기를 만들려는 사람들을 다 고소하고 자신들의 업적에 취해 발전을 게을리했던 라이트 형제 대신 세상은 글렌 해먼드 커티스를 택했다. 자동차 왕 헨리 포드까지 나서서 심성 좋은 비행기 발명가, 커티스가 라이트 형제와의 재판에서 이기도록 힘써 주었다. 라이트 형제가 최초로 비행기를 만들었지만 그들이 만든 항공사는 바로 세상에서 없어진 반면, 커티스의 항공사는 미국 최대 항공사로 성장을 거듭했다. 이 차이가 뭘까. 자신의 것을 자신이 다 가지려는 것과 시작은 자신이어도 세상 사람들에게 이롭게 나누려는 차이이다. 그리고 그 작은 차이가 엄청난 차이를 만들었다. 나의 꿈을 이루는 것 이상으로 남이 꿈을 이루는 것에 가치를 두는 사람들이 이긴다. 남들을 행복하게 하려는 것에 쓰는 시간은 자신에게 우연인 척하며 행운이라는 이름으로 돌아온다. 여기서의 행운은 로또 당첨 같은 복이나 믿을 수 없는 일이 벌어지는 기적은 아닐지 모른다. 그러나 분명한 것은 그들에게 사람이 남는다는 것이다. 짧게 보면 세상이 불공평해 보여도 어차피 결국 세상은 그들 편이다.

태어날 때부터 운 좋은 환경을 갖고 태어나는 이들이 있다. 세인들은 그들이 부러울 때도 있다. 그러나 그 축복된 출발의 과정을 세상 이롭게 하는 것에, 남을 더 행복하게 하는 것에 쓰지 못한다면 하나도 부러울 일이 아니다. 그 좋은 걸 못해보고 살게 되는 건 부럽기는커녕 안쓰러운 일이다. 그런데 내 주변을 둘러보면 알면서 못하는 게 아니라 아예 모르는 이들이 있다. 그들은 나누며 사는 법을 아예 배운 적이 없는 것 같다. 여린 마음인데도 사람에게 뭘 어떻게 줘야 할지를 몰라서 때로 교만하다는 오해를 산다. 쑥스러워 다문 입이 자만심으로 오해되기도 하여 종종 안타까울 때가 있다. 그런데 LIG 손해 보험의 구자준 회장은 그들과 많이 다르다. 내가 보는 지금의 그가 과거의 그는 아닐 거라는 건 나도 안다. 그의 과거는 당연히 치열했을 것이다. 업무적인 부분에서 모진 적이 없었을 리도 없다. 그런데 그는 그렇게 보낸 지난 시간의 끝에서 사람들을 껴안는다. 마라톤과 히말라야 K2, 남극, 북극 등 극한의 탐험 활동에 직접 참여해 온 익스트림 스포츠 마니아이기도 한 그는 일찍이 '희망마라톤기금' 등을 통해 자신이 걸은 만큼 기금을 적립해 남을 놉는 기쁨을 실천했고, 이제는 '희망탐험기금'으로 교통사고 사망자의 유자녀들에게 장학금을 전하고 있다. 그의 표정만큼이나 편안하고 따뜻한, 전문가 이상의 유머러스한 대화에 젊은이들이 모여든다. 직접 정성스럽게 디자인한 음악회 초대장을 내보이며 잘 만들지 않았느냐고 자꾸 동의를 구하셔서 모두가 웃었다. 평생 처음 아내가 돈을 벌어 왔단다. 열심히 만든 도자기를 팔아 돈을 벌어 왔는데 원가는 그 열 배였다면서 부인을 귀여워하신다. 그 유머에 사람들이 편안하게 한참 웃을 수 있는 것은 그의 진심 때문이다. 그는 그렇게 있는 그대로 자기를 자랑도 하고, 아주 작은 것에도 상대에게 일일이 감사를 전하고, 사람들의 손을 진정 따뜻하게 잡아주고, 어린 아이처럼 웃으며 사람들 속에 있다. 유머가 되도록 생색내며 소박한 밥을 사기도 하고, 아무 것도 아닌 양 화려한 음악회에 초대하는 그가 자연스러워 나는 좋다. 자연스러운 건 진심이고 그런 그에게는 나도 나 그대로여도 되니까 그게 참 좋다.

나와 가까운 한 기업인 역시 그런 이들 중 하나이다. 과거에 고달픔과 시름을 겪은 사람들에게서 흔히 보이는 야박함이 아니라, 사람들과 나눌 줄 아는 여유로운 모습이 근사한 분이다. 왜 그라고 기운 빠지는 날이 없을까. 이미 세상이 자신에게 짊어지게 한 부담스런 무게에 때로는 허허로울 때도 있을 게다. 그래도 굽힘 없이 비겁하지 않게 일하고, 자신이 잠시 주연을 맡았을 뿐 챙겨야 하는 스태프들을 건사하듯 기꺼이 자신의 것을 주변과 나눈다. 날로 떨어지는 시력과 달리 그래도 여전히 세상의 옳은 것들과 버려야 할 것들을 분별하며 오늘도 그의 백발처럼 냉철하게 앞으로 간다.

강남에 빌딩을 소유한 연예인들에 관한 뉴스를 봤다. 크고 비싼 빌딩을 가진 이는 기억나지 않는데 유독 선명하게 기억나는 하나가 있다. 신애라, 차인표 부부는 남을 위한 공간을 자신의 빌딩에 만들었다. 아이들이 놀 공간, 꿈을 키워 나갈 공간. 그래서 내겐 그 빌딩만 기억난다. 내겐 그 건물이 제일 예쁘고 제일 크게 느껴진다. 지금 당장은 어려워도 '마음 속에 새장을 가지고 있으면 언젠가는 그것에 담을 무엇인가를 갖게 된다'고 하였다. 지금 바로 하지는 못하더라도 내가 사는 동안 내 인생에서 담아야 할 것들을 잊지 않고 살 일이다. 해야 할 것이 무엇인지 내내 잊지 말고, 중간 중간 다시 챙겨 가며 지켜야 한다. 내가 태어난 이유가 고작 나 하나 잘 먹고 잘 살기 위해서일까? 그것은 하늘의 뜻이 아니다. 그것만은 분명하게 알고 살 일이다.

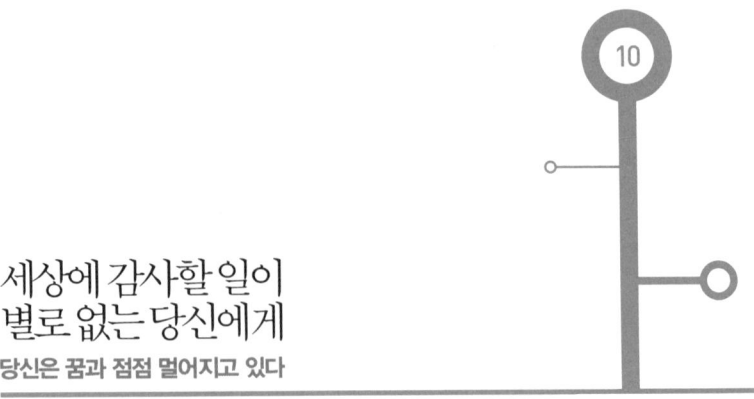

세상에 감사할 일이
별로 없는 당신에게
당신은 꿈과 점점 멀어지고 있다

　세상에 된통 휘둘리고 나서야 겸손을 배우는 것은 참 어리석은 짓인데도 내가 가진 것들이 풍성할 때 우리는 그걸 잘 못한다. 거꾸로 말하면 좀 더 겸손해지라고 오늘의 아픔이 있는지도 모른다. 슈퍼맨으로 유명한 배우 크리스토퍼 리브가 세상에 온 이유가 한 편의 슈퍼스타로 끝나기에는 너무 아까워서 그에게 전신마비 중증 장애인이 되어 세상에 자신을 돌려주도록 하였는지도 모른다. 속옷 사업을 하다가 8억의 빚을 지고 빚쟁이들에게 몰매를 맞는 강매 씨는 죽으려 하던 시절에 아이를 가진 걸 알고 45세에 출산을 하고는 세상에 밟히면서도 다시 살아야 한다며 새 삶을 시작하나 보다.

　미련하게도 뭔가 좀 열등해져야 신에게 매달리는 것은 신을 찾는 이들을 모욕하는 듯하여 미안하지만 그래도 사람들은 좀 덜 가져야 신을 향한다. 그렇게 자기 굴레를 만드는 게 인간이고 또 그 미력한 인간들을 신이 특별히 들여다보신다. 여기서 내가 말하는 신은 거의 우주이다. 인간이 다가 아닌 것이 맞아야 그래도 삶에 힘이 난다. 인간의 힘으로 어쩔 수 없는 것들이 때로는 짜증이 나더라도, 또 그것들이 있어야 삶의 여지가 있다.

새벽 기도를 열심히 다닌 적이 있다. 내 진심을 다하여 소원을 이루어 달라고 매달렸다. 그런데 이루어졌다. 신이 해주신 것일까. 물론 그의 존재가 있기에 내가 변할 수 있었던 것이므로 결론은 신께 감사이다. 그러나 사실은, 그 결론은 자신이 만드는 것이다. '지성이면 감천'이라 하였던가. 새벽부터 삶을 제대로 살고 싶어 매달리던 나는 그저 신 앞에서의 기도 한 시간보다 하루를 사는 나의 태도가 달라졌을 것이다. 그 새벽, 그토록 제대로 살아보려는 나에 대한 확인도 이미 있었고, 그 기도 하에 신이 나를 지켜준다는 자신감도 어느 정도 있었을 테고, 작은 것에도 신께 감사를 돌리는 겸손도 생겼을 것이다. 그것이 결국 기도가 이루어지는 어느 날을 부르는 것 아닐까. '사람을 통해 역사 하신다'는 그 말씀은 아마도 사람들은 사람을 통해 감동하기에 결국 신께 겸허히 머리 숙이게 되고, 열심히 사는 이들이 잘되는 세상을 확인하는 것으로 세상 사는 길을 보여주신다는 뜻일지도 모른다. 반드시 뭔가 대단한 이를 세상에 보내어 신의 존재를 확인시키시겠다는 뜻은 아닐 것 같다.

나는 지금 교회에 나가고 있지는 않지만 '밥퍼' 봉사를 가곤 한다. 거기서는 100원을 받고 점심을 대접한다. 그들의 사정은 어렵지만 공짜 습관이 생기지 않도록 일부러 돈을 받는다. 많은 걸 누리고 살았다는 생각과 남들의 것을 내가 조금 더 가졌다는 느낌에 사실 머리 숙이며 찾아가곤 한다. 하지만 한 달에 한 번 거창하게 '봉사'라는 이름으로 가다보니 몇 번을 가도 여전히 늘 초보이고 서툴다. 그래서 그곳에서 밥을 하시는 여성 집사님은 초보인 우리에게 이것저것 알려주는데, 잊을 수 없는 한 마디가 있다. 사람들은 밀려들어 오고 초보들의 속도는 느리기만 한데도 그녀는 '빨리, 빨리'라고 말하지 않는다. 시종일관 '예쁘게 담아주세요, 국물 넘치지 않게 담아주세요…'라고 외친다. 난 그 한 마디를 배운 것으로도 그날 그 자리에 간 의미가 충분했다. 그녀는 신에게 무엇을 받아 그 예쁜 마음이 생긴 것일까. 음식을 받는 이들도 그녀의 마음을 아는지 연신 머리 숙여 고맙다고 한다. 밥 한 끼에 생판 모르는 남에게 머리를 숙인다. 그들도 세상을 아는 듯하여 나는 때로 그 인사가 참으로 기쁘다. 양복 빼입은 이들보다, 높은 건물에 있는 이들보다 허름한 차림의 그들이 세상을 먼저 아는 것이 조금은 안타깝지만 그래도 이것만도 감사하다.

난 부탁했다
-작가 미상(미국 뉴욕의 신체장애자 회관에 적힌 시)

나는 신에게 나를 강하게 해달라고 부탁했다.
내가 원하는 모든 것을 이룰 수 있도록.
그러나 신은 나를 약하게 만들었다. 겸손해지는 법을 배우도록.

나는 신에게 건강을 부탁했다. 더 큰 일을 할 수 있도록.
하지만 신은 내게 허약함을 주었다. 더 의미 있는 일을 하도록.

나는 부자가 되게 해달라고 부탁했다. 행복할 수 있도록.
하지만 난 가난을 선물 받았다. 지혜로운 사람이 되도록.

나는 재능을 달라고 부탁했다. 사람들의 찬사를 받을 수 있도록.
하지만 난 열등감을 선물 받았다. 신의 필요성을 느끼도록.

나는 내가 부탁한 것을 하나도 받지 못했지만
내게 필요한 모든 걸 선물 받았다.
나는 작은 존재임에도 불구하고
신은 내 무언의 기도를 다 들어 주셨다.

모든 사람들 중에서
나는 가장 축복받은 자이다.

　내가 원하였으나 갖지 못한 것들, 그것들로 세상이 내게 돌려주는 것들을 알게 된다면, 세상을 사는 것이 참으로 감사하고 거기에 내가 사는 이유가 있기에 어떤 봉사 활동이 아니고도 이내 가장 겸손한 내가 될 것이다. 그렇게 내가 만나는 사람에게서 배우는 겸손이 어떤 고난이나 봉사활동에서 얻은 것보다 더 값진 겸손이다.

질문을 바꾸면 새로운 길이 보인다

Chapter Four

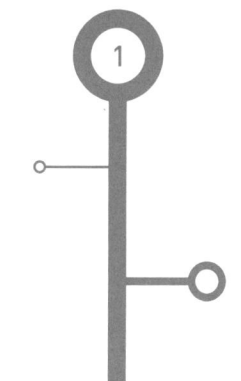

틀린 게 아니라
그저 다를 뿐이다

"엄마, 저기 흰 셔츠 입은 아줌마는 왜 저렇게 뚱뚱해?"

뉴욕의 한 쇼핑몰 푸드코트에서 있었던 일이다. 내 옆 테이블에서 피자를 먹던 눈이 파란 꼬마아이가 엄마에게 묻는다. 엄마는 자세를 고쳐 앉더니 아이의 눈을 쳐다보며 말했다.

"사람들 중에는 뚱뚱한 사람도 있고, 마른 사람도 있는 거란다. 그건 이상한 게 아니야. 이해했지?"

내가 예상하던 답이 아니었다. 한동안 그 엄마에게서 눈을 뗄 수가 없었다. 나라면 뭐라고 했을까. 우리 엄마들이 흔히 말하던 대로 이렇게 말하지 않았을까? "너도 그렇게 먹다가는 저렇게 돼. 알아서 해!" 그런데 그 엄마는 아이가 사람들에 대해 객관적인 시각을 갖도록 해주었다. 아마 장애인에 대해서도 그럴 것이다. "엄마, 왜 저 사람은 다리가 하나

> 185

야?"라고 묻는 아이에게 겉모습만 서로 조금 다를 뿐이라는 사실을 말해 줄 것이다.

얼마 전 봉사를 갔던 중증 장애인 시설, '가브리엘의집' 김 원장님도 그 엄마 같은 분이었다. 10여 년 전부터 원래 내가 다니던 다른 곳의 원장님과는 많이 달랐다. 예전 원장님은 어린 아이들의 방문을 싫어했다. 그 아이들까지 돌봐야 한다며 번잡하게 생각했다. 그런데 이 원장님은 꼬마 손님들의 방문을 더 반긴다. 정상적인 어린이들에게 나와 신체 조건이 조금 다른 아이들을 만나서 함께했던 즐거운 추억을 주고 싶다고 한다. 중증 장애인이라고 특별한 것이 아니라, 모두 같은 사람이라는 것을 어린 시절에 알게 하고 싶다고 한다. 좀 귀찮지 않으냐는 나의 우문에 손사래를 친다. 아이들의 방문을 통해 또래의 세상을 만날 수 있기에 어른들의 방문 못지않게 반갑다는 것이다. 무엇보다 방문하는 아이들이 장애인에 대한 편견을 없앨 수 있는 소중한 경험이기에, 당연히 자신이 해야 하는 일이라 말한다.

평소보다 소박한 작업복 차림으로 방문한 우리에게 이렇게 말한 적도 있었다. "여기 올 때는 예쁘게 하고 오시면 좋겠어요. 우리 아이들이 세상과 만나는 시간이니까요. 이왕이면 향수도 좀 뿌리고 오셔서 아이들의 후각에 새로운 경험을 주세요." 우리가 너무 예뻐하고 많이 놀아주면 아이들 버릇이 나빠져서 돌보기 힘들다던 예전 원장님과 너무 달라서 약간 혼란스럽기까지 했다. 두 곳의 아이들은 아주 다르게 자랄 것이다. 그 아이들이 세상을 향해 말할 기회는 없을지 모른다. 그런데 그 아이들의 행복지수는 분명히 다를 것이다. 사람에 대한 이해와 포용은 가슴을 풍성하게 만들 것이고, 불만과 좌절보다는 행복을 만들 줄 아는 지혜를 갖게 할 것이다.

　직업의 특성상 내게는 늘 '이때는 이래야 한다', '이때는 이런 모습이어야 한다'는 등의 기준이 있다. 자신의 역할과 상황에 맞게 행동하고 생각하도록 사람들을 교정하기도 한다. 그래서 정해 놓은 기준에 미치지 못하면 어느새 그 사람 전체를 평가절하하는 경향이 있었다. 일종의 직업병이었다. 그러나 이제는 그것이 얼마나 교만했던 것인지 안다. 결국은 서로 억울해할 것이라는 것도 안다.

　한 번은 풍선을 들고 맨해튼 거리를 걷던 한 꼬마의 풍선이 갑자기 '펑' 하고 터져버렸다. 지나가던 어떤 남자의 담뱃불이 풍선에 닿은 것이다. 남자가 어쩔 줄 몰라 하며 미안하다고 했지만 아이는 "엄마, 이 아저씨 나빠" 하며 울음을 터트렸다. 하지만 그 아이의 엄마는 침착하게 아이를 타일렀다. "너도 물을 쏟을 때가 있고, 접시를 깨뜨릴 때가 있지. 이 아저씨도 그런 실수를 한 거야." 그러고는 엄마의 말을 이해했느냐고 몇 번씩 되물었다. 함께 살아가는 다른 사람들을 이해시키는 그 엄마가 참 보기 좋았다. 아이가 문턱에 걸려 넘어져 울면, 아이의 잘못을 따져보지는 않고 문턱을 '때찌!' 하며 야단치던 우리 할머니들이 전적으로 틀렸다고는 할 수 없다. 그러나 난 맨해튼 한복판에서 만난 그 엄마가 조금 더 현명하다고 생각한다.

　세상을 살다 보면 화나는 일도 많고 상대에게 거부감이 들 때도 있다. 그런 일은 늘 '내가 맞다'에서 출발한다. 상대가 내 기준에 맞지 않으면 틀린 것으로 간주하고 공격을 하기도 한다. 달라이 라마는 우리에게 작게 외친다. '누가 맞고 누가 틀린 게 아니라 서로 다른 것일 뿐이고, 그냥 다르다고 생각하면 화낼 일이 적을 것'이라고 말이다. 맞는지, 틀리는지를 기준으로 생각하면 바꾸려 들고 분쟁이 시작된다. 할 수만 있다면 나를 이해하지 못하는 가족도, 불친절한 식당의 직원도, 혼잡한 백화점에서 만난 불쾌한 옆 사람도, 절대 변할 것 같지 않은 내 상사도 그저 다를 뿐이라고 생각해 볼 일이다.

어제는 장애인의 날이었다. 누구나 장애인을 배려하는 데 동의한다. 그런데 장애인을 위한 시설 건립이나 지역적인 협조에 대해서는 대놓고 고개를 젓는 이들이 적지 않다. 그들이 반대하는 가장 큰 이유는 집값이 떨어지기 때문이다. 어처구니없는 일이다.

어쩌면 내가, 또는 내 가족이 언제라도 그 시설이 필요한 입장에 처할 수도 있는데, 나와 다르다는 이유로 그들과 함께 사는 것은 틀린 것으로 간주해 버린다. 장애인 시설이 들어서면 하락하는 우리네 집값이 이미 그걸 증명한다. 세계적인 경제대란 앞에 힘없이 반 토막 나버리는 그 대단한 집값 때문에 아이들 앞에서 장애인을 위한 시설이 들어서는 걸 반대한다고 힘주어 외치고 있다니….

그건 아니어야 하지 않을까. 내 아이가 훗날, "엄마를 사랑하긴 하지만 함께 사는 건 싫어!" 하며 그저 불편하다는 이유로 부모를 외면하면 어쩌려고 그러나. 안타깝다 못해 우울한 현실이다.

뭘 얼마나 안다고
그를 평가하는가

10여 년 전 일이다. 항공기 안에서 비상구 앞에 있는 조금 넓은 자리에 앉았다. 승무원과 마주 보는 자리다. 이륙 후 승무원이 인터폰을 쓰는 모습을 보고 옆 자리에 앉은 서양인 승객이 전화를 쓸 수 없겠냐고 물었다. 승무원은 어이없다는 표정으로 "이건 기내 인터폰이고 지상과의 통화는 당연히 안 된다"라고 답했다. 나도 당연하다는 듯 승무원을 보며 눈으로 웃었던 기억이 난다. 그로부터 여러 해가 지난 후, 그 당시에도 지상과의 통화가 가능한 항공기가 있었다는 것을 알게 되었다. 그의 얼굴도 기억나지 않을 만큼 사소한 일이있지만 그 당시 어이없어 했던 것에 대해 미안한 마음이 들었다. 살다 보면 잘 알지도 못하면서 누군가를 평가하고 비판하는 경우가 많다.

요즘처럼 직장을 구하기 어려운 시기에 취업과 관련한 여러 논란거리가 있다. 성차별 역시 그 가운데 하나다. 여성 취업희망자에 대해서는 업무 능력 못지않게 외모가 중요한 심사기준이 된다고 한다. 특히 항공기 승무원의 자격 조건은 일반 기업체보다 더 까다롭다. 나 역시 승무원 채용기준에 외모와 관련한 항목이 있다는 데 부정적이었다. 외모와 그들이 하게 될 일 사이에 별 관계가 없다고 생각했기 때문이었다.

그런데 얼마 전 항공사 인사 관계자의 설명을 들을 기회가 있었다. 외국에서 만든 항공기이기에 선반이 높게 설치되어 있어서 손이 닿으려면 키가 165cm이상이어야 가능하다는 것이다. 그리고 보니 승무원이 짐 넣는 것을 도와주면서 키가 닿지 않아 폴짝폴짝 뛰고 있다면 참 우습겠다는 생각이 들었다. 음식을 서빙할 때 팔에 큰 상처나 문신이 있으면 승객들에게 불쾌감을 줄 수 있기 때문에 면접 때 반팔차림을 요구한다고 한다. 맞다, 언젠가 내 옆에 앉은 어떤 여성 승객의 팔에 문신이 잔뜩 있어서 밥을 편히 먹지 못했던 적이 있다. 또한, 기내의 여러 상황을 알리는 표시들이 매우 작아서 시력 역시 반드시 확인해야 한다고 한다. 더구나 시력은 비상사태에 더욱 중요한 요건이 된다고 한다. 그 말을 듣고 보니 까다로운 승무원 채용 조건이 이해가 되었다. 오히려 그 조건을 좀 더 강화해야 하는 게 아닐까 하는 생각마저 들었다. 그들이 제시한 신체 조건이 '외모 지상주의'에서 비롯한 것은 아니었던 까닭이다.

운전을 하는데 뒤따라오던 차가 터널이나 지하 차도에 들어서면 전조등을 켜고, 벗어나면 껐다. 아주 짧은 구간에서도 매번 그러기에 저토록 라이트에 집착하는 걸 보니 운전자가 꽤 소심한 사람이라고 생각했다. 그런데 얼마 전 자동차를 바꾸고 올림픽대로 지하차도를 지나다가 문득 그 차가 생각났다. 새로 바꾼 차의 라이트를 오토 모드에 맞추어 두었더니 따로 조작을 하지 않아도 조금만 어두워지면 라이트가 자동으로 작동했다. 운전을 30년 가까이 했지만 그런 기능이 있다는 것을 그제야 처음 알게 되었다. 너무 소심하다고 생각했던 그 운전자에게 새삼 민망했다.

문자나 메일 역시 이런 일방적인 오해와 편견에서 자유롭지 않다. 나는 하고 싶은 말이 있으면 문자나 이메일을 서슴지 않고 보내는 편인데, 마치 복수라도 하려는 듯 시도 때도 없이 원치 않는 문자와 메일이 날아든다. 한번은, 내가 이미 아는 사실을 확인해 주는 이메일이 왔다. 그것 말고는 특별히 요구하는 것도 없었다. 내가 전에 보냈던 메일과 중복되는 내용이라 답장을 하지 않았다. 해외 출장에서 막 돌아온 터라 고단했던 때문이기도 하지만, 지금 생각해 봐도 굳이 회신하지 않아도 될 메일이었다.

그런데 며칠 후, 그 상대가 회신하지 않은 것을 두고 무성의하다며 다분히 감정적인 이메일을 보내왔다. 밤 열 시에 그런 메일을 접하자 그러지 않아도 지쳐 있던 몸이 더 가라앉았다. 피곤함 때문이었다고 평계를 대고 싶은데, 나 역시 그에게 '일방적으로 자신이 편한 시간에 보낸 메일을 내가 왜 반드시 읽어야 하고 왜 반드시 답장을 보내야만 하느냐'고 맞받아쳤다. 시간이 좀 지나고 물론 후회했다. 왜냐하면 앞에서 말했듯이 그에게 내가 모르는 다른 사정과 이유가 있었을지도 모르기 때문이다.

어떤 사람을 알려면 함께 노름을 해보거나 여행을 떠나봐야 한다는 말이 있다. 여러 상황 속에서 평소와 다른 모습을 볼 수 있기 때문이다.

다들 등 따습고 배부를 때는 서로에게 잘한다. 그럴 때는 이미지 관리도 별로 어렵지 않다. 관리라는 말이 무색할 만큼 그냥 자연스럽게 행동하는 것만으로도 상대방을 편안하게 해줄 수 있다. 또 하나의 문제는 우리가 자기 입장에서 일방적으로 판단하고 결론을 내리면서 발생한다. 그런 섣부른 행동 때문에 이미지도, 관계도 망치기 일쑤다. 나도 더 나이가 들면 '이런 건 절대 안 된다'는 생각들이 얼마나 어리석었는지를 깨닫게 되겠지. 그리고 미안한 이들이 떠오르겠지. 그때쯤 되면 내 작은 그릇으로 그들에게 휘두르던, 근거 없이 당당했던 횡포가 미안해질 것이다.

짜증도 많고 실망도 많은 시대다. 새삼 커피와 사랑의 공통점을 견주던 글이 떠오른다. '커피와 사랑 모두 처음엔 너무 뜨겁고, 적당하다 싶은 순간은 아주잠깐이며, 이내 곧 식어버린다.' 사람을 대하는 우리의 자세에 느긋한 여유와 적당한 온도가 아쉬운 시대다.

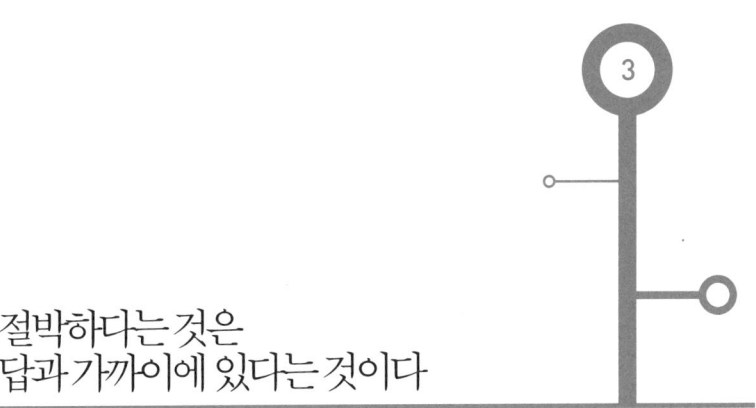

절박하다는 것은
답과 가까이에 있다는 것이다

왜 하필 쥐일까. 특히나 대부분의 한국 사람에게는 유전 인자에 쥐를 싫어하는 기억이 포함되어 있다고도 하는데 서양인들은 쥐에 열광하는 게 의아했었다. 그러나 이제는 알 듯하다. 그들이 사랑하는 것은 따로 있었다.

월트 디즈니의 미키 마우스가 탄생한 배경은 어려움이 적지 않은 지금의 우리에게 뜻하는 바가 크다. 차고에서 가난하게 살던 월트 디즈니는 생쥐를 자주 보았다. 그런데 대단한 것은 그가 그 생쥐를 수없이 그렸다는 사실이다. 결국 그 쥐로 인해서 늘 거절 당하던 신문의 삽화를 그리게 되고 훗날 세계적인 만화가가 될 수 있었다. 미키 마우스는 그의 그림 실력이 아니라 그의 마음에서 탄생한 것이다. 자신의 불편하고 불쾌한 현실을 있는 그대로 받아들이지 않고는 하지 못했을 일이다. 생쥐만 보아도 '저놈의 쥐새끼. 지겨워' 하며 짜증을 내고, 외면하고 싶어 집에 있기도 싫었을 법한데 그는 달랐다. 그의 성공은 현실을 인정함으로써 평안을 얻었기 때문이라고 나는 믿는다.

화가 났을 때는 바로 앞에 있는 것도 보이지 않는다. 마음이 급할 때는 열쇠를 손에 들고도 찾아 헤매는 우스꽝스러운 모습을 연출하기도 한다. 힘들고 고단한 현실 앞에서는 당장 내 목에 칼이 들이닥친 듯한 어려움만 눈에 보인다. 게다가 알지도 못하는 내일까지 걱정하여 그 노고는 배가 된다. 숨이 턱에 차 호흡조차 벅찬데 무엇이 보일까. 그럴 때는 아무것도 보이지 않는다. 냉장고도 70퍼센트 정도만 채워야 음식물의 신선도가 잘 유지되어 효율적으로 보관할 수 있다고 한다. 우리 머릿속이라고 크게 다를까. 너무 많은 생각들, 특히나 우울, 불안, 근심 같은 부정적인 것들로 꽉 차 있다면 눈앞의 고기도 놓치기 쉽고, 떠주는 밥도 흘리기 십상이다. 제대로 못 쓰고 방치되어 있는 우리의 잠재 능력을 더 잠재울 뿐이다.

사방에 널린 위험 속에서 정신을 차려야 할 때에, 부정적인 생각과 감정은 나를 더욱 혼란에 빠뜨리고 절망하게 만든다. 더구나 그런 상태에 빠지게 되면 사람들이 내 곁을 떠나버린다. 특별한 동정의 대상을 제외하면 사람들은 누구나 건강하고 좋은 기운을 전해 주는 사람과 함께하고 싶어하기 때문이다. 축 처진 사람보다 밝게 열심히 사는 사람에게 마음이 더 움직이는 건 인지상정이다. 어느 날 사람들이 내 곁을 떠난다면 그것은 나의 재정 상태나 성격 때문이라기보다 건강하다고 말할 수 없는 혼란스런 에너지 때문이지 않을까.

대한민국 국민치고 피겨 여왕 김연아의 팬이 아닌 경우를 별로 보지 못했다. 그녀가 사랑받는 이유는 그녀의 메달 때문만이 아니라, 어려운 환경 속에서 고된 훈련을 한 그녀가 어느 연예인도 흉내 못 낼 환한 미소를 보여주기 때문이다. 시상식의 태극기를 보면 아무리 참으려 해도 울 수밖에 없었다고 말할 만큼 열정과 인내의 시간을 보낸 그녀다. 그래서 그 미소가 더욱 빛난다. 나 역시 그녀의 건강한 미소를 보면 전염되듯 기분이 좋아진다. 나의 생쥐를 찾아보자. 내 미래를 그릴 생쥐가 누구에게나 있다. 짜증 내고 부정하는 것이 아니라 월트 디즈니처럼 그걸 찾아내면 된다.

방바닥에 누운 채로 살면서 40년간 집 밖에 나가 본 적 없는 1급 장애인 지현곤 씨는 고작 손과 팔만을 간신히 움직일 수 있을 뿐이다. 그런 몸으로 카툰 한 컷을 그리는 데만 한 달 반이 걸린다. 그의 모습을 본 적이 있는가. 하반신은 거의 없다. 그런 그도 우리처럼 절망할 줄 안다. 하지만 그의 선택은 달랐다. 자신이 좋아하는 일 중에 그 몸으로 할 수 있는 일을 찾아 노력을 거듭한 끝에 세계적인 카툰 작가가 되었다. 그게 바로 그의 생쥐다.

사무엘 스마일즈의 〈의지의 힘〉에서 미국 카네기멜론 대학교의 컴퓨터 공학과 교수인 랜디 포시를 만났다. 그는 췌장암으로 사망하기 몇 개월 전, 이제는 성장을 지켜봐 줄 수 없는 세 명의 어린 아이들에게 해주고 싶은 말들을 담은 강의를 했고, 그 강의의 내용을 담은 책 〈마지막 강의〉는 세계적인 베스트셀러가 되었다. 절박한 현실과 세상 사람을 향한 절절한 가슴으로 평생 줄 것들을 농축하여 전했기에 세계를 감동시킬 수 있었을 것이다. 50년 넘게 자신의 훈장을 감추어둘 정도로 진정한 겸손을 가르쳐 준 아버지와 남을 도우며 살아야 함을 늘 강조하고,

집안의 온 벽에 낙서를 허락해 준 배려의 어머니를 회고한다.

그렇게 자란 그는 마지막 강의에서 다른 사람의 꿈을 도울 수 있었던 자신의 직업에 감사하다고 한다. 다른 사람에게 집중하고 살라 한다. 그들을 돕고, 그들의 좋은 점을 찾고, 사과해야 할 때 제대로 사과하라고 힘주어 말한다. 진짜 금은 쓰레기통의 맨 아래에 있다고 강조한다. 자신이 이루지 못한 꿈들, 축구선수, 디즈니에서 일하는 것을 말하면서 결국 알고 보니 '장애물들이 나타나는 건 그 꿈이 얼마나 소중한 것인지 확인시켜 주는 것'이라 말한다.

임종을 몇 개월 앞둔 그는 매킨토시를 새로 샀다면서, 남은 인생을 신나고 즐겁게 살겠다며 웃는다. 그 미소에 많은 사람들의 눈시울이 붉어진다. 그것은 삶에 대한 한 인간의 제대로 된 의지의 힘 때문이다. 맞다고 생각하면서도 자신은 하지 못했던 것들에 대한 감동이 사람들의 마음을 사로잡는 것이었다. 그는 죽음 앞에서조차 자신의 생쥐를 찾은 것이다.

너무 가난하여 아이들에게 동화책도 제대로 사주지 못하는 형편에서 '만약 팔리지 않는다면 우리 딸이나 읽게 하지, 뭐!' 하는 마음으로 쓰기 시작했다는 조앤 롤링의 해리포터 시리즈는 우연이 아니다. 그녀는 가장 절박할 때 자신에게 나타난 생쥐를 찾은 것이다. 그녀는 2008년 6월 하버드 졸업식의 축사를 맡았다. 그녀가 졸업식 축사의 적임자인 이유는 그녀야말로 인생의 가장 밑바닥을 치고 올라온 의지의 힘을 보여주었기 때문이다. "여러분이 하버드 졸업생이라는 사실은 곧 여러분이 실패에 익숙하지 않다는 뜻이기도 합니다"로 시작된 그녀의 축사는 실패가 자신의 인생에서 불필요한 것들을 제거해 주고, 무엇인가에 몰두

할 수 있다는 계기가 되었다고 말한다. 인생은 성취한 것들의 목록이 아니라 성취보다 많은 실패와 상처가 있다는 것이다. 영국 여왕보다 더 부자가 된 지금도 그녀는 수많은 실패와 그 절박함 덕분에 작품을 쓸 수 있었다고 당당히 이야기한다.

  속상한 일이 있어서 밤새 술을 퍼마셔도 바뀌는 것은 아무것도 없다. 변화가 있다면 쓰린 속뿐일 것이다. 따지고 보면 세상에 슬프지 않은 이 없고, 남에게 말 못할 사연 하나쯤 안 가진 이 없다. 그런데 세상에서 내가 가장 슬프고 어렵다는 생각은 너무 자기 중심적이다. 랜디 포시 교수가 시험공부가 너무 어렵다며 괴로워할 때 그의 어머니는 이렇게 말했다. "네 나이에 아버지는 전쟁에서 독일군과 싸우셨지." 그 말을 듣고 바로 입을 다물었다고 한다. 사실 '지금까지의 내 경험 중 가장 어렵다'를 '세상에서 가장 어려운 나'로 인식하고 스스로 연민에 빠져 있지는 않은가. 마술처럼 문제가 해결되기를 원하지는 않는가. '아픈 만큼 성숙해진다'는 말을 가벼이 넘겨서는 안 된다. 성숙하기를 원하면서도 아프기는 싫다면 참된 의미의 인생을 살지 않겠다는 말이다. 어린 시절 읽었던 동화에서처럼 내 모든 문제를 백마 타고 오실 왕자님이 다 해결해 줄 것으로 믿는 것이다. 언제까지 소설을 쓰고 있을 것인가. 결국 내 삶은 내가 풀어 가야 한다.

  인생은 자신의 삶에 대한 진정한 가치를 확인하고, 소중함을 깨달으라고 나타나는 장애물들을 기꺼이 넘어 주면서 기분 좋게 살아 내야 할 '소풍'이다. 멀어도 가고 싶고, 한 번도 가보지 않은 곳이어서 더 신나던 게 소풍 아닌가. 비가 와도 더 추억이 되던 게 소풍이다. 장담컨대 짜증으로 풀칠하고 우울로 도배된 이의 곁에는 아무도 없다. 반가운 사실

하나는 생쥐는 늘 힘들고 지쳐 있을 때 우리에게 다가온다는 것이다. 나의 생쥐만 잘 찾아낸다면 미키 마우스처럼 세상의 열광까지는 아니어도 주위의 건강한 관계를 확인하며 자신의 삶에 열광하는 나 자신을 발견하게 될 것이다. 관계도, 성공도 바로 그때부터 시작이다.

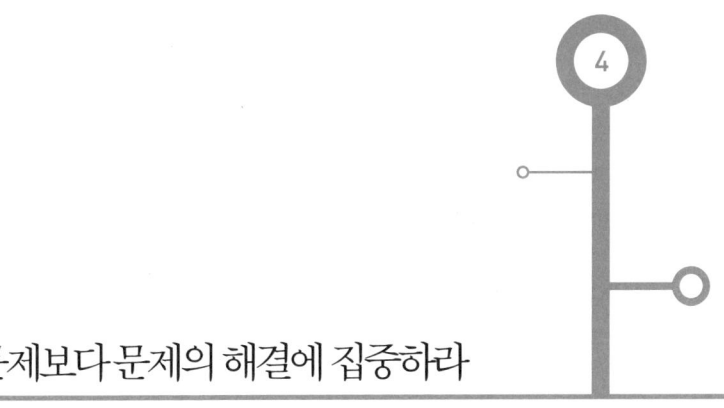

문제보다 문제의 해결에 집중하라

대학생 때 한 선배가 "어떤 남자가 좋아?" 하고 물었다. 나는 "유쾌하면서도 결코 가볍지 않고, 지적인데 무겁지 않은 사람이 좋아요"라고 답했다. 그 선배는 내 대답을 듣고 아무래도 만나기 쉽지 않겠다며 고개를 흔들었다. 정말 그게 그렇게 어려운 건가. 서로 다른 것들로 균형을 이루는 것이 그리 어려울까.

행동하는 사람처럼 생각하고, 생각하는 사람처럼 행동할 수 있다면 참 좋겠다. 그러나 행동하려 들면 거칠거나 가벼워지기 일쑤이고, 생각하려 들면 한없이 무서워지기 쉽다. 깊이는 있으나 무겁지 않고, 행동하고 있어도 가볍지 않은 그것이 아쉽다. 너무 심각한 것들은 우리를 가라앉힌다. 그런데 그것을 벗어나려 하면 너무 폴폴 날아가 듯 가벼워져 버린다.

우리의 균형을 흔드는 것은 무엇일까. 세상의 유희? 유혹? 그건 좀 나중에 얘기하자. 그럼 또 뭐가 있을까. 아마 사람들과의 부대낌일 것이다. 사람들은 낮에 날 힘들게 한 누군가 때문에 밤새 술을 마신다. 그가 무심코 던진 한 마디 때문에 와르르 무너진 가슴을 안고 밤새 뒤척인다. 인터넷의 악플로 감히, 한 사람을 스스로 세상을 떠나게 만들고, 살아 있는 것이 힘들다고 느껴지게 만드는 사람들이 곳곳에 숨어 있으니 좀 끔찍하다.

나는 가끔 '초딩' 꼬마들을 보면서 성악설이 맞을 것 같다고 생각할 때가 있다. "너 엄마 있어? 엄마 없지?" 하며 엄마 없는 친구를 놀리는 그 아이들은 그런 말을 도대체 어디서 배운 것일까. 상대가 가장 아파할 그것을 어떻게 알았을까. 갓 태어난 동생이 받는 사랑이 얄미워 아무도 모르게 꼬집는 형은 그런 것을 어디에서 배운 것일까. 그 아기에게 줄 수 있는 아픔은 아직 신체적인 것밖에 없음을 누가 가르쳐 주었을까. 그게 본성이라면 사람의 근본은 악한 것일지도 모르겠다. 그런데 선하게 태어났다가 세상에 치이고, 사람에 다치며 점점 악해지는 것보다는 그것이 나을지도 모르겠다. 원래 악했으나 세상을 살면서, 사람들과 함께하면서 점점 선해지는 편이 훨씬 낫지 않을까. 세상이 사람들에게서 배우며, 선해지는 장터이면 좋겠다.

그래서 우리는 문제에 집중하지 말고 해결에 집중해야 한다. 세상의 선한 이들은 모든 문제가 자신의 책임인 것처럼 매달리고, 슬퍼한다. 그것이 그들이 힘든 이유이다. 하지만 마냥 슬퍼할 게 아니라 문제를 해결하는 데 집중하는 게 더 현명하다. 그들이 세상의 어둠을 우울해하고, 아픔에 목이 메고, 힘이 빠지면 세상을 지켜나갈 사람이 없다. 어떻게든 기운을 내고 문제를 해결하는 '세상살이 해결사'로 나서야 한다. 문제에 집중하여 우울해하고만 있다가는 세상에서 밀리기 십상이다. 그래도 사람들 틈에서 기운을 내야 한다. 이겨내야 한다.

골목에서 사나운 개를 만났다고 가정해 보자. 내 갈 길에 개가 있는 게 잘못이라고 주장하며 다가가 물리기보다 기다리는 편이 현명하다. 개가 있는 걸 속상해할 필요도 없다. 세상은 원래 그런 거다. 내가 세상을 좌지우지하는 것이 아니니 내 뜻과 상관없는 일이 얼마든지 벌어질 수 있다. 운전 중에 맞은편의 차가 중앙선을 넘어오는데도 나는 잘못한 것 없다고 직진을 하고 있을 수는 없다. 잘못한 게 전혀 없어도 피해야 한다. 그게 맞다. 공사 중인 골목에서 집에 가는 길이라고 주장하며 당장 공사판을 다 치우라고 소리칠 것인가? 그건 억지다. 살다 보면 사나운 개를 만나기도 하고, 중앙선을 넘어오는 차와 마주칠 수도 있고, 공사가 벌어지는 골목길에 들어서기도 한다. 이때는 내가 기다리거나, 돌아가는 수밖에 없음을 잘 안다. 그런데 왜 현실에는 우기고 아파할까. 개가 나타나기 전 그 골목에 오지 않았다면, 공사 시작 전 그 앞에 도달하지 않았다면 조금 돌아가더라도 억울해하지 말아야 한다. 그게 세상이다.

그가 나보다 먼저 태어나 나이가 많든, 이 회사에 먼저 들어왔든, 나보다 먼저 출세하여 세상에 제 편을 많이 가졌든, 나보다 조금 먼저 그 아이디어를 냈든 억울해할 것이 없다. 그저 잘못 돌아선 골목길에서처럼 돌아 나오면 된다. 세상에는 내가 꿈꾸던 것들도 있지만, 미처 생각하지 못한 것들과, 없으면 더 좋았을 것들이 함께 어우러져 있다. 그래서 우리는 그 둘을 다 보며 선택할 수 있는 행운을 얻었다. 내가 어느 길을 택할지 소중한 선택의 기회를 갖는다. 또한 그것들과 어찌 어울려야 하는지를 알게 되고, 그래도 끝내 버려야 할 것이 무엇인지도 터득하게 된다. 그것들은 내가 세상에서 균형감을 갖도록 주어진 축복이다. 그래서 때로는 세상에 감사하다. 그들이 없었다면 나는 기다리는 법도, 돌아가는 지혜도 얻지 못했을 테니까 말이다. 오늘도 고단하다. 그러나 인생은 아프게 받아들이기에는 너무 소중하다. 아픔이 아닌 기쁨으로, 원망이 아닌 감사로 받아들이는 것이 뭐 그리 어려운가. 그들로 인해 내가 세상의 균형을 알게 되고 오늘도 또 하나씩 배우게 되는 것인데…. 가만히 들여다보면 세상은 참 감사하다.

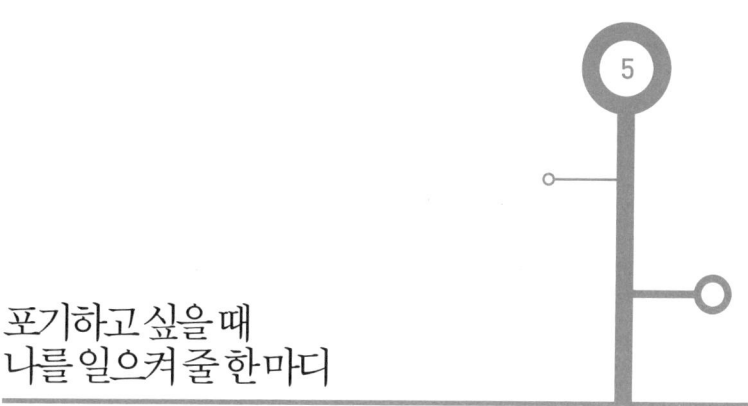

포기하고 싶을 때
나를 일으켜 줄 한마디

지쳐 쓰러질 것 같은 무게감에 짓눌려 고통스러웠던 적이 있었다. 그때 그 말을 온 사방에 붙여 놓았다. 책상에, 화장대에, 심지어 차 안의 거울에도 그 말을 붙여두었다. '이것 또한 곧 지나가리라.' 나는 하루에도 몇 번씩 그 말을 되뇌며 살았다. 마치 세뇌시키려는 듯이 말이다. 당시 사진을 배우고 있었는데 내가 출품한 사진의 제목도 이 말이었다. 사진 못지않게 제목이 중요하다던 조세현 교수는 내가 붙인 제목이 너무 어렵다며 예선에서 떨어뜨렸다. 좀 억울했다. 비록 그 교수의 공감을 얻지는 못했지만 내게는 인생의 힘순간을 살아 내도록 힘을 주었던 그 말이 무엇보다 소중하다. 그 말은 마치 옛날이야기처럼 내게 남아 있다.

'다윗 왕이 세공사에게 이런 명령을 내리셨어. 아주 교만할 때에도 지혜가 되고 아주 절망할 때도 힘이 되는 말을 반지에 새기라고 말이야. 큰 고민에 빠진 그가 솔로몬 왕자에게 지혜를 구했지. 그러자 솔로몬 왕자가 그러셨다지. "이 말을 넣어요. 이것 또한 곧 지나가리라(Soon it shall also come to pass)."

그래, 그게 정답이다. 큰 고통에 시달린 지 1년이 지나자 마술처럼 그것 또한 지나갔다. 세상이 내게 초점을 맞추기 이전에 이 말을 알았더라면, 그래서 조금 더 겸손할 수 있었더라면 그 영광이 조금 길었을까. 지금 생각하면 내 능력 이상의 평가를 받던 참 감사한 시간들이 분명히 있었다. 그러나 그때는 참 교만했다. 모든 것을 내 능력의 당연한 결과로 여기고 뿌듯해했을 뿐 내가 한만큼 고스란히 돌려받는다는 것 자체가 얼마나 감사한 일인지 몰랐다. 결국 그 때문에 그 시절의 행복이 짧았던 것은 아닌지 하는 회한도 든다.

그 문구를 모르면서도 거기에 담긴 진실을 이미 아는 이들이 있다. 늘 이것 또한 지나간다는 것. 여의도의 정치인도, 파란 지붕의 큰 집 주인 어른도, 시골 장터에서 버거운 삶을 이어가는 할머니도 그들처럼 그걸 알면 좋겠다.

그 무엇도 영원하지 않다는 것을 알면, 우리가 애초에 소망했던 삶에 조금 더 다가갈 수 있지 않을까. 교만하지도 실의에 빠져 우울해하지도 않으면서 더욱 늠름하게, 더욱 담대하게 내 삶을 껴안을 수 있지 않을까. 아무것도 두려워하지 않고 지금의 본분에 충실할 수 있지 않을까. 이것 또한 곧 지나갈진대 무엇에 연연해 하고 무엇에 더 욕심낼까. 지금 내게 주어진 것만이 나의 것이고, 그것이 감사하여 상대에게 예를 다하며 성실할 수 있다면 내일 세상이 무너진다 한들 무엇이 두렵거나 망설여질까.

지금 어떤 고통에 아파하는가. 그들에게 말해주고 싶다. 이것 또한 곧 지나갈 것을 믿고 세상을 미워하지 말자고. 괜한 하소연으로 남의 남은 기운까지 빼지 말고 그냥 조용히, 조금만 힘을 내라고. 지금 잘나간다고 어깨를 들썩이며 우쭐해 하고 있는가. 그들에게 말해주고 싶다. 좋은 시절이 지나도 민망하지 않게 지금이라도 걸음의 속도를 조금 늦추고, 고개를 숙여보는 것은 어떠냐고. 그런 것쯤은 말하지 않아도 이미 알고 있다는 그들에게 그래도 전하고 싶다. 명심보감에 이런 구절이 있다. '복이 있다 해서 다 누리지 말라. 복이 다하면 몸이 빈궁에 처하게 된다. 권세가 있다고 해서 그것을 다 부리지 말라. 권세가 다하면 원수를 만나게 된다.' 복이 있을 때 복을 아끼고, 권세가 있을 때 더 공손하고 겸손하라는 것이다. 그야말로 동양판 '이것 또한 곧 지나가리라'이다. 문제는 이 말이 필요 없는 이들은 이 말을 이미 잘 알고 있고, 정작 필요한 이들은 아무리 말해도 알아듣지 못한다는 것이다. 그래서 또 문제가 생긴다. 그렇기에 우린 계속 말해야만 한다. '이것 또한 곧 지나가리라'라고. 그걸 아직도 모르느냐고.

고3 시절 고통스러운 나날을 지날 때 이 또한 지나가리라는 걸 알면서도 힘겨워했다 아니 어쩌면 그 고통을 철저히 즐겼는지도 모르지. 시집살이도 그렇게 일찍 끝날 줄 알았다면 더 고분고분하고 더 살뜰히 모실 것을…. 그때는 그 모든 게 평생 이어질 줄 알았다. 정말 끝내 끝나지 않을 것으로 착각했던 건 아닐까.

살다 보니 세상 이치가 그러하다. 세상에 영원한 것은 어디에도 없다. 애끓던 사랑도, 죽을 것만 같았던 이별도, 삶의 고비 고비도 머지않아 내게서 멀어져 간다. 그렇기에 사람들은 또 하루를 살아낸다. 그걸 영화로라도 책으로라도 그리고 이 말로라도 미리 안다면 우린 조금 더 잘 버틸 수 있을 것이다. 저 보름달도 하루가 지나면 기울기 시작할 것이고, 저 아름다운 꽃도 열흘이 되기 전에 질 것이고, 저 억수 같은 장대비도 곧 그치리라는 걸 안다면 우린 지금까지보다 조금은 더 잘 살아낼 수 있을 것이다.

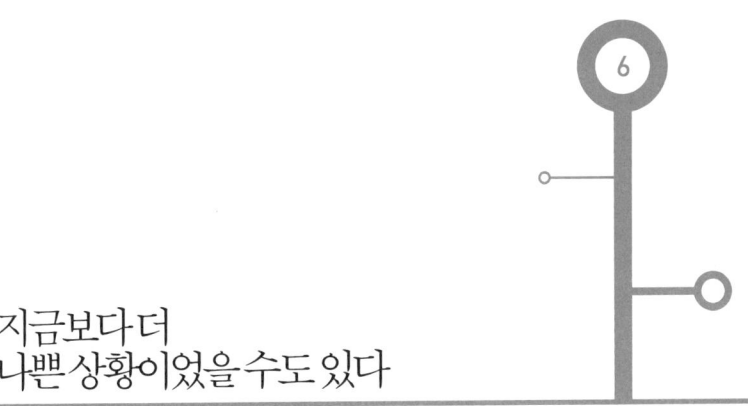

지금보다 더
나쁜 상황이었을 수도 있다

학업을 계속 하기 바라는 부모님 몰래 한국에 귀국하여 혼자 지내던 내 생활은 말이 아니었다. 이미 미국에서 친구의 보증을 잘못 서서 아르바이트를 하며 몰래 빚을 갚아가던 내가 한국에 돌아왔을 때는 수중에 200만 원 정도 있었던 것 같다. 친한 친구에게 300만 원을 빌려 반지하의 원룸을 얻고 가장 먼저 구해진 직장에 우선 다니며 생활비를 벌었다. 내가 말하고 싶은 것은 그때의 상황에서 내가 얻은 것들이다.

사실 나는 첫 아이를 보름 만에 잃은 부모의 과잉보호 속에서 너무 연약하게 자랐다. 내가 참을성이 없는 것은 어머니가 나를 잉태한 후 먹고 싶은 것, 갖고 싶은 것, 가고 싶은 곳을 참아 본 적이 없는 태교 문제라고 여전히 핑계 삼는다. 첫 돌이 지나도록 늘 같은 온도가 유지되고 바람 한 점 안 들어오도록 병풍을 쳐두었던 내 방 환경 때문에 난 지금도 조금만 추워도 엄살을 부리고, 조금만 더워도 남들보다 힘들어한다. 하나뿐인 남동생은 너무 차별이 심해서 출생에 비밀이 있다고 생각하고는 가출을 감행하기도 했다. 이런 편지도 남겼다. '친자식도 아닌데 그동안 키워주셔서 감사합니다.' 나는 스무 살이 되도록 심부름 한 번 해본 적 없는 것치고는 사회생활을 참 잘한 편이라는 위안조차 들 지경이다. 형제가 둘인 우리 집은 형제가 많은 친척 집과 달리 늘 간식이 남아돌고 다툴 필요도 없기에 뭐가 주어져도 귀한 걸 몰랐다. 대단한 걸 욕심내어 본 적도 없지만 뭘 특별히 갖고 싶다거나 사고 싶은 것도 늘 없던 기억이다. 늘 뭔가를 원하기도 전에 이미 가지고 있었다.

그러던 내가 귀국 후 가졌던 그때의 고독함과 절망스러움은 가히 고통 그 자체였다. 아니 이미 뉴욕에서 보증 빚을 갚느라 아르바이트를 하며 주급을 받으면 고스란히 은행에 갖다 바치면서 나는 처음으로 일상이 고단하다고 느꼈다. 귀국 후 반지하에서 살았는데, 어느 날은 밤에 기름보일러의 기름이 떨어져 냉방에서 밤새 뒤척여야 했고, 한겨울에도 찬물로 씻어야만 했다. 게다가 반지하라 햇빛도 없고 방안은 늘 습기로 가득 차 있었다. 얼마의 기간이 지나고 내 힘으로 돈을 모아 드디어 지상의 원룸으로 이사했다. 그 첫날 제2의 인생이 시작되었다. 세상이 온통 감사인 그것 말이다. 아침에 눈을 떴을 때 창으로 햇살이 들어오는 것만 보아도 '아, 감사해…'가 입에서 절로 나왔다. 내 얼굴에는 미소가 번졌다. 언제 틀어도 늘 콸콸 쏟아지는 도시가스의 온수는 환상이었다. 그 후로 오랫동안 나는 산속에 있는 연수원 화장실에서 손을 씻다가도 그 따끈함을 느끼면 속으로 늘 '아, 감사해…'가 거의 자동으로 나왔었다. 빨래가 잘 마르는 뽀송뽀송한 공기도 감사하여 그 좁은 원룸을 참 열심히도 쓸고 닦았다. 요즘도 가끔 그때의 몇 장 안 되는 사진을 보면 참 행복해 보인다. 그야말로 얼굴이 환하다.

사실 나는 스무 살이 넘도록 웃는 얼굴이 아니었다. 턱은 좀 치켜든 게 기본이고 인상은 차갑다 못해 교만했다. 학창시절 사진들은 웃는 모습이 별로 없다. '관상이 곧 심상'이라고 마음도 크게 다르지 않았던 듯하다. 별로 착하지 않았다. 중학생 때였던 기억이다. 나를 지켜보던 모친이 어느 날 나를 협박했다.

"얘야, 네가 그렇게 감사하지 않고 제 잘난 맛에 교만하게 굴면 하늘이 이것도 해결해 봐라, 저것도 해결해 봐라…하시며 고난을 많이 주실지 몰라."

그때는 몰랐는데 그 후 어려울 때마다 종종 그 말씀이 생각난다. 그래, 난 분명히 교만했었다. 학교에 오신 어머니는 늘 내 칭찬을 듣고 가셨다. 그때는 그게 다 내 능력 때문인 줄 알았다. 내가 교만한지도 몰랐었다. 조금 넘치는 자신감? 글쎄, 그것과 교만의 차이는? 그러나 그 후 여러 어려운 일들을 겪으며 지난날의 내가 교만했고, 그래서 감사할 줄 몰랐다는 것을 깨달았다. 그래서 신이 내게 연속해서 시련을 주셨다는 것을 이제 나는 인정한다. 어느 날부터 그 사실을 모친의 잔소리 없이도 알게 되었다. 왜냐하면 감사하며 살 때와 그렇지 않을 때, 정반대의 상황과 결과들이 나타난다는 것을 늘 확인했기 때문이다.

누구나 어려움이 있다. 내가 위에 말한 힘들었다는 경험이 사치일 정도로 훨씬 극심한 경우들이 세상에 얼마나 많을까. 거기에 다시 우리의 선택이 있는 것 같다. 그 시기의 고난을 감사로 승화시키며 자신의 역할과 관계에 성실하게 임하느냐, 아니면 고단함에 피폐해지며 관계를 더 망가지게 하느냐는 본인만이 결정한다. 내가 말하고 싶은 것은 시련이 올 때 얼마나 감사하느냐가 자신의 미래에 얼마나 큰 영향을 주는지 먼저 알자는 것이다. 물론 시련 당시에 감사하기는 어렵다. 무슨 도인이 되자는 것이 아니다. 시련은 나를 단련시킬 기회라는 것이고, 그것에서 뭔가 성취해보려고 욕심내기 이전에 그 기회 자체가 내게 감사한 일임을 아는 것이 더 중요하다는 말이다. 그러면 책 몇 권 더 읽은 사람이 흉내 내기 힘든, 성숙하고 깊이 있는 관계를 만들어 나갈 수 있을 것이다. 세상의 중요하다는 모든 것은 감사하는 마음 없이는 절대 불가능하기 때문이다.

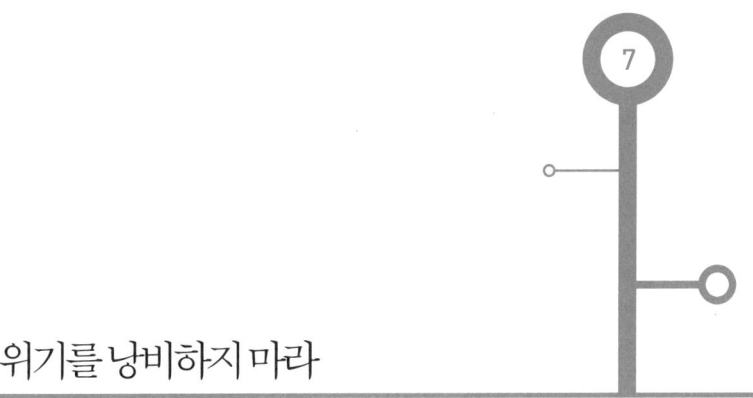

위기를 낭비하지 마라

 가끔 사람 때문에 힘들거나 곤란한 일이 생기면 그런 생각이 든다. '나중에 드라마 작가 하고 싶어 했더니 이리도 소재거리를 다양하게 많이 주시다니…'라고 말이다. 늘 입에 달고 살았던 '피할 수 없으면 즐겨라'라는 말은 빨간 '아까징끼'처럼 내 아픔을 달래 준다. 같은 환경, 같은 부모 아래서 자라도 자녀들의 성격이나 미래가 달라지고, 같은 회사에서도 그들의 성장은 다양한 결과를 낳는다. 똑같이 주어진 조건을 어떻게 소화해 내느냐 하는 차이가 크다고 본다.
 내 주 업무인 강의는 쌍방 커뮤니케이션이기에 수강자의 분위기가 무거울 때는 힘이 더 많이 들고 의욕도 떨어진다. 때로는 강의에 대한 불만이 있어서기도 하겠지만 속으로는 열광해도 절대 내색은 하지 않는 이른바, '단체 문상객' 같은 그룹도 있다. 그럴 때는 이렇게 생각한다. '아, 고마워라, 강사료도 받는 데다가 고난이도의 훈련도 시켜주는 구나' 하고 말이다. 어차피 강의를 하다가 중간에 그만하겠다고 나올 수도 없는데, 그걸 직업적인 난관으로 받아들이기보다는 생각을 바꾸는 것이 나은 것 같다. '이런 분위기에서도 강의할 수 있어?' 하고 던져진 훈련이나 게임으로 생각하는 편이 훨씬 나은 것이다.

그렇게 생각해야 심리적으로나 신체적으로 덜 고단하다는 것을 충분히 경험했다. 예전 직장에서 유별나게 후배들에게 가혹한 어느 상사의 팀으로 내가 발령이 나자 주위 사람들이 한결같이 "차라리 관두는 게 나을 것"이라며 걱정했다. 물론 서로 맞지 않는 사람들도 있고, 고의적으로 사람들을 힘들게 하는 이도 있다. 그게 시댁일 때도 있고, 회사 상사일 때도 있고, 연인일 때도 있다. 이때 그들로부터 떠날 충분한 이유가 있다면 떠나는 게 최선일 테지만, 그게 아니라면 '어휴, 지지리 복도 없지' 하면서 매일 한숨만 쉬기는 아깝다. 사실 그런 모습이 오래가다 보면 주변에 날 응원해 줄 이도 남지 않는다. 하소연도 하루 이틀이지 자신의 걱정 근심만도 버거운 사람들이 남의 짜증과 우울을 지속적으로 받아줄 리가 없다. 그런 시간이 지속되면 그와의 관계를 넘어서, 별 문제 없던 인간관계 전반에 문제가 생긴다. 난 어느새 불만투성이의 모난 인간이 되어 주위로부터 "당신도 좀 문제야"라는 말을 듣게 될지도 모른다.

나는 이왕 함께 일할 거라면 '아, 이 사람과 한 1년 지내고 나면 웬만한 인간관계는 걱정이 없겠네'라고 생각하기로 마음먹었다. 사실 연습 삼아 일부러 구하려 해도 쉽지 않을 만큼 날 힘들게 했던 그가 가끔 생각날 때도 있다. 그후 그보다 조금만 나은 사람이어도 고마웠다. 그러면서 감사도 배우고 겸손도 배웠다. 사실 학창시절 가장 무서웠던 선생님이 더 기억나고 이야기할 거리도 많은 것과 비슷하다.

무서운 시어머니에게서 살림을 잘 배우게 되는 것도 어느 정도 틀리지 않는 듯하다. 요즘 신세대들이야 어떤지 모르지만 시어른은 그래도 내 부모나 직장 상사보다 훨씬 대하기가 어려워서, 많이 참고 따라야 한다. 그렇게 특별한 관계이니 제대로만 배우면 두고두고 약이 된다. 나중에 본인이 며느리를 볼 때쯤에는 '잔소리'가 '생활의 지혜'로 바뀌어 전해지리라.

난 명절이면 꽤 음식을 많이 해야 했는데 예전의 막내 동서와의 일화가 떠오른다. 밤새 만두를 빚고 졸린 눈으로 녹두 빈대떡을 부치고 있는데 나란히 서서 일하던 막내 동서가 노래를 하는 것이었다. "동서는 이 일이 그렇게 즐거워?" 하고 물었더니 눈을 동그랗게 뜨고 "형님은 제가 즐거워 보이세요? 이렇게라도 해야 견디죠" 하며 계속 흥얼거렸다. 나는 그녀가 지혜롭다는 생각이 들어 기분 좋게 웃었다. 어차피 밤새 할 거라면 즐기는 게 낫다.

영화 〈인생은 아름다워〉의 귀도는 수용소에서 겁에 질린 아들에게 지금 겪고 있는 일이 모두 '놀이'라고 말한다. 그의 표정은 하도 밝아서 하마터면 관객도 속을 지경이다. 꼭꼭 숨어 있어 상대가 우릴 못 찾으면 우리가 1,000점을 얻어 사탕을 받을 수 있다고 하자 아이는 오히려 즐거워한다.

우린 그렇게 속을 만큼 어리지는 않지만 '피할 수 없으면 즐기는' 지혜는 필요하다. 우리 가족이 얼마나 합심하는지, 누가 더 위로하는지, 누가 누가 더 잘 참는지, 고통스러운 일이 아니라 재미있는 놀이로 만들면 어떨까. 이때 아니면 해보기도 어려운 놀이다. 예전엔 가치 없던 것들도 귀해지고, 서로 고마움을 상기할 상황들도 많을 것이다. 고단한 부모를 보며 짜증 내거나 가슴 아파하기보다 위로 게임의 시간이라고 생각하면 떠오를 아이디어도 꽤 많을 것이다. 맘껏 다 해주지 못하는 아이들이 넉넉할 때 배우지 못한 것들을 삶에서 배우게 된다면 이것도 귀도의 아들이 얻은 1,000점 같은 것이다. 성장할수록 자칫 건조해지기 쉬운 가족 관계에서 감사한 경험일 수도 있다. 즐길 거리를 찾아 즐기다 보면 더 재미있는 게임 규칙들이 생길 것이다. 화투놀이나 카드놀이만 해도 동네마다 규칙이 다르고, 흥미를 높이는 독특한 조건을 붙인다. 놀이는 머리를 많이 써야 하고 어려울수록 재미있다. 우린 그것이 놀이라서 좋아하고 즐긴다. 물론 계속 지면 속이 상한다. 그러나 앞으로 이길 수도 있다. 아직 결과는 아무도 모른다. 단지 이 동네의 규칙이 생소하고 그 함정들이 낯설고 겁이 나긴 하지만 중요한 건 우리에게는 그것들을 즐기던 기억이 있다는 것이다.

현실을 너무 무겁게 생각할 때 더욱 힘겨워지는 것은 아닐까. 몸과 마음에 기운이 없으니 말이다. 근거 없는 낙관론도 문제이지만 지나치게 심각하게 받아들이고 우울해할 때 해결은커녕 그 무게감에 짓눌려 아무 생각도 의욕도 없어진다. 무슨 일이든 이유가 없는 것은 없다고 생각하면 좀 낫다 싶다. 힘든 일이 벌어질 때면 나는 종종 '이 일이 벌어지는 게 나에게 뭐가 좋은 것일까'를 생각한다. 속상하기만 하고, 억울하기만 하고 찾아도 답이 없을 때도 있다. 그러나 우리는 얼마나 많이 경험하였는가. 지나고 나면 그때 배운 것, 그때 얻은 것들이 나를 얼마나 강하게 만들고 지혜롭게 변화시켰는지 누구보다 나 자신은 안다. 아직 그런 적이 없다고 말한다면, 바로 그에게는 힘든 기회들이 필요한 것이다. 귀한 보약이 될 것이다. 어느 시인이 그랬던가. '왜 사냐고 묻거든, 그냥 웃지요'라고. 그는 왜 그렇게 말했을까. 그 물음에 답하기에는 너무 많은 사연과 답이 존재하는 것이 바로 인생이어서가 아닐까.

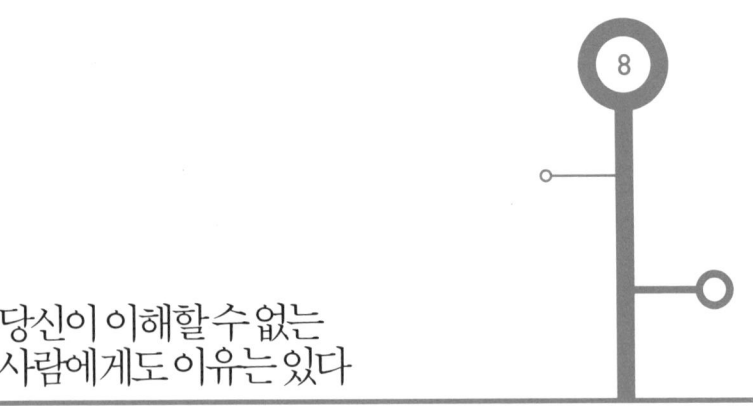

당신이 이해할 수 없는
사람에게도 이유는 있다

간혹 뉴스에 부모를 때리는 패륜아가 나올 때가 있다. 보도를 끝까지 보지 않고도 '죽일 놈' 소리가 절로 나왔다. 난 단 한 번도 그들이 왜 그랬는지를 생각한 적이 없다. 사람으로서는 절대 할 수 없는 일을 왜 서슴지 않았는지를 이해해 보려 하지 않았다.

오늘 〈똥파리〉라는 영화를 보았다. 두 시간이 지나자 머리가 아팠다. 온갖 욕설과 잔인함과 지저분함, 비인간적인 발길질들의 극치인 영상들 때문만은 아니었다. 형편없는 양아치 상훈은 자신의 아버지를 발로 짓밟는다. 입에 담을 수 없는 욕을 퍼부어댄다. 그런데 앞뒤 다 자른 뉴스 기사를 볼 때와는 달리 오늘 처음 그 패륜아가 조금은 이해가 되었다. 아버지에게 매 맞는 엄마, 그걸 말리다 아버지 칼에 죽은 어린 여동생, 그 여동생의 죽음을 지켜보던 상훈, 병원으로 간 아이들을 쫓아가

다 차에 치여 숨진 엄마, 가족을 살해하고 교도소에 가 살면서 자신의 곁에 아무도 있지 못하게 했던 아버지가 그의 가족사다. 그런데 어느새 자신은 또 망령 같은 그 폭력으로 돈을 버는 깡패가 되어 폭력으로 잃은 자신의 지난 삶을 연장하고 있다. 그래서 그에게는 하루하루가 고통이다. 그는 조직의 후배들을 자주 때리다가 결국 그중 한 명의 손에 개죽음을 당한다.

후배들을 향한 그의 폭력을 습관이라고 여기는 사람도 있다. 그러나 내게 비친 그의 폭력은 제발 그렇게 살지 말라는 절규 같다. 자신이 폭력을 버리지 못하여 후배들을 설득할 수도 없으면서도, 그들의 폭력을 보면 참지 못한다. 길을 가다가 여자를 때리는 남자를 보면 죽일 듯이 팬다. 그런데 맞고 있던 여자도 한참을 때린다. 맞고 사는 여자를 보는 것 자체가 그에게는 고통이기 때문이다. 그러던 어느 날, 손목을 그어 자살을 시도한 아버지를 업고 뛰며 제발 살려 달라고 하늘에 애원한다. 병원에 도착해서는 자기 피 다 뽑아 아버지에게 주라고 소리소리 질러 댄다. 그렇게 상처를 안고 살던 한 인생은 연탄재 가득한 쓰레기더미 옆에서 최후를 맞는다. 늘 영화가 그렇듯 다시는 그렇게 살지 않겠다고 결심한 날에 말이다. 이제 폭력도 지겨워 그만두겠다고 사장에게 말한 그날에 같은 상처를 가진 여자 친구를 끝내 못 보고, 이미 떠난 엄마와 여동생의 희미한 환영을 쫓아 세상을 떠난다.

한 가엾은 영혼의 이야기는 그렇게 살지 말라는 교훈을 주기도 한다. 그러나 내가 느낀 건 좁은 내 기준으로는 그러한 인생을 두고 '도저히 이해할 수 없어', '어떻게 그럴 수가 있어'라고 함부로 말할 수 없다는 것이다. 앞뒤를 속속들이 알지 못하고서는 단 한 마디도 할 수 없을 것 같다. 내가 치를 떨어 하던 부류의 사람을 이해하게 될 줄은 몰랐다. 싹둑 잘린 한 토막을 가지고도 열을 내고 흥분하던 그간의 교만이 낯 뜨거워진다. 당연히, 무슨 일이 있어도 부모에게는 그렇게 하면 안 된다. 그러나 그 정의 못지않게 어떤 한 인간을 그 지경으로 몰고 간 상처에 대해서도 생각해주고 싶다. 절대 닮고 싶지는 않아도 오늘 하루만큼은 동정으로라도 함께 아파해주고 싶다.

오늘 각기 따로 만난 두 지인은 다 상처가 있다. 한 남자는 대학 동창에게 큰 배신을 당해 어제 양주 두 병을 마셨다고 말한다. 또 한 명은 3만 명이 넘는 동호회 사이트를 만들고도 끝내 쫓겨나는 과정에서 그 무엇도 아닌 사람에게 큰 상처를 입었다고 이야기한다. 그들은 지혜로운 방법으로 상처를 치유해 내고 있지만 고통스러움은 엄연한 사실이다.

그렇게 상처를 안은 여자 한 명을 지난 주말에 보았다. 어느 모임에서 너무도 이성적이고 깔끔하다 못해 정이 없어 보이던 그녀가 난데없이 말도 안 되는 상황에서 감정적으로 폭발했다. 시작이나 과정에서 나와 관계된 일은 없었는데, 결과적으로 내가 타깃이 되는 불운을 겪었다. 그녀는 이번이 두 번째 감정적인 사고를 친 것이었다. 그녀의 성향으로는 다시는 이 모임에 나오기는 어려울 수 있다. 나 역시 내게 상처를 주었던 사람이니 다시 나오는 것을 그다지 원치도 않았다.

그런데 그 영화를 보고 난 오늘 갑자기 그날 벌어진 일들만 두고 평가하기에는 뭔가 마음이 불편하다는 생각이 들었다. 유쾌하게 모인 자리에서 그런 감정적 표현은 말도 안 되는 일이라 여기며 모두 기막혀했지만, 그 내면에는 분명히 어떤 상처가 있었다는 생각이 든다. 그녀가 돌아왔으면 좋겠다. 모임에서 각자의 역할이 그 모임을 활성화하거나 착한 모습만 보이며 친목에 일조하는 것이 전부일까. 방해되면 치워도 되는 걸까? 그의 아픔을 돌아봐 주고 치유해 주려 드는 것은 오버일까? 그게 맞는 거 아닐까? 그렇지 않다면 모임 같은 거에 뭐 하러 나오나. 일하다 지친 마음을 나누며 사람들에게 돌아와 좀 쉬려는 것이 모임의 진정한 의미일 텐데 말이다. 지금 사람 마음이 필요하지 않은 멀쩡한 사람들은 오히려 잠시 외면하고라도, 가까이 보던 사람이 마음 아프면 우선 챙겨야 맞는 거 아닐까? 물론 내색하지 못하는 고통 하나쯤 다 안고 살지만, 내 생각에 그녀는 급성이니 좀 우선해서 살펴주어야 할 것 같다. 그런데 우리는 그냥 치워 버린다. 그녀 때문에 마음 아프고, 사람들 앞에서 민망한 시간들이 있었기에 첫 번째 사고 때부터 나는 그녀가 싫었다. 그러나 그녀가 가진 내면의 고통에 비하면 싫다는 내 감정은 너무 사치일 듯하다. 어쩌면 그녀는 그렇게 어이없게 폭발하지 않으면 당장 죽을 것 같아 그랬을지도 모른다고 생각하니, 그 정도의 황당한 말들이야 왜 몇 대 더 기꺼이 들어주지 못했는지 내가 내게 꿀밤을 먹이고 있다. 끝내 안 될지도 모르지만 내가 우선 그녀를 품고 우리 곁에 그녀를 돌려놓아 보아야겠다. 아무래도 왠지 그게 맞는 것 같다. 그러라고 오늘 그 영화를 보게 된 것인지도 모른다.

지방에서 돌아오던 차 안에서 펑펑 운 적이 있다. 함께 탔던 지인들 중에 속으로 '웬 주책?'이라고 생각한 사람도 있었을 것이다. 그날 속상한 일은 다들 공감하지만 그 정도는 지나치다고 생각하는 것이 당연하다. 그럴 줄 알면서도 울 수밖에 없던 나를 한 명이 이해해 주었다.

'요즘 너무 힘들었나 보네.'

고마운 건 그는 내 현재의 모습만 보지 않았다는 사실이다. 지금 벌어진 것 뒤에 감춰진 나를 돌아봐 주었다. 아니 올려다보아 주었다. 'understand'라는 말이 바로 '아래에(under) 서다(stand)'임을, 그러기에 상대를 올려다보아야만 이해라는 걸 할 수 있음을 가르쳐 주었다. 다 알면서도 여전히 우리가 잘못하는 것이 남을 이해하는 것이다. 앞뒤 다 이어서 과거의 그, 어제의 그, 오늘의 그, 그리고 그가 두려워하는 내일의 그를 알지 않고는 할 수 없는 말이 '이해한다'는 말일 것 같다. 정확히 모두 다 상세히 알지는 못해도 짐작이라도 시도해야 비로소 이해가 되기 시작된다. 대부분의 경우, 뭔지 짐작하는 정도이지 충분히 이해하지는 못한다. 물론 그걸 탓할 수는 없다. 단지, 이해해보려는 시도는 계속 해봤으면 좋겠다. 그래도 안 되면 어쩔 수 없지만, 그래도 이해하려고 노력은 해봐야 인간이 인간을 대접하고 사는 그림일 것 같다. 쉽게 시작하는 방법이 하나 있다. '뭔가 이유가 있겠지.'

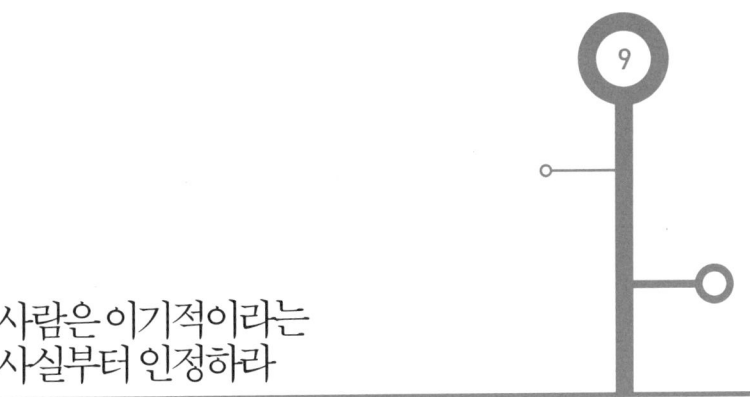

사람은 이기적이라는
사실부터 인정하라

마음으로 아끼는 후배가 물었다.

"언니는 정말 마음이 힘들 때나 어려운 일이 있을 때 바로 연락할 수 있는 사람이 가족 말고 몇 명이야?"

나는 선뜻 대답하지 못했다. 몇백만 명을 강의해 오며 사람 만나는 게 직업이었고, 수천 명의 연락처를 가지고 있지만 선뜻 떠오르는 얼굴이 없었다. 그들은 차치하고라도 일주일이 멀다 하고 보는 얼굴들도 적지 않건만 선뜻 꼽아지지는 않았다. 시간이 좀 지나고야 몇 명 꼽았지만 참으로 개운치 않은 기분이었다.

최근 많은 것을 내려놓은 마음으로 내게 귀한 가르침을 전하는 그녀는 도덕경에 빠져 있다. 나를 만나면 노자 말씀을 옮기느라 여념이 없다. 그녀는 그 정도 인연이 죽기 전 다섯 명이면 만족한다고, 그저 그 정도면 잘 살아왔다고 위안 삼을 수 있다고 한다. 소박한 욕심이다. 그런데 어쩌면 너무 큰 욕심일 수도 있다는 생각도 들었다.

하루라도 못 보면 안 될 것 같은 사람이었는데 막상 안 보고 살아도 아무렇지 않을 때가 있다. 아니, 오히려 안 봐서 살 것 같은 날이 올 때도 있다. 그러면 마음을 다 받았다는 벅찬 가슴으로 저절로 하게 되는 온갖 맹세와 다짐이 이내 허허로워진다. 감동하고 감격하고 그러다가 실망하고 실의에 빠져 세상에 욕을 해대기도 한다. 가만 보면 다 사람한테 하는 것이다. 일상의 작은 불쾌감에서 응어리진 상처까지 다 사람에게서 나오고 사람에게로 향한다. '열 길 물속은 알아도 한 길 사람 속은 모른다'고 했던가. 피라미드 사기도 없고, 인터넷 악플도 없던 그 옛날에 우리의 선조들은 어떤 아픔을 겪었기에 그런 결론을 내렸을까. 살면서 참 옛 사람들의 지혜가 부러울 때가 많다. 세계적인 금융 위기 속에서 조직 관리나 리더십의 벤치마킹 대상이던 거대한 기업들이 속속 무너지면서 도대체 어디에 기준을 두고 일해야 맞는지 혼란스러워하는 이들이 많다. 더구나 이렇게 어우러져 살면 되는 줄 알았던 사람, 참 닮고 싶다 싶은 사람에게 심하게 가슴을 다치고 나면, 역시 또 기준이 없어지면서 세상살이가 혼란스러워진다.

아픔을 겨우겨우 승화해 내고 세상에 돌아오는 이들에 대한 세상의 편견은 또 하나의 고통이다. 시쳇말로 두 번 죽이는 셈이다. 나와 소중한 관계를 이어가던 사람조차 자신에게 방해되면 대놓고 외면하며 밀쳐 낸다. 사실 그가 야속하다. 그러나 그냥 이해하기로 한다. 이유는 간단하다. 그도 살아야 하니까. 난 그렇게 내게 벌어졌던 작은 역사들을 정리했다. 오해받는 것을 견디지 못하는 성미지만 세상을 향해 소리치기보다 그들의 무례한 호기심, 잔인한 편견을 즐기기로 했다. 이제는 평소 같으면 알 수 없었던 사람들의 속내와 나에 대한 애정을 가늠하는 재미를 쏠쏠하게 느낄 정도가 되었다.

이 세상의 주인공은 바로 자신이라고 다들 말하지만 세상이 나를 위해 존재하지는 않는다. 내 진심을 있는 그대로 받아들여 주지도 않는다. 세상과 사람들에게 너무 큰 것을 기대하지 말아야 한다. 많은 이들은 모두 자기 살 궁리에 급급하다. 여유가 되면 어려운 이와 아픈 이를 돌아볼까, 거의 대부분 사람들은 우선 자기 자신에게 열중한다. 그러나 그들을 미워하지 말자. 분노가 합당한 때조차도 분노하는 것은 많은 것을 또 잃게 한다. 그러니 제발 부디 그들을 미워하지 말고, 세상을 있는 그대로 이해하는 기회로 삼고, 그런 기회를 준 그들에게 고마워하자. 그것이 자신을 위한 최선임을 나는 최근에야 알았다. 사람들은 타인의 마음을 제대로 헤아리거나 남의 일을 자기 일처럼 받아들이지 않는다. 그것을 다 알고, 당연하게 생각하면서 시작하는 관계에서는 상처받을 일도 적다.

나도 어리석고 순진했던 시절이 있었다. 어떤 억울함을 해명하고 사실을 밝히면 남들이 나를 위로하고 아껴줄 줄 알았다. 그러나 한두 명을 제외하면 세상 사람들로부터는 오히려 또 다른 아픔이 그 몇 배로 온다. 사람들은 대부분 이기적이어서 타인의 아픔을 안으려거나 나누려 하지 않는다. '내가 그토록 소중히 생각했던 이가 돌아시다니…' 하고 우울해하지 마라. 신이 아니라 사람이기에 얼마든지 그럴 수 있다고 여기는 것이 맘 편하다. 그 순간, 그들은 그렇지 않은 사람들과 분리된다. 그걸 확인하는 기회가 내게 온 것뿐이다. 더 오랫동안 모르고 지낼 수도 있었던 사실을 미리 알게 된 것이 오히려 다행스럽고 기쁜 일이라고 생각하자. 이기적인 합리화 수준이 아니라 그것이 사실이다. 이 사실을 받아들이면 상대를 미워하지 않을 수 있을뿐더러 스스로에게 주는 상처도 적고, 그 아픔을 승화해 내는 방법도 조금 더 빨리 알게 될 것이다. 아니, 그런 거 다 그만두고라도 세상 속의 평범한 사람들과 금쪽같은 내 가족은 분명히 다르다는 것을 다시 확인하는 것만으로도 감사한 일이다.

이미 벌어진 일을 후회하거나 안타까워하기보다는 훌훌 털고 제 갈 길을 가는 게 낫다. 앞으로도, 그런 일들이 또다시 우리의 발목을 잡을 것이다. 미리 막을 길은 별로 없다. 요즘 내가 입에 달고 사는 이 말은 꽤 큰 힘이 되어 준다. '참 수고가 많으십니다.' 내가 성숙해질 수 있도록, 이 험한 세상을 더 잘 알 수 있도록 악역을 맡아 나를 힘들게 하는 그들에게 쿨하게 인사 한마디 건네고 무소의 뿔처럼 앞으로 나아갈 일이다. 사실 어떤 일이든 그 일이 자신에게 벌어진 충분한 이유가 이미 있었을지도 모른다. 가끔 사람들은 울부짖는다. '전생에 내가 무슨 죄가 많다고….' 나도 그랬었다. 기억도 못하는 전생 때문에 이만큼 힘들어야 하는 건 너무하는 거 아니냐고 물었었다.

미국에서 교회에 다닐 때 만난 친구는 힘들어하는 나를 이렇게 위로했다. 선택받은 이에게 시련을 더 주시는 거라고. 그때 나는 선택하지 않으셔도 좋으니 시련 안 주시는 게 더 고맙겠다고 받아쳤던 기억이 난다. 그러나 분명한 것은 아픈 만큼 성숙해진다는 그 말이 맞다는 것이다. 책에서 배운 것, 좀 떨어져 남의 일에 훈수 두던 것들과는 비교도 안 되게 세상의 가르침에서 배우는 것이 더 많다. 성숙해질 수 있는, 그 기회가 감사한 거라는 걸 머리로는 아는데 받아들이기는 참 어렵다. 나중이면 모를까, 아플 때는 그 얘기가 말도 안 되는 소리로만 들리기 때문이다.

이제 곧 우리를 아프게 하는 사람들이 또 등장할 것이다. 우리의 인생에 정해진 배역들이다. 그런 역할을 맡고 세상에 온 그들에게 우린 또 아픔을 겪겠지만, 그들을 미리 알아보려 애쓰거나, 경계에 급급하기보다는 그들과 만나게 되는 내 배역을 어찌 소화하는 것이 주인공다운지 그려 보면 어떨까. 리허설하듯이 말이다. 귀찮은 민방위 훈련처럼 해도 좋고, 시험 전 예상 문제집을 풀듯이 해도 좋고, 설레는 데이트를 앞두고 대사 연습하듯 하면 더 좋다. 이미 받은 상처라면, 최영미 시인이 〈도착하지 않은 삶〉에서 말한 것처럼 그냥 자신의 것으로 끌어안고 아픔들을 내 일 속에서 승화시켜 보는 것은 어떠한가.

나는 시를 쓴다
-최영미

아무도 위로해주지 않는
나를 위로하기 위해

혀를 깨무는 아픔 없이
무서운 폭풍을 잠재우려
(중략)
안전하게 미치기 위해

> 내 말을 듣지 않는 컴퓨터에 복수하기 위해
> 치명적인 시간들을 괄호 안에 숨기는 재미에
> 부끄러움을 감추려, 시를 저지른다

후회와 분노 그리고 실의는 끝내 풀지 못하는 시험문제 같은 것이다. 그것은 결코 아무것도 해결해 주지 않는다. 해결은커녕 더욱 미로를 헤매게 할 뿐이다. 시간이 지난 지금 그렇게 생각한다. 세상의 시름은 아주 다양하게 다가온다. 그런데 나를 아프게 하고 힘들게 하는 문제들과의 만남을 통해서 조금씩 더 객관적이고 긍정적으로 소화해 내도록 자꾸 숙제를 주는 것이 결국 인생인 것 같다. 그러다 보니 생각할 거리들을 누구에게보다 내게 더 풍성하게 주었음을 이제는 슬슬 감사할 수도 있게 되었다. 아프지 않을 수야 없지만 이미 한번 풀어 본 문제는 조금은 만만해진다. 영화 〈트루먼 쇼〉에서처럼 세상 사람들을 내가 주인공인 영화의 배역들이라고 생각하면서, 그 주연 역할을 더 멋지게 해내겠다는 욕심을 부려보자. 주인공은 늘 근사해야 하니까 말이다. 죽더라도 멋지게 죽어주어야 관객들이 만족한다. 모든 관객은 조연이 아닌 주연에게 자신을 투영하고 있으니 말이다. 그래서 끝까지 멋있어야 한다. 악역이 지독할수록 주인공은 더욱 빛난다. 형편없는 심성을 가지고 어이없는 억측을 하는 사람들, 이상한 계산법을 가진 이들, 바로 그들이 있어 그들과 다른 내가 세상에 돋보이고 있음을 왜 아직도 모르나. 인생은 한 편의 영화 같은 거라면서, 그 멋진 주연을 왜 마다하나.

'내게 걸린 행운을 저울에 달아보며, 버리기 아까운 과거는 없었다'는 그 시인의 말에 깊이 동감하며 나는 내일을 기대한다. 내가 다루는 오늘로 내일이 온다. 결국 세상이 내 편임을 믿는다면 그것도 믿자. 굳게 믿자.

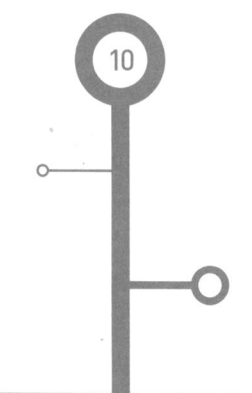

'나는 왜 행복하지 않은가'라는 질문을 멈추면 행복해진다

자살하는 사람들이 늘어난다. 우리나라 10대의 자살률은 교통사고 사망율보다도 높다고 한다. 이게 말이 되나. 그 빛나는 시절, 유월의 햇살 같은, 오후 강가의 은물결 같은 나이에 왜 그들은 죽으려 할까. 흘리지 않고 밥숟가락 뜨는 법, 젓가락 잡는 법을 배웠는데도 결국 살아내질 못한다. 직진은 그럭저럭 하는데 차선을 변경하거나 모퉁이를 돌지 못하는 운전처럼 변화와 적응 앞에서는 꼼짝 못한다. 낯선 사람들에게 다가가는 것도 못하고, 내 마음이 어떤지 그걸 어떻게 타인에게 전하는지도 몰라 한다. 그래서 외롭다 싶으면 차라리 더 외로운 길을 택해 버린다. 죽는 것보다 사는 게 쉽다고 말하는 이도 있고, 반면 사는 건 죽기보다 훨씬 어렵다는 이도 있다. 뭐가 맞는지는 아직 모른다. 아니, 아무리 어려워도 사는 게 낫다는 것은 안다.

오래전 난 죽고 싶진 않아도 별로 살고 싶지도 않다고 생각한 시절이 있었다. 아무 목표도 희망도 없던 그때, 내가 계속 삶을 살아냈던 이유는 단지 하나, 어머니가 내 사진을 영안실에서 보게 할 수는 없었기 때문이었다. 그렇게 가슴의 진한 소금기를 거두어 내던 시절을 뒤돌아보면 사람들은 참 나를 아프게 했다. 그들은 여전히 그 시절에 자신이 그 역할을 했는지조차 모르고 지금도 헛기침을 하고 있으리라. 그래도 난 다 겪어냈다. 취하고 토하고 그러다 꺼이꺼이 소리 내어 욕실에서 울어대 보며 그렇게 이겨냈다. 아무도 만나고 싶지 않은 날에는 그래도 옥상에 올라가 일부러 해도 보고, 일부러 걷기도 했다. 새벽 네 시 사찰 마당에서 행한 어둠 속에 그 어둠보다 짙은 적막감에 또 눈물이 나도 초하나 켜며 다 이겨냈다. 내 아픈 것 고달파 사랑하는 사람들에게 상처를 주는 그 마지막 일은 끝내 못하겠던데 왜 자꾸 서둘러 떠나가나. 왜 그리 이기적인가, 왜 그리 교만한가. 더는 못한다고, 더 나빠질 게 뻔하다고 말한 사람은 아무도 없었는데, 자신의 삶은 결코 나아지지 않을 거라고 자만, 교만, 거기에 오버를 더해대며 그렇게 자꾸 떠나는 평계들을 댄다.

그런데 이상한 건 결과적으로 그런 것들이 맞을 때가 있다. 절망하는 이들에게는 '거 봐!' 할 상황들을 자꾸 만들어 주신다. 주문처럼 입에 달고 살던 원망과 지주들을 이루어 주신다는 말이다. 들어주지 않으셔도 되는 그걸 들어주시는 건 야속하지만 내가 자꾸 하는 말들은 이상하게도 하늘이 끝내 들어주신다. 우리가 사는 동안 좋지 않은 일을 당하면서 '거 봐, 내 이럴 줄 알았어' 하는 게 그리 기쁠까. '내가 맞췄잖아!' 하면서 흐뭇해할까. 물론 아니다. 그런데 매일 원망하고 울고불고 난리치면서 날마다 기도를 해대면 그 말이, 그 믿음이 이뤄지도록 지친 하늘이 끝내 도와주신다. 그 기쁘지 않은 도움을 받으려면 간단하다. 오늘도 원망과 한탄을 계속하면 된다.

그들의 속은 모른 채 세상 사람들이 부러워하거나, 닮고 싶어 하는 삶을 사는 연예인들도 죽어간다. 오죽했으면 그랬을까만 살려고 아니, 죽지 않으려 그녀는 무엇을 해봤던 걸까. 대화할 사람이 없었다고 금쪽같은 아이들을 어찌 외면할 수 있었을까. 평생 안고 갈 아이들의 시린 가슴을, 아픈 심장을 용케도 외면했다.

이시형 박사는 오늘날 '묻지마 살인', 이유 없는 방화 같은 것들은 '세로토닌 결핍증후군'의 영향이 크다고 말한다. 이름하여 평안과 포용과 몰입력을 주는 뇌 호르몬인 세로토닌이 절대적으로 부족하여 이 모든 비극이 벌어지는 것이다. 중독성 있는 엔도르핀과는 아예 태생이 다른 그것이 바로 세로토닌이다. 세로토닌이 모자라서 자꾸 우리가 우울해 하고, 다투고, 남을 해한다는 것이다. 중독성이 강한 엔도르핀에 중독되면 관절의 고통을 느끼면서도 운동을 계속해야만 하고, 2002년 월드컵 때와 같은 강도의 환희가 아니면 세상이 재미없고 우울하게 느껴진다. 더욱더 자극적인 것을 추구하게 하고, 부족하면 우울해지는 엔도르핀과 달리 세로토닌은 늘 적당량을 조절할 수 있으며 우리를 평안하게 만들어 준다니 오늘날의 높은 자살률을 낮추는 데에 일등 공신이 되지 않을까.

긍정적 사고를 하라? 모든 책에서 말하지만 하고 싶지 않은 이가 누구인가. 그런데 별것 아닌 것 같은 그것이 마음대로 잘 안 된다. 더 이상 머리로 외우는 것은 어려울 듯하다. 시킨다고 시늉만 하는 것으로는 내

일도 별로 달라지지 않을 것 같다. 잘 안 될 때는 물리적인 과외 조치가 필요할 텐데 어떤 약물의 도움을 받기보다 조금만 신경 써서 일상을 조절하면 도움이 될 듯하다. 명상하며 자기 소리 듣기, 햇볕 쬐기, 마시기보다는 많이 씹기, 지금보다 세 배 걷기…. 하나도 어렵지 않은 이것들이 그 거창한 평안과 몰입을 가져다주는 세로토닌을 분비시킨다니 놀랍다.

가만히 보면 현대인이 잘 안 하는 것들을 하라는 것이지 싶다. 문명의 이기와 쏟아지는 정보 속에 내 맘 속, 진정한 내면의 소리를 들을 기회가 없어졌고, 사소한 주름과 기미, 피부암이 두렵다는 이유로 언젠가부터 우리는 태양을 멀리 하게 됐다. 우리가 오염시킨 그 햇빛이 우리를 공격할까 봐 숨기 시작한 것이다. 급해지기만 한 우리네 마음을 입도 닮았는지 씹는 음식보다 마시는 것들이 많아졌다. 온갖 곡물을 다 넣었으니 물만 부어 마시라고 유혹하는 것들 천지다. 편하고 부드러운 것에 익숙해진 치아는 약해져서, 이제 씹는 기능이 아닌 마시는 통로쯤으로 사용된다.

일상에서도 고민되고 갈등될 때, '어떡하지?' 하는 마음일 때 우린 누가 시키지 않아도 서성인다. 강의 중에도 교단을 오간다. 걷는 것이 집중력과 몰입력을 높여주는 줄 알았다면 하루 종일 책상머리에 앉아 천장을 처다보기보다 얼른 동네 한 바퀴를 돌았을 것이다. 그게 좋은 결론에 이르는 가장 빠른 길이라는 것을 미처 몰랐다.

한 세상 사는 데는 젓가락 사용법 말고도 알아야 할 게 참 많다. 그걸 하나하나 알아가는 게 결국 사는 것일지도 모른다. 살기 쉬워서가 아니라, 비록 더 어려울지라도 그것만큼은 반드시 해야 한다는 것을 깨달았으면 좋겠다. 우리 모두 그 정도는 아는 천재가 됐으면 좋겠다. 수험 공부는 아니지만 이 정도는 달달 외우고 살아도 좋을 것이다. '재능이 있는 자는 할 수 있는 걸 하지만, 천재들은 해야 할 것을 한다(Talent does what it can. But genius does what it must).'

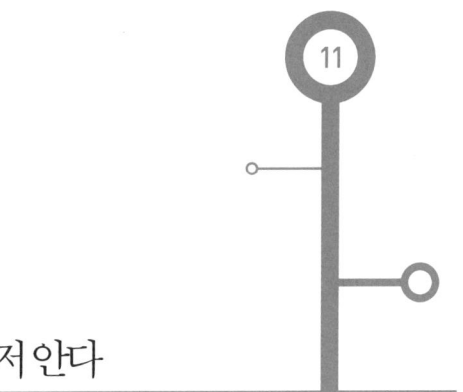

후회할 일은 몸이 먼저 안다

결혼하고서 한참이 지난 후 그 글을 보게 되었다. '하늘이 맺어 주시는 인생의 중요한 세 사람은 바로, 부모와 아이 그리고 배우자이다. 그중 유일하게 자신이 선택할 수 있는 이는 배우자뿐이다.' 그 말을 보는 순간, 뒷머리가 당겨 왔다. 불행하지 않은데도 머릿속이 하얘졌다. 부모와 자식은 우리가 고를 수 없지만 배우자는 유일하게 선택할 수 있다. 나는 그 선택에 얼마나 신중했는지 돌아보게 되었다. 그런데 결혼하고 나서 돌아봤으니 아무 의미가 없다. 이미 선택은 끝났는데 이제 와서 하나하나 꼼꼼히 따져본들 무슨 의미가 있을까.

선택 전 두 눈을 크게 뜨고 선택 후에는 한쪽 눈을 감아야 인생이 행복하다. 그걸 알면서도 시행착오를 늘 반복한다. 면접만 볼 수 있어도 감사하고, '뽑아만 주신다면 이 회사에 뼈를 묻겠습니다' 하며 당차게 외치던 사람이 3개월을 넘기지 못하고 불만분자가 되어 회사를 떠난다. 물론 당시의 각오는 대단했지만 조직이 맞지 않았거나 악재가 겹쳐 마음이 무너졌을 수도 있겠지. 그러나 자신의 과장된 교만이 아니고는 어떤 조직의 정서와 생리를 3개월 만에 간파해 내지는 못한다. 내가 일하기 시작한 것은 오늘이지만, 오늘에는 보이지 않는 그 회사의 과거가 모두 다 묻어 있는 것이다. 그것은 한 사람이 어느 날 며칠 근무하고서 '내가 보니까 말야' 하며 쉽게 단정 지을 수 있을 만큼 가볍지 않다. 그렇게 한 눈 감고 들어온 회사에서 갑자기 두 눈을 크게 뜨면 십중팔구 후회하기 마련이다.

연애도 마찬가지다. 처음엔 내가 그려 놓은 그림에 대충 맞기만 해도 천생연분 같아서 상대방에게 푹 빠진다. 그런데 그렇게 사랑이 무르익으면 어느 날 감았던 한쪽 눈을 마저 뜨며 '내가 눈이 멀었었지…' 한다. 그렇게 자꾸 한 쪽 눈을 늦게 뜬다. 그러면 후회할 일이 많아진다. 후회, 안 하면 참 좋을 그것. 후회할 것은 아예 만들지 않는 것이 최선이겠다. 내가 이 책에 애정이 조금만 덜하여도 그냥 '후회하지 않기의 베스트 10' 정도를 팁으로 주고 마무리하리라. 그러나 지금의 나는 그렇게는 못하겠다.

나는 후회가 많다. 오늘 대학원에 다녀오며 내가 후회하는 것들은 무엇인지 내내 내게 물었다. 그런데 이렇다 하게 떠오르는 것이 없었다. 그때마다 나를 정당화했기 때문인지도 모른다. 그러나 자정이 넘은 지금 후회가 하나 둘 늘어난다. 아이를 둔 강사가 지각하고서 '아이가 매달려서'라는 이유를 댔을 때, 나는 프로의식을 말했었다. 공과 사의 구분이 어쩌고 했던 것 같다. 그런데 내가 강아지를 키우면서, 출근길에 매달리는 강아지를 안아 주다가 지각한 어느 날 아침 그녀가 망령처럼 떠올랐다. 난 그녀에게 모질었던 나를 후회한다. 육아와 일을 병행하는 그녀의 힘을 빼놓았던 아침을 후회한다. '선영, 미안해' 하고 이제야 혼자 말한다.

내게 모질었던 어떤 이에게 어느 날 밤 취기에 썼던 감정적인 이메일도 후회한다. 그 이메일을 보내고서 한참이 지나고서야 그 시를 보았다 '나는 배웠다. 나에게도 분노할 권리는 있으나 타인에 대해 몰인정하고 잔인하게 대할 권리는 없음을. 내가 바라는 방식대로 나를 사랑해주지 않는다 해서 내 전부를 다해 사랑하지 않아도 좋다는 것이 아님을.' 이렇게 말하는 그 시가 또 내게 후회를 만들었다. 난 이내 나의 교만함을 후회했다. 내게 자격이 없는 것을 했다는 민망함에 꽤 오래 그의 얼굴을 대하는 것이 힘들었다.

가장 아프게 후회하는 것은 내가 이용당한 사실을 알았을 때다. 순진한 게 자랑도 아닌데, 난 내게 하는 말들을 다 믿는다. 언젠가 사주팔자를 보니 나는 온몸이 유리라 했다. 속이 다 보인다고 한다. 감추지 못하는 것 때문에 자신이 힘드니 그러지 말라고 했던 조언이 기억난다. 나는 말하는 게 전부라서 상대도 늘 그런 줄 안다. 그러고는 겁 없이 먼저 많이 준다. 감언이설에 속아서 내가 필요할 것 같은 자리의 광대 역을 기쁘게 지청한다. 그들의 얼굴은 보이지 않고, 나를 제대로 이용해 온 그의 진심은 안중에도 없이 그저 나로 인해 누군가가 행복하다면 그걸로 대만족이었다. 나는 나를 다룰 줄 아는 이들에게 늘 100퍼센트 당한다. 그리고 불쌍한 양 후회를 한다. 물론 주위엔 비웃음뿐이고 내가 나를 위로할 뿐이다. 호불호(好不好)가 강한 성격이라서 '호(好)'에만 속하면 그는 장땡이다. 물불 안 가리고 진심으로 다 준다. 그런데 그런 시작은 결국엔 그들이 나를 아프게 했던 기억이 삶의 갈피 갈피에 있다.

친동생처럼 여겼던 강사가 길 건너편에 사무실을 내는 것도 모른 채, 유학 간다는 말에 거창한 송별회를 열어 주고 여비까지 챙겨 주었다. 그러나 호주에 있어야 할 그녀는 우리 회사의 모든 교육 자료와 정보를 통째로 가져가 우리 회사 길 건너편에 사무실을 냈다. 그녀도 내가 '호(好)' 쪽에 두었던 사람이다. '불가원 불가근(不可遠 不可近)'이라 했던가. 너무 가깝지도 멀지도 말라 했다. 그런데 사람에 휘둘리는 강한 호불호는 후회할 일을 참 많이도 만들어 댔다.

동기가 좋고, 나만 당당하다면 후회할 것도 없다는 말도 분명히 맞다. 그런데 후회할 일을 아예 시작하지 않은 것이 우선 필요하다. 후회할 것을 겁내어 시작하지 않았다가 잃게 되는 것들이 아깝기는 하지만 세상을 겁낼 줄 알아야 하고, 사람을 무서워할 줄도 알아야 한다. 절대 세상은 내 맘 같지 않다. 세상은 결코 나와 같지 않다는 걸 명심하고 살 일이다. 그래야 후회가 적어지는 것 같다. 자신을 제대로 파악한다면 내비게이션이 찾아주는 지름길 이상으로 편안하게 삶의 무게를 낮출 수 있다. 제대로 알지 못한 것들은 꼭 후회로 돌아온다. 나중에 자신의 머리를 치며 후회할 그 긴 시간을 생각하면 뭘 하기 전에 미리 시간을 좀 더 가져보며 천천히 가는 것이 현명할 듯하다.

무리하는 것들에도 후회가 따라온다. 그런데 번잡한 생각들이 꽉 차 있으면 내면의 소리를 들을 수가 없어서 마치 매우 신중하였던 듯 기억하지만 결국 무리하게 되고, 그러면 후회할 일이 또 생긴다. 머피의 법칙을 말하던 초프라 박사가 이미 말했다. 우리가 나쁜 일을 할 때 몸이 이미 신호를 보내온다고. 그래서 남의 물건을 탐하거나 커닝을 할 때 가슴이 뛰는 것이라고 말이다. 거짓말할 때 코에 땀이 나고 상대를 바라보지 못하게 되는 것들 모두가, 이미 몸이 나에게 '하지 말라'는 경고를 보내는 것이다. 그런데 우린 그걸 수시로 무시한다. 나중에 후회하게 될 일을 시작할 때에도 내 몸은 그 고마운 신호를 보내올 것이다.

그런데 사방 시끄러운 소음 속에 있거나, 마음속에서 옳은 것보다 더 많은 자기 욕심들이 마구 외쳐대고 있으면 그 소리 역시 듣지 못하게 된다. 그 소리를 잘 들을 수 있게 마음과 머리를 비우는 것이 필요하다. 아무리 똑똑한 사람이라도 후회할 일과, 후회하지 않을 일들을 완벽하게 구분할 수는 없다. 물론 생각을 안 하는 것보다 하는 게 낫고, 검토를 하는 것이 그렇지 않은 것보다 조금은 더 만족스러운 결과를 만들 것이다. 그러나 우선 두 눈을 크게 떠야 한다. 조용하게 시작해야 한다. 잘못 들어 선 길을 속도 내어 가면 돌아오기가 더 어려울 뿐이다. 천천히, 그리고 조용히 시작한다면 세상도 보이고, 사람도 보이고, 그러면 후회할 일을 지금보다 조금은 줄일 수 있을 것이다.

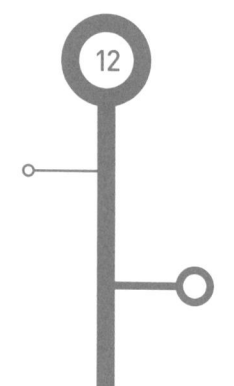

관심이 있으면
보이지 않았던 것이 보인다

그를 처음 보았을 때 아주 교만한 사람 아니면 차가운 사람이라고 느꼈다. 누구와 눈을 잘 마주치지도 않았고 어쩌다 하는 말도 극히 짧았다. 그런데 어느 날 그가 담담하게 말했다.

"나도 나 자신에게 상처를 주는데, 남이 내게 주는 상처는 상처로 치지도 않는다."

그의 가슴 속 깊은 곳 상처를 엿보게 된 기분이었다. 휴대전화용 이어폰이 있느냐고 물으니 귀찮아서 그런 거 안 한다고 말한다. 게장도 먹기 귀찮아서 싫고, 껍질을 벗겨야 하는 포도도 귀찮은 과일이라고 한다. 사는 내내 마음 고통이 많았던 그는 포도 껍질을 기쁘게 벗길 기운도 남아 있지 않았다. 그런 그는 이미 아픔에 대한 내성이 충분히 생겨 웬만한 건 아프지도 않다고 했다. 아프다고 지금 소리치는 사람은 아직 덜 아파 본 거라는 말에 내 고통들은 엄살이 되었다. 아프지 않은 게 아니라 아픔을 느끼는 자신을 확인하는 자체가 너무 아파서 아픔을 외면하는 그를 세상은 차갑다고 한다. 죽는 날까지 최소한의 것만을 가지고, 가볍게 살고 싶다고 한다. 그렇게 바라는 이유는 고통 때문인데, 누가 그에게 나태함이나 교만함을 말할 수 있을까.

또 한 사람이 떠오른다. 그는 그의 자리만큼이나 멋진 이미지의 대기업 CEO다. 권위적이지 않은 그의 여유를 강의의 소재로 쓰던 시절도 있었다. 리더들에게 리더의 여유와 포용을 말할 때 그를 언급하곤 했다. 그런데 세월이 지나다 보니 신문에도 대서특필될 재력을 갖고도 누구에게 선뜻 기분 좋게 술 한 잔 사는 법이 없었다. 일생 받는 것에 익숙한 그의 모습을 보며 도대체 어떻게 하면 그 야박함을 개선할 수 있을지 아득하기만 하다. 그가 그것마저 갖추면 너무 완벽하여 일부러 그러는 거였으면 좋겠다. 보이는 대로 믿기도 겁이 나는 세상이다. 내가 기운이 빠질 때, 일부러 이런저런 일을 만들어 분주히 지내니 사람들이 말한다. 어쩜 그렇게 열심히 사느냐고. 나는 속으로만 대답했다. 꾸역꾸역 살아야 할 이유들을 애써 만드는 것이라고 말이다.

가엾은 장면을 외면하는 이들이 있다. 중증 고통으로 울부짖는 아픈 아이, 형편없는 환경에서조차 버려진 아이가 나오는 프로그램을 보고 있으면 나른 데 틀라고 소리치는 사람은 정녕 정이 없고 차가운 걸까. 아예 그런 장면을 볼 수도 없는 그들이 더 약하고 여린 것 아닐까. 눈물 흘리며 가슴 아파하면서도 끝까지 지켜보는 사람이 더 강하거나 잔인한 것 아닐까.

야생에 풀어 키우는 닭들이 있다. 그들은 주인만 따르고, 다른 사람은 절대 따라가지 않는다. 주인의 존재를 후각으로 기억하며, 항상 '아빠'를 졸졸 따라다닌다. 시청률을 의식한 텔레비전은 그들의 모습을 미담처럼 전한다. 아빠를 따라 몰려다니는 그 닭들을 배경으로 아빠는 취재 온 기자에게 얼마나 맛있는 줄 아느냐면서 점심 먹고 가라고 권한다. 그리고 음식을 마련하려고 어린 닭을 쫓아간다. 어리디어린 닭은 '나를 그토록 사랑하던 아빠가 왜 이러지?' 하는 어리둥절한 표정을 지으며 제대로 도망치지도 못한다. 이 장면을 뭐라 해석해야 하나. 뭐가 맞는 걸까. '사람은 가끔 마음을 주지만 소는 언제나 전부를 바친다'는 〈워낭소리〉를 보면서 엉엉 울어놓고는 저녁 식사에 아무렇지도 않게 등심을 먹는다. 끔찍해서 흉내 내고 싶지 않다.

내가 닮고 싶어 하는 여성 CEO가 있다. 세상에 대한 그녀의 시선이 가장 부러운 점이다. 그녀는 보통 사람들이 놓치는 일들에 관심을 쏟고, 왜곡해서 받아들일 만한 것들을 남과 다른 시각으로 해석한다. 한번은 이런 일이 있었다고 한다. 외국에서 열린 어느 파티에서 남편 가까이에 앉은 외국 여성이 시선을 고정한 채 미소 띤 얼굴로 고개를 끄덕이며 남편의 말을 듣고 있는 모습을 보았다. 그 말을 듣는 순간 나는 '저런' 하며 인상을 썼다. 썩 유쾌한 그림이 아니었기 때문이다. 누가 내 남편에게 그러고 있는 모습을 보면 기분이 상하지 않을 사람은 별로 없을 것이다. 그런데 그녀는 조금 다르게 생각했다.

"그녀의 모습을 보면서, '이야기를 저렇게 들어주면 남자가 얼마나 말하는 게 편안하고 기분 좋을까'라는 생각이 들었어요."

나로서는 참으로 의아한 결론이었다. 여러 번 느낀 것이지만 세상일이나 사람의 처세에 대해 그녀가 내리는 해석은 늘 남다른 면이 있다.

나는 그런 그녀를 닮고 싶다. 세상은 이렇게 어느 면을 보느냐에 따라 참 많이 다르다.

'좋은 게 좋은 거다'라는 말을 흔히 한다. 얼핏 좋은 뜻으로 들리지만 경우에 따라서는 참 지저분해질 수도 있는 말이다. 이 말의 반대말은? '아닌 건 아닌 거다' 정도가 아닐까? 목에 칼이 들어와도 아닌 건 아니라고 말하는 이가 참으로 아쉬운 시대다. 둘러봐도 도통 볼 수가 없다. 그냥 좋은 게 좋은 거라고, 조금 더 편하게 챙길 것 챙기자고 질끈 한 눈 감는 이들만 많이 보인다. 그렇게 하지 않아도 살 만한 사람들이 더 심하게 그럴 때는 정말 기운이 빠진다. 그들마저 그런다면, 더 힘들게 세상을 사는 대부분의 사람들은 어쩌란 말인가.

누구를 향하여 '다중인격자'라고 흉을 보는데 옆에서 듣던 내가 나도 비슷한 면이 많다고 했더니, 나는 어디까지나 '멀티 캐릭터'일 뿐이라 한다. 그 두 가지의 차이가 뭐냐고 다시 물으니 그건 '땅굴'과 '터널'의 차이 같은 거라 한다. 뭐라 받아칠 말이 궁하여 그냥 웃었다. 같은 걸 두고도 사람들의 해석은 아주 다르다. 그런데 가만 생각하면 같은 것으로 평가하고 시작하는 것이 아니다. 이미 출발이 다르다. 현재는 같지만, 과거가 다르고 미래가 다르다.

아이를 갖지 못하는 불임 환자들은 1,000여만 원이 넘는 돈을 들여 인공 수정이나 시험관 아기에 도전해야 한다. 그들은 외면한 채 세계 최하위의 출산율 국가인 우리나라에서는 아기를 낳으면 출산 장려금을 준다. '낳을 때까지는 알아서 하라'는 것인가. 아이를 낳고 싶어도 낳지 못하는 이들에게 이런 정책은 괜한 생색내기이고, '눈 가리고 아웅'일 뿐이다. 그들의 앞뒤 다름은 얼마나 연습해야 적응이 될까? 좋은 학교 나오고 선진 사례 경험도 풍부한 사람들이 그토록 많은데도 모두가 잘사는 세상은 왜 그토록 멀게만 보이는 걸까? 좋은 에너지는 박사학위 받는 데 다 써버려 머릿속에 남은 게 별로 없는 걸까. 나 같은 문외한도 한숨을 쉬다 쉬다 뒤로 넘어갈 판인데 그들이 모른다.

이게 다 애정이 없어서다. 애정이 없으면 보이는 게 없고, 보이지 않으니 몇 걸음 안 가서 엎어지기 십상이다. 더구나 엎어지고는 남을 탓하는 게 일상이다. 창피한 줄도 모르고 크게 떠든다. 세상의 기준이라는 것들이 혼란스러워지는 밤이다. 그러나 이 혼란조차 내가 더 지혜로워질 수 있도록 세상이 준 기회라고 해석하면 사람들을 조금 더 껴안을 수 있다. 아니, 안지 못할 사람들이 없다. 내일 아침 내가 할 일을 밤사이 찾아본다. 그렇게 오늘 밤도 나는 바쁘다.

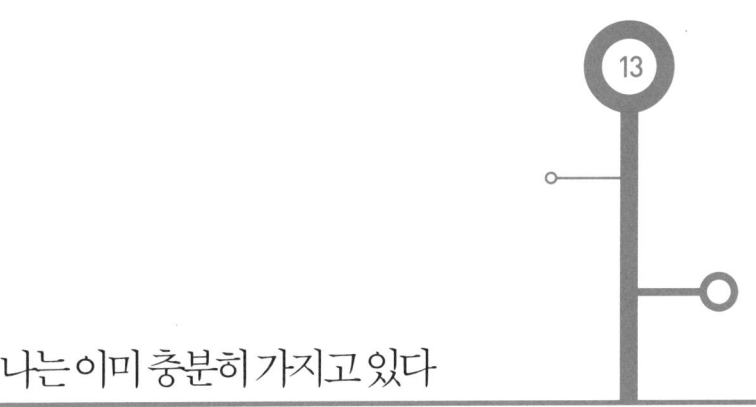

나는 이미 충분히 가지고 있다

　이규열 (37세), 5남매의 아빠. 아내가 떠난 홀아비. 그는 신문을 돌리면서도 뛴다. 7년 동안 새벽 세 시면 일어나 신문을 돌리지만 그의 한 달 급여는 기껏 19만 원이다. 그래도 떠나지 못한다. 시각 장애인을 써주는 유일한 곳이기 때문이다. 돈만큼 아까운 것이 시간이기에 다들 잠든 그 새벽 빈 거리를 그는 뛴다. 그 바쁜 와중에도 아파트 호수가 적힌 문패 앞에 매번 눈을 들이밀어야 한다. 아무리 가까이 눈을 대봐도 잘 보이지 않는데. 눈동자가 흔들리는 안구진탕 장애가 있기 때문이다. 그래서 배달사고도 자주 일어난다. 이러다가는 이 직장에서조차 잘릴까봐 걱정이 이만저만이 아니다. 빗속을 달리다가도 정해진 시간이 되면 집에 전화를 건다. 아이들의 등교 시간을 챙기는 것이다. 좀 일찍 나온 새벽이면 기다릴 아이들을 떠올리며 그 침침한 눈으로 오토바이를 타고 집으로 달린다. 서둘러 달려온 집에서 막내는 구멍 난 운동화를 내민다. 당장 사줄 수 있는 형편이 안 되니 못 알아듣는 척하며 양말 하나 더 챙기라는 말로 무너지는 가슴을 쓸어내린다.

중학교 중퇴 후, 일용직을 전전하며 5남매를 키웠다. 이 아이들을 남기고 7년 전 집 나간 아내를 그는 미워하거나 원망하지 않는다. 오히려 다 자기가 잘못해서 떠난 거라며 아내에게 미안한 마음을 전한다. 이런 상황에서 가족을 떠난 사람에게 미안한 마음을 갖는 다는 게 말처럼 쉬울까. 누구나 힘들면 남을 탓하고 원망하기 일쑤인데 그는 달라도 한참 다르다. 그런 그이기에 오늘도 흐린 눈으로 아이들을 바라보며 해맑은 웃음을 지어 보인다. 그가 겪었던 지독한 가난과 부정(父情)에 대한 한이 그의 마음 속에서 사랑으로 바뀌어 아이들에게 전해진다. 흔들리는 눈동자 때문일까. 난 그의 얼굴을 보면, 흔들려서 더 빛나는 그 눈동자 때문에 마음이 아린다. 그런데 그리 슬퍼할 일만은 아니다. 아이들이 등교 전 30분 동안 아빠를 도와 신문을 돌리는 날이 있다. 마지못해서 하는 것이 아니다. 아빠와 함께한 날은 기분이 뿌듯하다며 활기찬 모습으로 아빠와 함께 하는 일을 즐긴다. 그 아이들 때문에 규열 씨는 오늘도 새벽 빗속을 달린다.

그렇게 바쁘게 뛰는 하루 중에 수없이 걸려오는 빚 독촉 전화는 그를 가만두지 않는다. 기술 없이 시작한 중국집에 전 재산을 날리지 않았더라면, 어머니께 의치를 해 드린다며 빚을 더 늘리지 않았더라면 좋았겠다. 그의 고단한 일상에 빚 독촉은 지독한 소금기이다. 그래도 두 살 때 엄마가 떠난, 초등학생 막내 재민에게 그는 아직도 '까꿍'과 '뽀뽀'로 얼굴을 들이밀며 아내의 빈자리를 채우려고 노력한다. 아이들이 자랄

수록 해줄 것은 더 많아지는데, 다 해주고 싶었는데 그 꿈이 그에게서 점점 멀어진다.

17만 원 방세는 석 달째 밀렸고, 먹성 좋은 아이들은 빈 쌀독 바닥을 긁어댄다. 빈 쌀독을 옆에 두고 규열 씨는 라면으로 한 끼를 때운다. 재민이 안경이 제일 급한데, 셋째의 학교 준비물인 찰흙도 사야 하는데, 아빠는 차마 돈이 없다는 말은 못한다. 이 대목쯤 와서는 그를 지켜보는 게 고통이었다. 만약 내 강아지가 아픈데 병원에 데려갈 돈이 없다는 생각만 해도 그 가슴을 짐작할 터인데 그의 고통은 오죽하겠나. 죽어도 안 떨어지는 입으로 간신히 가불을 하고, 외상 쌀로 쌀독을 채우고, 집주인에게 빌며 월세를 연기하자마자 또 걸려온 빚 독촉 전화에는 그도 숨이 막혀 주저앉는다.

나약한 나는 그 정도면 아마 벌써 죽었을지도 모른다. 그가 만약 아이들의 존재를 잊으려고 세상이 온통 흔들리도록 술을 마신다고 해도 그리 큰 죄가 아닐 것 같다. 그런데 그는 다르다. 게임에 빠져 있는 아이들을 혼내고 나서 "네가 미운 게 아냐, 게임 많이 하면 네 눈이 점점 나빠져서 그래. 아빠가 너 사랑하는 거 알지?" 하며 혼 낸 아이를 끌어안는다. 비록 밥 대신 라면을 먹는 날이 많아도 아이들은 그 사랑으로 맑은 웃음을 잃지 않고 한 뼘씩 자란다.

여기저기 내민 얼굴 이력서 덕에 간신히 일자리 하나를 더 구했다. 세 시간 파트타임으로 일하게 된 중국집에서 하루 종일 양파를 까느라 그렇지 않아도 아픈 눈에 눈물이 맺힌다. 그런데 아이들 앞으로 돌아온 그는 언제 그랬느냐는 듯 해맑게 웃는다. 벼르다, 미루다 1년 만에 막내에게 안경을 해주는 날, 최고 기쁜 날이라며 활짝 웃는 규열 씨네. 그 쪼

들린 살림에도 촛불이 켜진 케이크로 생일을 축하하며 아이에게 추억을 만들어 준다. 그러고도 주는 사랑이 너무 작다며 뒤돌아 또 운다. 그렇게 울다 잠든 다음 날 새벽, 그는 잠든 5남매의 이불을 챙겨주고는 또 새벽을 향해 세상으로 뛰어나간다. 슈퍼맨 아빠는 그렇게 혼자서 날마다 새벽을 연다. 어제 죽은 이가 그토록 그리던 내일이라는 오늘을 그는 실감 나게 또 달린다.

그런 그를 보며 내 가슴도 그의 발걸음 소리만큼 둔탁하게 뛴다. 이제 곧 그의 주소를 알아내어 매달 얼마의 후원금을 보내겠지. 그리고는 내가 세상에 돌려준 작은 위안으로 아무렇지 않게 당당하게 살려나. 아니, 나는 그를 보며 내 나약함이 부끄러워 우선 그 앞에 속죄하고 싶었다. 내가 가진 사회적 이름이나, 물질적인 누림이 아니고도 내가 가진 사치스러운 마음이 죄스러웠다.

당연히 세상엔 규열 씨만큼, 아니 그보다 더 힘든 이들이 또 많이 있다. 그럼에도 그들은 이토록 악착같이 그 처절함을 극복해 내고 있건만 가방 줄 조금 더 길고, 세상의 자잘한 것들을 조금 더 가졌다는 나는 오늘도 그의 천분의 일도 안 되는 일에 낙담하고, 아이들의 소리 죽인 요청보다 훨씬 작은 요구들에 화를 내고, 내 탓이 아닌 것들이 내게 돌아옴에 흥분하며 변명하고는, 감히 세상이 힘들다고 내 입으로 말했었다. 이런 내 모습은, 속죄를 비는 것은 당연하여도 용서를 기대하기는 어려운 교만이다.

그 장애에도 빛나는 눈을 가질 수 있는데, 기껏 나는 사십 중반에 온 노안에 우울해하며 흰 머리를 감추려고 염색하는 데 귀한 시간을 할애한다. 내가 그보다 무엇이 나아서 이만큼을 더 누리고 있나. 어찌 계산해야 그것이 당연할 수 있을까. 아무리 여러 번 계산해 봐도 내 계산법으로 절대 답이 나오지 않는다. 아마도 세상이 내게 원하는 것은 어렵게 계산하여 답을 찾는 것이 아니라 그냥 규열 씨를 보며 조금은 닮아 보라고, 그저 흉내라도 좋으니 오늘 하루 조금 더 자신을 낮추어 감사해 보라는 것 같다. 그에게 경의를 표하고 나니 내가 지금 가진 것들은 분에 넘치게 충분하다.

세상을 내편으로 만드는 삶의 기술

Chapter Five

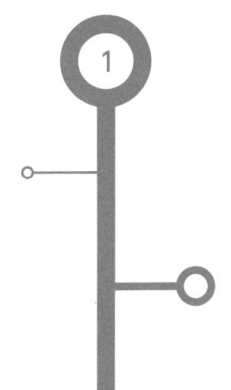

10분 말하려면
먼저 50분 들어라

'아무도 없는 산속에서 쓰러지는 나무는 소리가 날까?'

커뮤니케이션의 문제점을 지적할 때 자주 나오는 질문이다. 당신은 뭐라고 대답할 것인가? 답은 소리가 나지 않는다는 것이다. 음파야 당연히 발생한다. 하지만 아무도 듣는 사람이 없다면 소리가 나지 않은 것과 같다.

아무리 크게 말해도 상대가 제대로 듣지 못한다면 소용이 없건만 우리는 말의 비중과 횟수를 늘린다. 같은 언어를 사용하는데도 서로 그 뜻을 이해하지 못해 소모되는 시간은 짐작보다 훨씬 길다. 강력히 했던 말을 또다시 해야 하고, 걱정되어 필요 이상 다시 확인해야 하고, 정정하여 연락하고, 다 끝나가는 서류를 완전히 다시 고쳐야 하는 경우들이 비일비재하다.

기업들은 커뮤니케이션을 '혈액순환'이나 '피돌기'에 비유하며 조직의 건강을 챙기고 있다. 처음에는 약간 불편해도 대수롭지 않게 여기고 지나가지만, 쌓이고 쌓여 어느 순간 갑자기 한 곳이 꽉 막혀 순환이 안 될 때는 치료하는 데 너무 많은 시간과 비용이 든다. 심한 경우에는 회복할 수 없는 사태가 빚어지기도 한다.

어느 학자의 말처럼, 우리가 공룡을 안다고 하지만 실제로는 공룡의 형상만 어렴풋이 알고 있듯이 커뮤니케이션도 그렇다. 그 중요성은 익히 알고 있지만 막상 어떻게 해야 커뮤니케이션을 잘할 수 있을지는 모두 막연한 것이 현실이다. 말이 잘 안 통해서 답답하고 짜증 나는 경험을 수없이 반복하면서도 어떻게 해야 할지 생각처럼 쉽지 않은 게 바로 원활한 커뮤니케이션이기 때문이다. 말하는 내가 문제인데도 끝내 듣는 상대만 탓하는 경우도 많다.

원활한 의사소통의 지름길은 우선, 서로 의사소통에 대한 기대와 그것을 이해하는 방식이 다르다는 사실을 인정하는 것이다. 상대방은 나와 성장 배경이 다르기에 신념과 감정 상태, 생각의 기준, 준거의 틀(frame of reference)도 나와 다를 수밖에 없다. 그러므로 내가 말한 A를 B라고 파악할 수도 있음을 당연하게 받아들여야 한다. 또 상대는 현재 자신이 가진 욕구와 감정 상태에 따라 상황을 판단하고 있음을 잊어서는 안 된다. 예컨대 화장실이 급한 직원에게 상세한 지시와 설명이 도움될 리 만무하다. 또 상대가 지금 머릿속이 완전히 뒤엉켜 있는 상태라면 누군가의 말을 듣는 일 자체가 힘들 수밖에 없다. 우선, 이런 사실을 인정할 때 커뮤니케이션이 좀 더 순조롭게 시작될 수 있다.

그리고 커뮤니케이션은 결코 언어적 요소로만 결정되는 것이 아니다. 비언어적 요소들, 즉 표정과 시선, 복장, 자세, 제스처 등이 더 중요한 해석기준이 되기도 한다. 내가 아무리 칭찬의 말을 쏟아낸다 해도 상대는 오히려 나의 표정이나 자세를 눈여겨보는 경우도 많다. 그뿐만 아니라 신체적 접촉이나 공간적 거리 역시 의사소통에서 매우 중요한 요소다.

원활한 의사소통을 위해서는 무엇보다 정확하게 말해야 한다. 회사에서 관리자가 부하직원과 커뮤니케이션할 때는 정확한 기준과 데드라인을 제시함으로써 부하직원의 업무에 도움이 되도록 해주는 것이 필요하다. 예를 들어 '그 일을 빨리 끝냈으면 좋겠어요'라고 말하는 것보다는 '화요일 오후 2시까지 A안 처리가 끝나길 기대합니다'라고 표현하는 것이 훨씬 명확하다. 마음 좋은 상사들이 오히려 결국에는 직원을 괴롭게 만드는 이유가 이것이다.

마지막으로 덧붙이고 싶은 것은 늘 강조되듯이 20퍼센트만 말하고 80퍼센트는 듣는 데 할애하라는 것이다. 많은 리더들이 직원과 대화하면서 듣기보다는 말하는 데 치중한다. 직원들은 그 시간을 과연 즐거워할까. 처음에는 익숙하지 않아서 답답하더라도 그들의 심정에 주의를 기울이며 그들이 입을 열 때까지 기다려야 한다. 말을 하기에 앞서 먼저 말을 듣고 감정을 받아주어야 한다. 그들이 말하지 않는다고 자신의 말을 이해하거나 수용한 것으로 생각하면 큰 오산이다. 그들이 말할 때까지 기다려야 하고, 물어야 하고, 다시 들어야 한다. 과연 나는 얼마나 잘 들으려 하는가. 바빠서, 시간이 없어서, 답답해서 어느새 또 입을 열고 있지는 않은가.

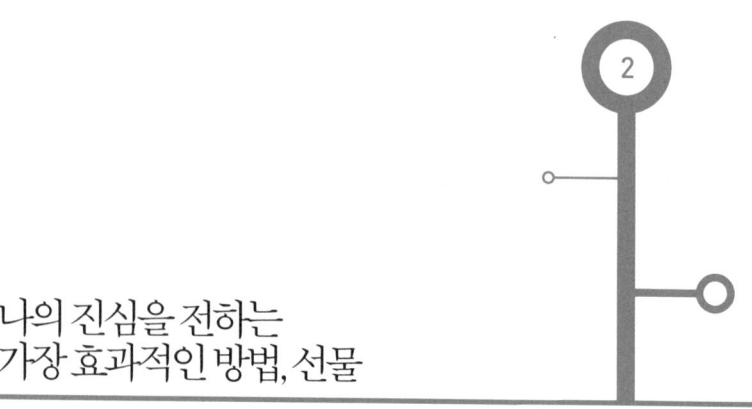

나의 진심을 전하는
가장 효과적인 방법, 선물

　몇 해 전 처음으로 강아지를 키우게 되었을 때 우리 회사 뉴스레터 인사말에 그 이야기를 언급하며 가족의 소중함에 대해 쓴 적이 있었다. 그런데 며칠 뒤 연세 높으신 어느 CEO가 보내 주신 택배 상자를 열다가 입을 다물지 못했다. 사료와 간식, 밥그릇, 빗, 귀와 눈 청소용품, 심지어 용변 매트까지 강아지에게 필요한 것이 고루 담겨 있었다. 그제서야 며칠 전 견종이 뭐냐고 물었던 이유를 알았다. 그분은 그 이전에나 이후에나 내 생일과 명절을 챙겨 준 적이 없다. 하지만 누가 내게 가장 소중한 선물을 묻는다면 단연 그분의 선물을 꼽을 것이다. 그는 바로 동아제분의 이희상 회장이다. 나와 아무 이해관계도 없지만 언제고 그 회사가 필요로 하는 일이라면 만사 제쳐놓고 우선 하게 될 것이다.

　선물을 할 때 중요한 것은 상대가 가장 심취해 있는 것, 가장 기뻐할

만한 것을 찾으려는 노력이다. 그런 노력이 느껴지면 상대방은 감동을 받는다.

그런가 하면 아주 귀여운 선물도 떠오른다. 나는 예전에 병원에서 일 중독증 판정을 받은 적이 있다. 그런 내 사정을 잘 알던 선배가 보내준 건 달팽이였다. 진짜 달팽이는 아니지만 커다란 나무 그늘에 달팽이 한 마리가 앉아 있는 작은 크리스털 제품이었다. '천천히 일하라'는 카드 문구는 없었지만 그가 전하는 메시지가 강하게 다가왔다. 장안에 소문 난 그의 리더십이 이처럼 '상대에게 맞는 커뮤니케이션을 그때그때 할 줄 아는 능력 때문은 아닐까' 하는 생각이 들었다.

이언그룹 김종철 사장은 그의 자주색 펜이 참 예쁘다는 내 말을 듣고 언제 하나 사주겠다고 약속했다. 그 후 얼마 지나지 않아 계속 찾아봤는데 파는 곳이 없다면서, 자신이 쓰던 펜이지만 괜찮다면 받아달라며 자주색 펜을 내밀었다. 그가 내게 준 것은 펜 한 자루가 아니라 바로 '약속'이었다.

얼마 전 지방으로 이사하며 그만두는 여직원이 마지막 인사를 하며 내게 작은 상자 하나를 내밀었다. '뭘 드리고 싶은데, 여유가 없어서 좋은 선물 못해 드려 죄송해요' 하며 멋쩍게 웃는 직원의 미소가 고왔다. 상자를 여니 캔디가 잔뜩 들어 있었는데 군데군데 쪽지가 보였다. 하나를 펴니 '작년 워크숍 때 먹은 황태구이 참 맛있어요'라고 적혀 있었고, 또 하나를 여니 '제 면접 때 입으셨던 베이지색 원피스는 이제 왜 안 입으세요?'라고 쓰여 있었다. 그리고 또 하나는 '저 속상한 일 있었을 때 말없이 결근한 거 죄송했어요'라고 적혀 있었다. 그렇게 쓴 메모 쪽지가 총 열다섯 개 들어 있었다. 우연인지 모르지만 그녀가 근무했던 15

개월과 일치했다. 그날 긴 이야기는 나누지 못했지만 그 안에 지난 시간이 다 담겨 있었다. 그리 오래 근무하지 않아 속상하던 마음 한구석이 녹아내렸다. '이거면 됐다' 싶었다. 그녀의 작은 정성 덕분에 격무로 식어가던 내 열정이 되살아나는 듯했다. 선물에 담긴 그녀의 마음을 받았기 때문일 것이다. 식욕도 없고 의욕도 떨어지는 지친 일상에 힘을 주는 격려와 위로의 한 마디는 비싼 선물이 아니라도 우리에게 감동을 준다.

그런데 그 말 한 마디가 때로는 어색하고 때로는 기회를 놓친다. 사실 칭찬이나 위로를 한다는 자체가 어려운 것이 아니라 적절한 시기나 양을 맞추는 것이 어렵다. 그럴 때 조금만 고민하면 커뮤니케이션의 효과적인 방법 중의 하나가 선물이다. 선물은 명절 전유물이 아니다. 신호에 걸려 서 있는 차창으로 교통경찰에게 건네는 껌 하나, 청소 아주머니에게 살짝 쥐여 드리는 음료수 한 병, 이 모두가 짧고도 강력한 커뮤니케이션 도구이다. 흔한 이야기처럼 선물은 결코 비싼 것이어야 상대가 기뻐하는 것은 아니다. 단지 우리는 그 고민의 시간을 생략하는 대가로 때로 고가를 택하는 것인지도 모른다. 내가 아들처럼 아끼는 상권이가 내 화장품 색의 번호를 몰래 보고 기억해 두었다가 내 생일에 파운데이션 화장품 하나를 건넨다. 그 선물에 내가 행복해하는 이유는 공짜여서가 아니라 나에 대한 관심 때문이다.

건조한 용건으로 전화하더라도 상대의 음성이 우울하면 유머로 대화를 시작해 주던 김종욱 회장님. 우리투자증권의 회장이었던 그가 설마 퇴임할 즈음에야 그걸 시작했을까. 이미 오래전부터 상대에 대한 관심이 자연스럽게 몸에 배어 있기에 그런 세련된 방식으로 대화할 수 있으리라. 남들은 귀찮은 듯 치우는 만 원짜리 책 선물 하나를 받아도 손수 전화를 주시는 그의 겸손함에 늘 감동을 받는다. 최경주 선수가 주로 팬들에게 선물한다는 장갑은 새것이 아니다. 연습할 때 사용하던, 낡고 낡아 더 이상 쓸 수 없게 된 장갑이다. 거기에 사인을 해서 팬들에게 준다고 한다. 최경주 선수가 노력했던 시간의 흔적이기에 팬들은 감격할 수밖에 없다.

그런데 하나 언급하고 싶은 것은 우리는 우리 자신에게 너무 선물을 하지 않는다는 사실이다. 힘든 일을 끝내면 머리핀 하나든, 500cc 생맥주든 자신에게 선물하자. 내가 가끔 쓰는 방법이지만, 자신의 머리라도 쓰다듬어 주자. '참 잘했어요' 도장을 받던 초등학교 때의 그 기쁨을 자신에게 주자. 그렇게 자신이 자신을 응원해 주는 것이 세상 그 누구의 선물보다 큰 힘이 될 때가 있다. 지금처럼 사는 게 맞다고, 그냥 지금처럼 하면 된다고 말이다. 그 믿음을 스스로에게 선물할 수 있다면, 그 누구에게도 선물을 받지 못한다 해도 우리의 삶은 더욱 빛날 것이다.

그런가 하면 윤리경영을 빙자하여 사랑과 감사를 전하는 모든 선물을 금지하는 것은 그만큼 우리는 오염도가 높고 직원들의 판단력과 대처능력이 나약한 조직이라고 고백하는 것과 같다. 선물을 거절해야 하는 순간은 선물을 받을 때보다 더 많은 현명함을 요구한다. 어느 그룹과 함께 연간 진행할 프로젝트가 계약되던 날, 나는 앞으로 잘 협력해 나가자는 메시지와 함께 화분 하나를 선물했었다. 그런데 그날로 화분을 돌려보내는 것도 부족하여 나도 아닌 직원에게 남긴 메시지가 걸작이다. '우리 회사 일을 하실 분이 우리 회사가 윤리 경영하는 것도 모르시냐고 전해주세요. 우린 선물을 받지 않습니다.' 임원은 대리에게 자기 대신 전화를 하라고 했고, 대리는 내가 불편하니 우리 회사 평직원에게 사실만 건조하게 전달했다. 그래서 오해가 증폭되었다.

그 후 나의 폭격이 시작되었다. 감성 경영을 표방하는 조직의 후방 지원부서가 이 수준이니 갈 길이 험하다는 것으로 말문을 열었다. 이럴 때는 부서 임원이 직접 방문하거나 전화를 걸어서 호의에 대한 감사의 말을 우선 전하고, 의도가 왜곡된 것은 아니지만 직원들이 오해할 수 있기에 받을 수 없다는 사실을 제대로 전할 줄 알아야 한다고 지적했다. 정말이다. 아랫사람들 때문에 영문도 모르는 상사가 욕먹는 일이 생각보다 많다.

퇴계 이황 선생은 고기와 필묵이 선물로 들어오면 고기는 돌려보내되 필묵은 받았다고 한다. 주자가 비단과 돈 선물이 올 때, 비단만 받고 돈은 돌려보낸 사례를 들면서 선물을 가벼이 거절하면 절교가 되기에, 작은 것으로 마음을 받고 큰 것은 돌려보내 상대가 자신을 스스로 돌아보게 한다는 것이다.

그와 비슷한 이가 있다. 서울보증보험의 정기홍 전 사장은 모든 선물을 기쁘게, 감사히 받는다. 그리고는 그 선물들 중 마음의 부담이 되는 것 순으로 구청에 기탁하여 어려운 이들에게 나누어 준다. 그런 속내를 모르는 사람들은 그를 무엇이든 잘 받기만 하는 사람으로 기억할지 모른다. 그러나 알고 보면 그는 관계에 손상이 가지 않도록 하면서 자신도 오염되지 않는 길을 택한 것이다. 관심과 배려로 시작되는 선물의 주고받음은 얼마든지 오해를 줄일 수 있다.

잊을 수 없는 선물은 그 가격과는 아무 상관이 없다. 그 사실을 확인해 주는 선물이 지금도 내 책상에 있다. 마르쉐를 운영하는 아모제의 신희호 사장이 보내 준 책 한 권. 내가 선물 컨설팅 법인을 만든 지 얼마 되지 않았을 때 〈폼 나게 선물하기〉라는 일본 번역 책이 우편으로 왔다. '제대로 좀 하라는 건가?' 하는 나의 우려를 잠재워 준 것은 바로 카드 메시지였다.

'서점에 갔다가 선물에 관한 책이 있기에 하나 보냅니다. 언제 이런 책을 써보셔도 좋겠네요. 언제나 파이팅입니다.'

역시 선물의 진수는 메시지다. 똑같은 시계 선물이어도 메시지에 따라 '시간 좀 잘 지켜라'일 수도 있고 '우리의 행복한 시간 만들기'일 수도 있다. 그 9,000원짜리 책은 그 당시 내가 가장 마음 쏟던 부분에 대한 관심이었기에, 그 100배의 가격에도 견줄 수 없는 가치 있는 선물로 지금도 소중하게 기억된다.

대한전선의 양귀애 명예회장은 남편이 별세한 후 고문으로 회사에 입성할 당시에 공부하며 기록했던 친필 노트를 카피하여 가까운 이들에게 나누어 주었다. 거기에는 자신의 상처와 감정을 다스리고 사회적 리더가 되기 위해 갖춰야 할 것들에 대한 내용이 들어 있었다. 〈따뜻한 카리스마〉를 읽으시고 그녀가 내게 주었던 그 노트는 내 방 책장, 눈에 잘 띄는 곳에 놓여 있다. 그리고 지금도 나에게 마음의 양식이 되곤 한다. 실질적으로 도움이 되는 내용뿐만 아니라 그녀가 혼자 이겨냈을 그 시간, 그 자세를 배우게 되는 것이 가장 값지다. 그 노트를 받은 다른 이들도 그렇게 생각할 것이다. 또한, 양 회장은 생전의 남편과 함께 자주 거닐던 남산 산책로로 도시 매연에 찌든 직장인들을 초대하여 간단한 식사 후 함께 걷는다. 아마도 재력 있는 양 회장이 화려한 저녁을 사는 일보다 훨씬 큰 선물일 것이다. 그래서 그 산책이 참 귀하다.

에스텍시스템의 박철원 회장은 모임 후 참석자들에게 늘 미리 준비해 온 인쇄물을 나누어 준다. 수첩에 쏙 들어갈 크기의 인쇄물에 자신이 감명 깊게 읽은 책 구절, 철학자나 작가들의 인생론을 적어 사람들과 나눈다. 이 역시 쉬운 일은 아니다. 세상과 나누려는 마음과 사람에 대한 애정이 없이는 시간과 돈이 있다 해도 쉽게 할 수 없는 귀한 선물이다. 그는 가끔 지인들에게 음악 이메일을 보내 일상에 작은 활력소를 선물하기도 한다. 그런데 내가 정말 잊지 못할 선물이 또 하나 있다. 내가 선물 컨설팅을 처음 시작했을 때, 그는 아무것도 따지지 않고 첫 주문을 해주었다. 똑똑한 사람들이 쉽게 하는 계산을 그는 아예 시도조차 하지 않았다. 그가 내게 준 것은 얼마의 매출이 아니라 '당신이 한다면 믿는다'라는 신뢰였고, '그래도 한 사람은 있지 않은가' 하며 새 일을 시작하는 내게 기운을 북돋아 주는 격려였다.

그가 말해 준 어느 교장선생님 이야기가 떠오른다. 작은 마을의 교장선생님 장례식에 3,000명이 넘는 사람들이 참석했다고 한다. 살아생전, 옷이든 일상 소품이든 생필품이든 제자가 파는 물건이라면 좀 멀어도, 심지어 비싸도 마다하지 않고 사주었다는 그 교장을 그는 참 많이 닮았다. 이제는 내가 그를 닮을 차례이다. 늘 이들을 떠올릴 때면 큰 선물을 받고 있는 느낌에 마음이 벅차다.

우리가 넘치지도 부족하지도 않은 정을 주고받을 줄 알게 된다면 그 애정과 고민의 시간 덕분에 선물은 더 이상 상품이 아닌 살아가는 이야기로 빛난다. 그 귀한 것을 우리가 제대로 다룰 줄 알게 된다면, 선물은 누가 주든, 그게 무엇이든 늘 귀하디 귀하기만 하다.

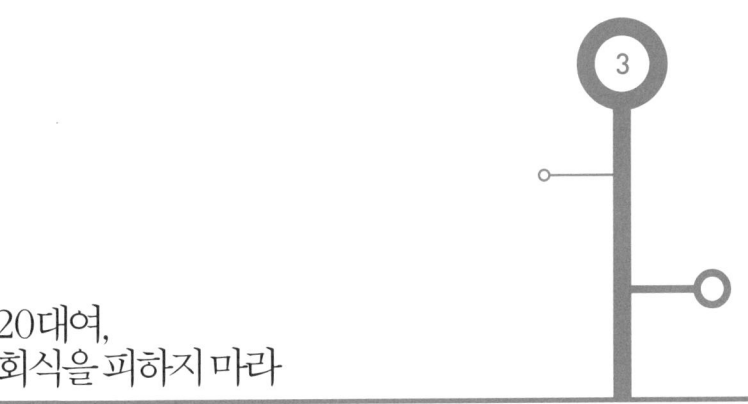

20대여,
회식을 피하지 마라

 줄곧 걷거나 서서 하는 운동인 골프는 내게 사치이자 곤욕이었다. 20년 내내 서 있었기에 걷는 것도, 서 있는 것도 싫기 때문이다. 그래서 골프를 별로 좋아하지 않았는데, 골프가 필요할 때도 있다. 과시하는 것으로 오해하지 않았으면 좋겠다. 주변인들의 요구 때문만이 아니라 더 큰 이유가 내게 있다. 골프는 내게 온몸의 힘을 빼라고 요구한다. 늘 가르치는 직업 때문에 온몸의 힘을 빼는 것하고는 거리가 멀었는데, 골프는 참으로 내게 어려우면서도 반드시 해야 할 것을 요구하기에 그것을 받아들이고 싶다는 것이다.

 물론 골프는 골프장까지 오가는 시간도 길고, 거기다 비용도 비싸고, 별로 큰 운동량 없고 우아한 체하며 걷다가 잊을만하면 한 번씩 공을 치는 스포츠다. 그리고 드라마나 뉴스에서 비리의 온상으로 묘사되니 세인들이 질책하는 것도 당연하다. 그런데 가만 들여다보면 장점도 있다. 필드에 나가기 전 연습장에서 땀을 뻘뻘 흘리며 두 시간 연습하는 동안은 어느 스포츠 못지않게 에너지가 소모된다. 과격하지 않아서 나이 들어도 할 수 있는 운동이면서, 리더에게 필요한 힘 빼는 연습을 시켜주기도 하고, 자연을 보며 머리 비울 기회도 준다.

골프는 결국 스포츠 겸 게임이다. 욕심내면 결국 진다는 것, 과신하면 잃는다는 것을 배울 때도 많다. 절대 단 한 번도 같은 자리에서 치는 공이 없다는 사실에 새삼 인생에도 같은 답은 없다는 것을 깨닫기도 한다. 한편 골프를 할 때는 자신의 역량에 맞는 매니지먼트도 중요하다. 무리하다가는 한 타 더 치고, 소심하면 결국 잃기 때문에 매 홀마다 다른 전략이 필요하다. 그런 면에서 산전수전 다 겪은 리더들이 여기에 매력을 느끼는 것도 당연하다. 그래서 요즘에는 그저 힘 많이 들지 않는 운동이어서, 우아한 체하는 사치 스포츠의 상징이어서 리더들이 골프를 하는 것만은 아니라는 생각이 든다.

우리나라는 골프를 하는 데 드는 비용이 너무 비싸고, 골프장이 환경 파괴의 주범이라는 점 때문에 마음이 편치 않다. 이 좁은 땅덩어리에 이미 너무 많은 골프장이 들어서 있으니 더 이상 짓지 않도록 해야 하고, 또 하나의 자연으로 세상에 돌려줄 고민도 해야 할 것이다.

그러나 마음 비우기, 힘 빼기, 욕심내지 않기, 계획 세우기 등 골프가 주는 작은 가르침도 있다. 정운찬 총장의 야구 예찬처럼 그 정도는 다른 스포츠에서도 다 배울수 있는 게 사실이다. 그런데 중년에 배우기 시작해서 갑자기 잘할 수 있는 것들은 사실 한계가 있다. 안 하는 게 아니라 못하는 스포츠도 꽤 있다는 걸 중년이 되어야 안다. 그런 한계 안에서 그들이 해볼 수 있는 스포츠이기도 하다는 것이다.

　골프를 시작한 지도 12년이 되었지만, 평소에는 연습을 전혀 하지 않는다. 그래서 골프장에 가서야 그 비싼 돈을 내고 연습을 하는 셈이다. 그러니 그 시간 최대한 집중해야 하므로 즐기기는커녕 스트레스만 잔뜩 쌓인다. 특히나 남에게 폐 끼치기 싫어하는 성격 탓에 매번 서두르니 잘 안 맞고, 그럼 순서가 또 빨리 돌아오고 그야말로 악순환의 연속이다. 나보다 일찍 시간과 비용을 투자한 사람들과 호흡을 맞추려니 죽을 맛이다. 그처럼 준비되지 않은 내겐 노는 것도 미리 준비해야 즐거울 수 있다는 사실을 실감하게 해준다. 처음엔 내가 좋아하는 것이 아니었기에 골프 때문에 받는 스트레스가 억울하였으나, 그것도 준비되지 않은 나의 하소연일 뿐이다. 그나마 실력이 조금 나아진 요즘은 재미있고, 간혹 상을 받기도 하니 할 맛이 조금은 난다. 그러나 오늘 내가 하고 싶은 말은 골프 예찬이 아니라 바로 이것이다.

　피아노가 언제 어느 장소에 놓여 있을지 모른다. 피아노 한두 곡을 익혀 둔 사람은 쉽게 그 자리의 주인공이 된다. 주인공이 되어야만 좋다는 게 아니라 자신에게 또 하나의 즐거움일 수 있다는 것이다. 피아노를 잘 치는 데는 오랜 시간과 노력이 필요하다. 그렇다면 노래는 어떨까. 장르별로 노래 서너 곡쯤 연습해 두면 그 어떤 상황에서든 분위기를 맞추기 쉽다.

　그런데 '나는 그런 곳에 맞지 않는 사람'이라고 당당히 말하는 것은 무슨 자만일까. 한편 자신이 좋아하는 장르만 내내 불러대는 것도 모두를 불편하게 만들 때가 있다. 그런 건 친구랑 둘이 갔을 때 하면 좋겠다. 젊은이들이 열광하는 유행가 하나쯤 미리 익혀서 '와~'하는 직원들의 함성과 함께 부르는 리더의 노래는 단순한 노래 한 곡이 아니다. '나이 든 우리 리더도 저렇게 노력하는데…'라는 메시지가 취중인 직원들에게조차 분명하게 전달될 것은 당연하다. 얼마 전, 어느 결혼식에서 신랑이 축가를 부르는 모습을 봤다. 그는 음치였는데도 절대 굴하지 않고 끝까지 불렀다. 내게는 그 축가가 가장 아름다웠다. 그의 사랑이 그토록 변함없고, 처절한 것 같아서 더욱 값졌다. 꼭 잘해야만 하는 게 아니라는 것을 알 텐데, 노래방에서는 가수가 되려고 애쓴다. 가수 같은 실력을 원하는 것이 아니라, 다 함께 유쾌해지길 원할 뿐인데 말이다.

어렵던 시절에 회식은 영양을 보충할 기회가 되어 모두에게 환영받았다. 그런데 이제는 귀찮고 피하고 싶은 자리로 취급되기 일쑤다. 그 자리에는 늘 어수룩하게 매번 참석하는 이도 있고, 이런저런 핑계와 변명으로 그리 어색하지 않게 빠져나가는 미꾸라지들도 있다. 그들도 존중하자. 그럴 수도 있다. 그러나 가능하다면 회식은 참석하기를 권하고 싶다. 뒤늦게 골프에 정 붙이려고 애쓰지만 골프장에서는 늘 고생하는 나처럼 되지 않으려면 진작 사람들과 어울리는 연습이 필요하다. 그런 시간에 어색하지 않은 나를 진작 만들어 놓으면 더욱 즐겁게 보낼 수 있다. 꾀 많은 20대 시절 작은 욕심 때문에 회식을 피하기 시작하면 회식 자리는 영영 불편할 수밖에 없다. 회식이 더 이상 영양 보충 시간은 아니지만, 사무실에서 못다 한 말들을 주고받으며 교감이 이루어지는 자리이다. 지극히 사무적이던 내가 아닌, 자연스런 나를 서로 만나는 시간이다. 그렇지 않다고? 그렇다면 리더의 잘못이다. 애써 마련한 회식 자리에서 리더가 계속 사무적인 멘트를 날리고, 사무실에서 해도 될 만한 지적을 멈추지 않는다면 무엇을 핑계 삼든 피하는 것이 현명한 판단이다. 그러나 행여 그게 아니라면 냉랭하고 건조한 사무실을 떠난 '일가족 나들이'는 가급적 참여하길 권하고 싶다. 단순히 고기 구워먹고 술 마시는 자리가 아니다. 마치 다 벗고 사우나를 함께 다녀오듯, 2박 3일 여행을 갔다 오듯 삭막한 사무실에서 삼켰던 말들을 나누고 각자 마음의 짐을 조금은 내려놓는 시간이 바로 회식이다. 누군가 이에 의심을 품는다면 리더는 다시 정신을 가다듬고 회식을 왜 해야 하는지 교통정리가 필요하다. 리더도, 팀원도 잘 놀 줄 알기에 더 잘 일할 수 있다는 것을 과시하는 자리가 되면 좋겠다.

상수도도 필요하지만, 반드시 필요한 게 하수도다. 업무 스트레스를 가장 잘 이해할 수 있는 사람들과 함께 하면서, 차올라 벅차기 시작한 스트레스를 버리는 시간이다. 앞서 말한 나의 우를 범하지 않으려면 자기 포지션과 나이에 맞게끔 잘 놀기 위한 준비를 해야 한다. 그 시간에는 재지도 말고 빼지도 말고 실컷 잘 놀아 주어라. 그게 가장 멋진 모습이다. 매일 한 공간에서 비슷한 말을 반복하던 서로에게, 나도 다른 숨소리와 재주를 갖고 있다는 것을 보여 주는 것도 좋지 않을까. 그렇게 함께 노는 것에 익숙해지고 나면, 더 멋지게 일하는 것도 걱정은 아니겠다. 요즘은 '뛰는 놈 위에 나는 놈, 나는 놈 위에 노는 놈'이라고 하지 않나. 진정 잘 놀 줄 아는 사람일수록 상상력 또한 풍부한 법이다.

그래도 불가피하게 회식에 빠지게 되었다면? 나는 이 책이 매뉴얼적으로 흐르는 것은 매우 피하고 싶으나 그래도 처방 하나를 주자면, 빠진 다음 날에 음료수 한 병씩이라도 모두에게 돌려라. 어제 함께 못해 미안하다고, 나도 아쉬워 죽겠다고, 어쩔 수가 없었다고 말이라도 해주자. 그러면 좀 덜 밉다. 빈말인 줄 알면서도 훨씬 덜 밉다.

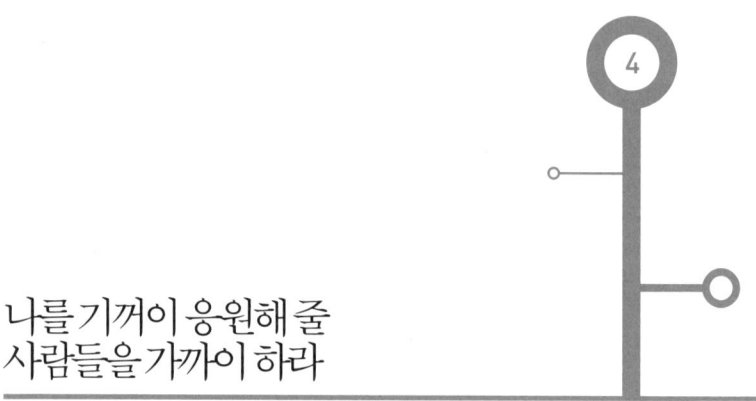

나를 기꺼이 응원해 줄
사람들을 가까이 하라

　법정 스님이 말하는 아름다운 세상이란, 꽃이 만발하고 단풍이 곱게 물든 곳이 아니라 '사람들이 서로 도와주면서, 상처 주지 않고 살아가는 인정 넘치는 그런 세상'이라고 한다. 누군들 이 말에 이의를 달겠는가. 그러나 이 좋은 말만을 염두에 두고 헛된 꿈을 꾸는 것은 경계해야 한다. 세상 모든 사람과 그럴 수는 없다는 말이다. 영업의 달인 키이스 페라지는 끝내 소통할 수 없고, 영영 먼 타인으로 등 돌리게 되는 이들의 수가, 평생을 두고 돈독한 관계를 맺는 이들만큼이나 많다고 했다. 세상에는 아무리 진심을 다하고 노력해도 외면하는 이들이 있기 마련이다. 다행스럽게도 그런 사람들은 극히 일부에 불과하다. 그러나 그런 사람들이 있음을 절대 잊지는 말아야 한다. 큰 상처를 입지 않으려면 말이다.

일을 하면서 뭐든 물어보고 하려 하면 "뭘 그리 자꾸 묻느냐"며 귀찮아하는 사람이 있다. 반면, 뭘 좀 혼자 알아서 하려 하면 "왜 묻지도 않고 하느냐"며 혼내는 이도 있다. 그야말로 어느 장단에 맞추어 춤을 추어야 할지 모를 일이다. 답은 하나다. 장단마다 춤이 달라야 한다. 이중 인격자가 되자는 것은 아니지만 대하는 사람에 따라 그 방법이 달라야 한다는 말이다. 그런데 이게 말처럼 쉽지가 않다. 아니, 솔직히 말하면 나와 다른 사람이라는 생각이 들고 마음이 편치 않기 시작하면 그 노력을 시작하고 싶은 마음조차 들지 않는다. 물론, 누구나 자신과 비슷한 사람이 더 편하다. 흔히 말하듯 무엇인가 통하는, 화학작용이 맞아떨어지는 사람들이 있다. 우리는 결국 그들과 친구가 되고 사랑도 하는 것이다. 그것을 거창하게 말하면 '공명(共鳴)'이라고 한다. 같은 주파수는 서로 공명한다고 하지 않는가.

재미있다고만 하기에는 섬뜩한 실험 결과를 들은 적이 있다. 독일에 환자들의 혈액을 보관하는 의사가 있었다. 그 이유는 나중에라도 혈액을 검사해 보면 환자를 보지 않고도 그 사람이 어떤 병에 걸리게 되는지 알 수 있기 때문이었다. 혈액은 밀폐해서 보존하였기에 원래 성분이 변하는 일은 절대 없다고 한다. 그런데 그중 2년 후 어느 혈액 성분에 변화가 나타났다. 게다가 신기하게도 2년 전에 채취한 혈액의 상태가 아니라, 지금 그 환자로부터 채혈한 혈액 상태와 같게 변해 있었다. 이것은 무슨 의미일까? 2년 전에 아무런 병이 없던 사람이 2년 후 어떤 병에 걸리게 되면, 건강했을 때 보관했던 2년 전 혈액까지도 병든 혈액으로 바뀐다는 것이다. 믿기 어렵지만, 그 의사는 2,000명이나 되는 환자의 임상 실험을 통해 그 사실을 확인했고, 논문까지 발표했다고 한다.

한 사람의 혈액이 시공간을 초월하여 공명한 실험 결과이다. 나도 모르는 사이에 내 안에서든, 밖에서든 내 혈액은 공명하고 있다는 것이다.

〈물은 답을 알고 있다〉라는 책에서 에모토 마사루 박사는 공명의 과학성을 설명한다. 그는 소리굽쇠라는 도구로 공명 현상을 실험해 보았다. 소리굽쇠는 U자형 금속 부분을 때려서 소리를 내는 기구인데, 악기나 코러스의 조율에 사용한다. 440헤르츠의 소리를 내는 소리굽쇠를 향해 같은 440헤르츠의 '라' 음을 충돌시키면, 소리굽쇠가 '웅~' 하고 운다고 한다. 이것이 바로 공명이다. 주파수가 같으면 한편이 소리를 낼 때 거기에 공명하여 다른 하나도 소리를 낸다. '유유상종'이라는 말처럼, 파동이 같으면 서로를 끌어당겨 반응한다는 것이다. 파동이 다르면 서로 공명하지 않고 헤어지게 된다. 이질적인 것은 받아들일 수 없기 때문이다.

그런데 재미있는 것은 완전히 똑같은 주파수가 아니어도 공명하는 때가 있다. 주파수가 두 배가 될 때 그렇다. 440헤르츠의 음과 1옥타브 낮은 220헤르츠 '라' 음을 피아노로 동시에 치면 기분 좋게 울린다. 소리굽쇠를 향하여 1옥타브 아래의 음을 쳐주면 또 공명한다. 주파수는 두 배, 네 배, 여덟 배, 그리고 2분의 1, 4분의 1, 8분의 1 주파수일 때 공명한다는 것이다. 이 관계는 무한히 이어진다. 아무리 배율 차이가 나는 주파수라 해도, 그것이 배수가 되면 공명한다. 이것은 모든 차원에서 공명하는 파동이 있음을 말해 준다.

인간은 그리스도나 석가모니와 같은 높은 파동을 가진 성인에게 이끌리기도 하지만, 또 다른 한편으로 사회의 규칙과는 관계없이 자유분방하게 살아가는 사람이나 극적인 삶을 사는 사람들, 심지어 큰 도둑에게도 매력을 느낀다. 이것은 결코 모순이 아니라 인간이 다양한 레벨에 공명한다는 것을 의미한다.

예전에 어느 연예인 부부의 인터뷰를 봤다. 아내가 "남편이 연애 시절에는 잘해 주지 않았는데 결혼 후에는 잘해 준다"고 했다. 남편에게 그 이유를 물으니 그 대답이 걸작이다. "결혼 전에는 내 여자가 안 될지도 모르는데 그때 무엇 하러 잘해 주겠나. 하지만 결혼 후에 분명히 내 여자가 되었으니 마음을 많이 썼다." 갑자기 내가 이 말을 하는 이유는 그 남편의 방식이 더 맞다고 생각하기 때문이다. 우리는 마음을 얻으려고 초기에 소중한 것을 다 써버리는 경향이 있다. 물론 의도는 좋다. 이러한 사람들은 거의 대부분 내가 먼저 많이 주고 상호관계가 이루어지길 바라는 순진파들이다. 그러나 초기에 쏟아 붓고는 시간이 가면서 원금을 계산하듯 받으려 들면 계산이 안 맞을 때가 많다. 그러니 서운할 것도 많아진다. 공명할 수 있는 상대를 분별하여 거기에 마음과 시간을 쏟는 것이 현명할뿐더러 상처도 덜 받는다. '착하다'는 명분으로 여기저기 잘하고 기를 분산시키고, 그러다가 아프다고 소리소리 지르며 남을 탓하는 것은 멍청한 짓이다(사실은 내가 그 지경이던 시절에 배운 것이 너무 많아 더욱 힘주어 강조하나 보다).

진심이면 다 된다고 생각하는 것도 교만이다. 세상에는 아무리 애써도 되지 않는 것이 있다. 그것들에게까지 지레 먼저 에너지를 퍼붓는 일은 삼가는 게 좋다. 오히려 좋은 기운을 모아 나와 공명할 이에게 집중하는 것이 더 현명하다. 다른 사람들과 마구 섞여 알아볼 수 없게 숨어 있는 나의 공명 상대들. 어느 날 그들과의 만남을 미리 떠올려 보면 지금까지의 시행착오도 가뿐한 마음으로 잊을 수 있을 것이다.

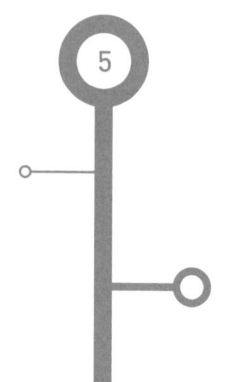

자연스럽게 나를
표현하는 법을 안다

　인간의 행동유형을 연구하는 심리학자들에 의하면 사람은 거짓말을 할 때 상대의 눈을 제대로 보지 못한다고 한다. 그런가 하면 기자회견처럼 상대의 눈을 계속 봐야 하는 경우에는 평소보다 눈을 많이 깜빡인다고 한다. 이와 관련해 예전에 빌 클린턴이 기자회견에서 르윈스키와의 관계에 대해서 거짓말을 했을 때 평소의 네 배나 눈을 더 깜빡였다는 재미있는 일화도 있다. 거짓말을 해야 한다는 괴로운 현실에서 다른 쪽으로 눈길을 돌리진 못하지만 눈을 자주 깜빡임으로써 최대한 그 상황을 외면하려 든다는 것이다. 어찌 보면 차라리 인간적이라는 생각조차 든다.
　상대가 자신에게 거짓말을 하는지 무엇을 통해 아는가. 눈을 깜빡이는 것 외에도 믿어 달라는 듯 자신의 손바닥을 상대에게 자주 보이거나, 긴장할 때 분비물이 많이 나오는 코를 자주 만지거나, 최소한의 양심으로 입을 가리려는 등의 행동을 한다고 한다. 만약 본인이 꼭 거짓말을 해야 하는 경우라면 가급적 이런 표현들은 의도적으로 피하는 게 좋을 것이다. 상대가 '거짓말 하는 사람들의 행동 유형'에 대한 정보를 이미 가지고 있을지도 모르니 말이다.

이미지 관리라고 하면 보통 외모를 가꾸고 없는 것을 만들어 내는 것쯤으로 생각하는 경우가 많다. 그러나 사실 자신의 내적 상태를 효과적으로 전달하는 것이 이미지 관리의 중요한 목적이다. 상대에 대한 존중, 일에 대한 열의나 전문성, 신뢰감과 성실성 등 낯선 상대가 평가할 효과적인 요소들을 제대로 전달하는 훈련을 하는 것이다.

어느 건설사의 임원들을 대상으로 강의를 마친 후의 일이 떠오른다. 보통 강사료는 강사 대기실에서 주게 마련인데 그날은 인사를 마치고 나오는 현관에서 불쑥 내밀었다. 그것도 민망한데, 담당자는 팔을 쭉 뻗어 손까지 흔들며 한 손으로 강사료를 주었다. 마치 '옛다, 가져가라' 하는 모양새였다. 그러나 담당자를 떠올려 보면, 선한 사람이고 내게 부정적인 마음이 있는 것도 아니었다. 그런데 이떤 순간의 표현들이 그를 오해하게 만들고 본의 아니게 상대의 마음을 상하게 하는 것이다. 자신을 제대로 표현할 방법들이 준비되어 있어야 서로의 마음이 다치는 일을 피할 수 있다.

그러므로 거짓말할 때 많이 하게 되는 행동유형을 피하는 것은 물론이고 사람을 가리킬 때 손가락 하나가 아니라 모은 손으로 팔 전체를 사용하는 것, 정중한 느낌을 주기 위해 상체를 조금 숙이고 팔꿈치도 굽히는 것 등이 조금 더 효과적인 태도다.

임신부의 옷차림을 예로 들어보자. 예전에는 몸매를 감추려고 헐렁한 디자인을 선호했는데 요즘 임부복은 몸매를 드러내는 타이트한 디자인이 많다. 나는 타이트한 차림새가 좋다고 생각한다. 보기에는 조금 민망할 때도 있지만, 자신의 상태에 대해 제대로 신호를 보내 상대가 주의를 기울이도록 해서 사고를 예방하는 데 도움이 되기 때문이다. 헐렁한 옷 정도로는 그냥 살찐 사람으로 오해하여 버스에서 양보도 받기 어렵고, 부주의한 누군가가 부딪히고 갈 수도 있다. 이처럼 자신의 상태에 대해 상대방에게 정확한 신호를 보내는 것은 매우 중요하다.

'자연스럽게 하는 것이 제일 좋지 않나'라는 말을 자주 접한다. '자연스럽다'라는 그 말에는 이미 능숙하다는 의미가 포함되어 있다. 예를 들어 영어를 자연스럽게 말한다는 것은 영어발음이 꽤 괜찮다는 것을 의미한다. 그것이 결코 영어를 '자기식 발음'으로 마음대로 한다는 의미는 아닐 것이다. "한국 사람은 주로 무엇을 주식으로 먹느냐"는 미국인의 질문에 쌀이라는 뜻을 가진 'rice'의 'r'을 'l'로 발음한다면 'lice', 즉 사람의 몸에 기생하며 피를 빨아먹는 '이'가 되어 버릴 것이다. 처음 미국에 갔을 때가 생각난다. 햄버거 하나도 먹기 힘들었다. '근처에 맥도날드가 어디에 있느냐?'고 묻는데 상대는 자꾸 'what?'만 되풀이했다. 문제는 악센트였다. 'McDonald'를 말하면서 나는 'M'에 계속 악센트를 두었는데, 알다시피 첫 번째 'D'에 강세를 두는 게 맞다. 그 후, 이 악센트만큼은 그 어느 단어보다 제대로 발음하게 되었다.

이렇게 자신을 다듬는 것은 불쾌감 등의 감정 문제만이 아니라 정보의 오해를 낳기까지 하니 중요하지 않을 수 없다. 또한, 본인은 나쁜 뜻이 없었지만 앞서 말한 강사료 사건처럼 상대가 불쾌감을 느꼈다면 그 역시 자연스러운 표현이라고 할 수 없다. 그리고 평소에 안 하다가 어쩌다 한 번 하려고 하면 어색하고 불편하다. 더구나 자신과 다르다고 해서 가식적인 사람으로 치부해 버리는 것은 대단히 위험하다. 다른 사람들의 다듬어진 모습은 사실 남모르게 연습하고 반복한 결과인 경우가 많다. 그들은 자신의 이미지를 좋게 하려는 것을 넘어 상대를 어떻게 존중해야 하는지를 나보다 먼저 고민한 사람들일 뿐이다.

우리는 사는 동안 그 역할을 할 기회들을 종종 맞게 되고, 그것에 충실할 의무도 있다. 주어지는 역할에 필요한 것들은 자신의 성향이나 취향으로 결정할 일이 아니다. 본의가 아닐지라도 누구를 상처 주는 것이 정당화될 수는 없다. 본인이 남자 형제들 속에서만 자라서 내내 몰랐건, 귀여움만 받은 막내딸이건, 복이 많아 늘 존중만 받으면서 살아왔건 간에 사회생활에서 필요한 신호들을 익히는 것은 옷을 입는 행위만큼이나 기본적인 일이다.

내내 준비 없이 있다가 갑자기 하려고 하면 스스로 불편하고 결과도 안 좋을 수밖에 없다. 결국 자연스럽다는 것은 나와 상대방 모두 불편하다고 느끼지 않는 것을 의미한다. 표현하기 불편하다면 사실은 아직 개선되지 않은 상태이고 더 노력해야 하는 단계다. 오래된 습관에 따라 편한 대로 표현하는 것은 자연스러운 것이 아니고, 변화하려는 노력을 피하는 것일 뿐이다. 아직도 그 오래된 습관이 자신을 구해 줄 것이라 믿는가.

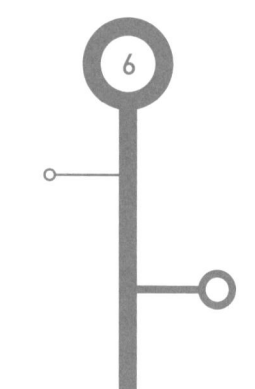

예의 바른 사람은
적에게도 칭찬받는다

 노블리스 오블리주, 가진 자가 감사하는 마음으로 세상을 위해 스스로 무언가를 내어 놓는 것. 그러나 그것이 꼭 대단한 기부나 희생일 필요는 없다. 아주 작게 시작해도 된다.
 〈따뜻한 카리스마〉에서 IASA(이스라엘 예술과학고: Israel Arts and Science Academy) 를 소개한 적이 있다. 영재들의 집합지인 그곳은, 교육 시설은 최첨단을 자랑하지만 기숙사는 마구간처럼 허름하다. 남보다 좋은 머리를 자신의 안위를 위해 쓰지 말고 세상을 위해 써야 한다는 메시지로, 그게 공평하다는 것이다. 그렇다. 어느 누가 자기 마음대로 영재로 태어날 수 있으며 고급 차를 탈 기회를 가지겠는가. 물론 노력이 어느 정도 영향을 미치기도 하지만 가만 생각해 보면 그리 큰 선택권은 주어지지 않을 때가 더 많다. 또, 자신의 성실과 노력으로 이룬 것이라 하더라도 그것은 분명 운이 좋아서 갖게된 경우가 많다.

우연히 들은 라디오에서 아무렇지도 않게 차를 빌려 달라는 사람에게 울며 겨자 먹기로 차를 빌려 준 청취자의 사연이 소개되었다. 게스트들은 그럴 때 대처하는 온갖 비법을 쏟아냈다. '기름이 없다고 말해라', '브레이크가 작동하지 않는데 괜찮으냐고 물어라', '경차로 바꾸었다고 하면 빌려달라고 하지 않는다더라' 등등. 웃으며 들었지만 우리는 살면서 그처럼 무리한 요구를 많이 받는다.

실수에 대해 얘기하려 하니 우리가 흔히 갖게 되는 경솔함이나 무지함이 먼저 떠오른다. 언젠가 강의를 시작하려 하는데 누군가 내게 마이크를 두 개나 달아 주었다. 그 이유를 물으니 하나는 교육생을 위한 것이고, 하나는 동영상 촬영용 마이크란다. 촬영은 곤란하다고 했더니 나를 무척이나 까다로운 사람으로 여기는 기색이 역력했다. 하지만 이해가 안 되는 것은 나도 마찬가지였다. 예를 들어 상품 하나를 판매했는데 대기업이 그걸 사들인 다음 대량 카피하여 내부용으로 쓴다면 세상으로부터 쓴소리 좀 듣지 않을까. 그런데 두 시간 특강의 강사료만 지불하고 전 직원들이 참고하도록 촬영을 한다고 한다. 그러면서 외부에는 절대 공개하지 않겠다는 것을 강조하며, 그거면 되지 않느냐는 식으로 협조를 요구한다. 모 은행 연수원에서 그런 문제 때문에 노발대발 하시는 서울대 교수님을 본 적도 있지만, 나는 한 번 설명했는데도 다시 요구하면 그저 안쓰러워서 들어준다. 다시는 그 조직에서 강연하지 않겠다는 다짐과 함께 말이다. 화가 나서가 아니라 교육 담당 임원조차 그런 마인드라면 강의를 아무리 해도 변하지 않을 조직이기에 별로 동참하고 싶지 않다.

실수를 알면서 하는 이는 별로 없다. 문제는 기준의 차이이다. 서로의 가치관과 도덕성, 윤리관, 일의 달성 기준이 다르기에 실수는 수도 없이 벌어진다. 앞에서 언급한, 차를 빌리는 문제만 해도 우선 그것은 하지 말아야 할 일의 범주에 놓아야 한다. 애초에 그런 요청을 해도 되는 범주에 두니 문제가 생긴다. 피치 못한 사정이 있는 경우, 충분히 이유를 설명하고 그만큼의 요청을 해도 괜찮은 상대에게만 요청해야 한다. 그렇지도 않은 관계의 사람에게 그런 요청을 하고 들어주지 않을 때는 야박하다고 탓하는 것은 참으로 어이없는 일이다. 만약 차를 빌리고 난 다음이라면 깨끗하게 세차해 주고, 기름도 가득 넣어 주고, 고맙다는 감사 카드도 건네야 한다. 이것이 많다고? 이것이 최소다. 이만큼은 해야 제대로 살 수 있고 이런저런 잡음도 줄일 수 있다.

요즘, 내가 참석하는 모임에서 한 여사장이 입방아에 많이 오르내린다. 사업에 도움 될 사람들을 소개해 달라는 요청을 여기저기에 많이 한다는 것이다. 나도 요청을 받은 적이 있다. 그러나 그 얘기가 오랫동안 회자되는 것은 도움을 준 이에게 아무런 감사를 표시하지 않았기 때문이다. 대단한 것을 원하는 건 아니지만, 자신의 시간을 내고 상대에게 시간을 내도록 부탁한 사람에게는 작은 것으로든 말로든 감사를 전해야 한다. 제대로만 하면 그럴 때 오히려 관계가 강화되기도 한다. 그런데 누구를 소개받고서도 전화 한 통 없으니 소위 '싸가지'를 운운하며 여기저기서 말들이 나오는 것이다. 일을 열심히 하는 것은 좋지만, 됨됨이가 부족하다고 여겨지면 기회는 그 한 번이 마지막이다. 그녀는 한 번의 비즈니스 기회 대신 너무 많은 걸 잃고 있다. 문제는 그녀가 그걸 여전히 모른다는 점이다. 사실 오지랖 넓은 나의 성격으로는 그 부분을 말해 주고 싶은데 대부분의 사람들은 뒷말로 끝내 버린다. 그리고 웃는 얼굴로 그녀를 대한다. 그게 세상이다.

고가의 선물을 어색해하는 나는 종종 화분을 만들어 선물하곤 한다. 새벽시장에 나가 꽃들을 사서 예쁜 화분에 담고, 새나 풍뎅이, 나비 모형들로 장식한다. 마음을 담은 메시지도 쓴다. 주변 사람들에게 그저 정성이 좀 더 담긴 선물을 하고 싶은 의도이다. 그러나 예상 외로 그들의 반응은 조용하다. 열 배쯤 되는 가격의 선물이면 전화 한 통 주려나. 물론 한 사람에게만 보내는 것은 아니다. 그렇다고 내가 아는 모두에게 보내는 것도 아니다. 보내고 싶은 이의 1퍼센트쯤 될까. 어쩌면 일방적으로 걸려온 전화처럼 그들의 의사와 무관하게 부담을 주는 것인지도 모른다. 그렇게 생각하면 오히려 미안하기도 하다.

하지만 어떤 선물이나 성의에도 무반응이거나 문자 하나 달랑 보내는 기준들이 만연한 지금의 현상은 조금 바뀌어야 하지 않나 싶다. 나는 문자라는 것이 상대를 배려하여 곤란하지 않게 의사를 타진하는 용도로만 쓰였으면 좋겠다. 자신의 의사를 전달하는 것은 우선 육성으로 하는 게 당연하다. 통화를 시도했다가 통화가 안 되면 메시지를 남기는 것과 애초에 문자만 달랑 하나 보내는 것은 차원이 다르다. 직원에게도 마찬가지이다. 불러서 얼굴 보고, 그게 어려우면 통화로라도 칭찬하고 격려할 일이다. '애썼네. 고생했어'를 문자로만 보내면 너무 건조하다. 문명의 이기를 우리 삶을 풍요롭게 하기 위한 것으로 제대로 활용하려면 애써 피해야 할 일이라 생각한다. 스무 살의 여직원도 내 선물에 문자로 답하는 걸 보면 그러한 현상은 기성세대의 교만만은 아닌 듯하다. 문자는 '지금 통화 괜찮으세요? 워낙 바쁘셔서… 괜찮으실 때 전화 부탁 드려요'라고 말할 때나 쓰는 것이면 좋겠다. '급하게 요청하신 건, 지금 잘 처리되었습니다'처럼 상대가 바로 알면 기뻐할 내용을 최대한 빨리 전하는 데만 쓰면 좋겠다. 상대를 불편하게 하기 싫고, 통화의 번거로움을 피하기 위한 안부 인사라면 그것도 괜찮겠다. 그러나 그 이상 남용하다가는 부모님께도 '별일 없죠?'라는 문자 하나로 때우고 말까 걱정이다.

지나친 것은 애초에 요구할 수 없는 범주에 두어 가릴 줄 알고, 감사나 사과는 조금 어색해도 육성으로 전하고, 아무리 바빠도 이메일의 한 줄은 인사말로 시작하는 게 당연하다는 기준을 가지고, 신세 진 것에는 결과와 상관없이 인사하는 것. 그리고 자신의 실수에 솔직하며 사과할 줄 아는 것. 그러한 사소함이 익숙해지면 어느 날 하는 소소한 나의 실수는 상대로부터 이해와 가르침을 받을 수 있을 것이다. 가만 보면 사람을 독하게 만드는 것은 결국 사람이다. 물론, 그만큼 사람을 순하게 만드는 것도 바로 사람이다.

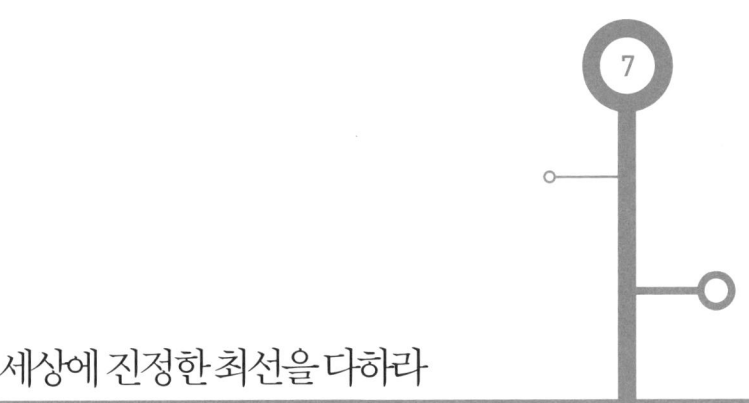

세상에 진정한 최선을 다하라

뉴스에 등장한 보석상 도둑의 노트에는 비상벨과 CCTV의 위치, 사람들이 드나드는 시간대 파악, 금고위치, 탈출 경로 등이 상세하게 적혀 있었다. 그는 그야말로 최선을 다한 듯했다. 그러나 바로 잡혔다. 왜일까. 최선이 아니었기 때문이다. 우리가 흔히 말하는 최선(最善)의 한자는 다행히도 '착할 선(善)'이 최선의 '선'자다. '우선 선(先)'이 아닌 게 너무 다행이다. 가장 앞서 있다는 '최선두' 등에는 '우선 선'이 쓰이지만, 우리가 말하는 '가장 적합한, 가장 좋은, 전력을 다한'이라는 뜻의 '최선'에는 '착할 선'이 쓰인다. 어쩌면 당연한 건지도 모른다. 우선한 게 최선이라면, 그것은 무언가 잘못된 것이 아닐까. 그런데도 나는 그동안 막연히 그 말이 정말 열심히 했다는 뜻인 줄로만 알았다. 그런데 가장 선한 것, 그것이 최선이다. 그 반대가 더 놀랍다. '최악'의 '악'자는

'악할 악(惡)'자다. 최악은 가장 나쁜 것이기 이전에 가장 악한 것이라니. 옛 어른들의 지혜가 놀랍고도 감사하다. 물론 나쁘다는 뜻도 포함은 되어 있지만, 악(惡)자가 음을 나타내는 아(亞)와 곱게 쓰지 못한 마음(心)이라는 뜻을 합하였다 하니 악하다는 뜻에 더 가깝겠다. 우리는 '최선을 다한다'는 말을 자주 하고 또 듣는다. 그럴 때 그 말을 '상대가 선하게 여길 것'을 의미하는 것으로 이해해도 큰 상관은 없겠다는 생각이 든다. 요즘 '착한 얼굴'이 의미하는 바는 예전과 다르다. 순하게 생겼음이 아니라 예쁜 얼굴을 말한다. '착한 가격', '착한 몸매', '착한 음식' 등은 다 '마음에 든다'는 뜻이다. 우리말의 '선하다'와 '착하다'는 구분이 좀 어려운데, 하늘은 무엇을 더 마음에 들어 하실까.

　이미 강의가 정해진 날이 어머니가 병원 가시는 날과 겹치면 절대 모시고 갈 수가 없다. 강의는 한 사람과의 약속이 아니기에 변경이 불가능하다. 늘 그게 마음에 걸리고 아프다. 그래서 방법을 생각해 봤다. 어머니가 그 날짜를 미리 말해 주면 가장 좋겠지만 대부분의 부모는 자식을 방해하고 싶어 하지 않는다. 통화 중에 생각나서 "엄마, 병원 언제 가세요?" 하면 어머니는 늘 내일이라고 말한다. 그 말에 미리 얘기하지 않았다고 짜증을 내며 전화를 끊는 나의 효심이 의심스러울 뿐이다. 물론 나는 안다. 앞으로도 아주 심각한 상황이 아니고서는 어머니가 미리 말할 리 없다는 것을. 그러면 무슨 방법이 있을까. 회사도 강의도 다 그만두어야 하나. 그건 좀 어렵다. 그렇다면 방법은 하나다. 오늘 만나는 모든 사람들에게 베푸는 수밖에 없다. 내가 모시고 간 것 이상으로 어머니께 잘해 드리고 도움줄 사람들을 세상 곳곳에 배치하기 위해서다. 그게 어머니가 병원에 잘 다녀오시게 하는 유일한 방법이다. 연수원들은 산속에 많다. 그래서인지 그곳에는 작은 동네들이 많다. 강의를 하러 가거나, 마치고 오는 길에 어르신을 만나면 굳이 손짓하지 않아도 태워 드린다. 그리고 피치 못할 경우를 제외하고는 목적지까지 모셔다 드린다. 요즘은 세상이 험해져서인지 사양하는 경우도 있지만, 늘 차 안에 한두 개쯤 있는 음료수를 드리면 기분 좋게 드신다. 사실 내게 돌아올 걸 바라고 시작한 일은 아니었다. 종종 그런 일을 하던 어느 날, 어머니는 "얘, 오늘 병원에 갔는데 어떤 직원이 어찌나 친절하던지 정말 편안하게 다녀왔단다"라고 말씀하셨다. 낮에 태워 드린 어르신이 갑자기 생각났다. 그 후로는 두리번두리번 열심히 찾아서라도 태워 드리려고 노력한다. 몇 해 전에는 갈비로 유명한 이동 근처에서 손을 들며 태워 달라고 하는 군인을 태웠다가 그가 내리고 난 후 한바탕 부부싸움을 했었다. 내가 겁이 없다는 것이다. 세상의 험한 사례들을 열거하며 나무라는 남편을, 머리로는 이해하면서도 가슴으로는 외면했던 기억이 난다. 바로 내 동생의 모습일 수도 있어서 그랬다는데도 잔소리는 그치질 않았다. 누구 의견이 맞을까.

그러나 우리가 작은 도움을 줄 수 있는 이들은 산속이 아니어도 많기만 하다. 업무적인 관계로 만나지만, 건조함만이 아닌 응원과 관심을 전하는 것으로 5리 길 걷는 것 못지않을 하루의 피로를 식혀 주는 것도 그 중 하나다. 가족이 아닌 사람을 위해 휴일 하루쯤 시간을 바쳐 봉사할 수 있다면 그것도 최선의 하나일 것이다. 자신의 미래를 열심히 준비한다며 짐 든 노인에게 비키라고 빵빵대며 달려가 봐야 절대 빨리 갈 수 없을 것이다. 그러고서 사거리마다 신호에 걸린 다면 무슨 소용인가. 청소하는 환경 미화원 아저씨 옆에다 담배꽁초를 던지는 사람이라면 아무리 차려입어도 악취만 날 것이다. 이메일로 의사소통이 잦은 요즘, 인사 한 줄 없이 '참석'이라는 단어만 달랑 적어 놓은 회신을 보면 일하는 게 더 힘들어진다. 연애를 하자는 것도 아니지만, 사람이 사람과 소통하고 있다는 최소한의 신호는 주어야 하지 않을까. 직접 만났다면 한 번 웃어주는 것 같은 한 문장. 야생 동물들만이 우글거릴 것 같은 아프리카 속담 중에 이런 게 있다. '빨리 가려면 혼자서 가라. 그러나 멀리 가려면 함께 가라.' 그 말은 우리의 삶에도 최선의 답이다.

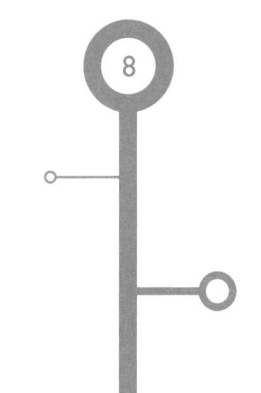

나는 현미경으로 보고
남은 망원경으로 보라

늦은 밤 문자 한 통에 기운이 나서 다시 책상에 앉았다. '스카이 72' 골프장의 김영재 사장의 시 같은 문자였다. 그러고 보면 나는 사람을 약간 차별하는 경향이 있다. 사심 없는 우정에는 시간 제약을 두지 않지만, 조금이라도 마음이 먼 상대에게는 '어니나 감히' 내지는 '지금이 몇 시야?' 하며 언짢아한다. 분명 차별이다. 그러나 그 차별을 만드는 것도 바로 사람이다. 누가 도와 달라고 할 때도 그와의 지난 관계를 투영하는 것은 오히려 공정하기까지 하다. 지금 이 시간에 누군가 도움을 청해 왔을 때 우리의 반응이 각자 달라지는 것도 공정한 것이다.

며칠 전, 책을 집필하느라 개인 약속도 거의 하지 않고 공식적인 자리도 최대한 피하던 내게 오래된 지인이 프리젠테이션 클리닉을 의뢰해 왔다. 그런 상황에서 그의 부탁을 내가 받아들였을까. 월요일 프리젠

테이션 을 앞두고 일요일에 요청했는데도 기꺼이 부탁을 들어주었다. 그리고 대기업과 경합하던 그 회사가 결국 승리하였다. 회사 측에선 큰 도움이 되었다고 고마워했지만 나는 다만 그와 내가 만들어 온 좋은 기운이 조금 보태어진 덕분이라고 여긴다. 네 시간 동안 미친 듯이 몰입하고 나오던 나는 마치 '굿을 하고 나면 이 기분일까?' 하는 기분조차 들 정도로 기진맥진했다. 내가 그럴 수 있었던 것은 바로, 지난날의 인연 때문이었다.

아무튼, 앞서 말한 김영재 사장은 거의 시인과 다름없는 분이다. 얼마 전 있었던 모임에서 모든 사람에게 개인용 맞춤 앨범을 만들어 한 명 한 명에게 애정 어린 메시지를 전하던 것이나, 골프장에 초대된 사람들에게 준 감성이 돋보이는 꽃 이야기는 다들 잊기 어려웠을 것이다. 우아를 떨며 냉랭한 고급 골프장들과 달리 그의 일터에는 이야기가 있다. 겨울엔 어떤 홀에서 호떡을 주기도 하고, 거리가 짧은 3홀에서 네 명이 전부 공을 그린에 올리면 생맥주를 제공하기도 한다. 그 반대의 경우가 더 재미있다. 한 명이라도 그린에 공을 올리지 못하면 엿을 준다. 그 말을 듣고는 다들 잠시라도 웃을 수 있으니 그것만으로도 대성공인 셈이다. 잔디를 보호하자는 문구도 명령조가 아니라 폐인 잔디 덩어리가 데모를 하고 있는, 유머러스한 그림이다. 뭘 만들든, 그게 골프장이든 그릇 한 점이든 금융 상품이든 만드는 사람의 고유한 철학이 들어간다. 그 차이를 확인하는 순간들이 기쁘다. 사람이 모두 다른 것이 참 좋다.

그가 내게 책 제목을 물었다. 내가 한 말은 고작 2초인데 그는 2분을 말한다. 그의 말에는 진솔함과 애정이 묻어나 결코 길게 느껴지지 않았다. "책장에 오래 남을 책이네…." 가장 잊히지 않는 말이다. 서점에 가면 세상에 이렇게 많은 책들을 제대로 읽지 않고도 잘난 체하며 살아온 시간들이 머쓱하여 한참을 멍하니 서 있었다.

서점에는 수많은 책들이 있다. 오랫동안 사랑받는 책이 있는가 하면, 한 주를 못 넘기고 간판을 내리는 극장의 영화처럼 금세 사라지는 책도 있다. 집에 있는 책들도 그렇다. 깊은 감명을 준 책도 있지만, 한 구절 때문에 정리할 때마다 살아남는 책이 있다. 누가 주었는지가 중요한 책도 있고, 표지만 보아도 추억이 떠오르는 책도 있다. 몇 번을 읽어 낡은 책도 읽고, 단 한 줄도 읽지 않았지만 계속 내일을 기약하며 남겨두는 책도 있다. 그런가 하면 그저 제목 한 줄 때문에, 또는 표지의 색감이 마음에 들어 놔두고 싶은 책도 있다. 서점의 책이건, 내 책꽂이의 책이건 그 책들과 사람의 운명은 많이 비슷하다.

어쨌든 그의 예감대로 부디 제목 때문에라도 누군가의 책꽂이에 오래 머물 수 있다면, 탄생 전부터 참으로 감사한 일이다. 그렇게 누군가가 지치거나 외로울 때, 그래도 세상에 자기 편이 있음을 알고 기운을 낸다면, 자기가 사는 게 그리 틀리지 않았다고 잠시라도 위안을 받을 수 있다면 그처럼 큰 영광이 어니 있을까 싶다. 명구 한 줄이 누구에겐 인생의 좌우명이 된다. 어느 날 우연히 들은 유행가 가사가 누구보다 내 마음을 이해해 주는 것 같아 죽어라 연습하며 종일 불러댄다. 한 다큐멘터리 프로그램에 소개된, 나와는 다른 길을 걷는 어느 인생에 경의를 표하며 한 걸음 더 힘차게 발을 내딛는다. 인생에 정답이 없다는 그 흔한 말이 정답이다. 어린 시절 장래 희망은 그리 큰 효험을 보지 못할 때가 많고, 학창 시절의 미래 계획들에 결국 웃음이 나기도 한다.

세상에 흔하디흔한 것도 내 것이 아닐 때가 많다. 그런가 하면 생각도 안 하던 것이 내 것이 되기도 한다. 마치 포레스트 검프의 초콜릿 상자처럼 나에게 무엇이 올지 모른다. 그렇게 사람들은 각자에게 주어진 몫을 산다. 남의 병을 고쳐 주기도 하고, 물건을 팔기도 하고, 음악의 깊이를 더하기도 하고, 아이들을 가르치기도 하고, 춤을 추기도 한다. 누구는 백인으로 누구는 흑인으로, 함께 혹은 지구의 다른 점들 위에서 그렇게 살아간다. 그것들 중에 귀하지 않은 게 어디 있을까. 무엇을 기준으로 또 그것을 평가할 수 있을까. 어느 것이 더 편하다거나 세상 무엇이 어느 한 사람을 행복하게 한다고 누가 말할 수 있을까. 세 살짜리 조카의 재롱을 바라보며 '지금이 일생 중 유일하게 편할 때다'라고 어머니가 말씀하신다. 농담처럼 남동생이 대꾸하기를 '우리가 좋아하는 예쁜 짓 하랴, 묻는 말마다 몇 번씩 답하랴, 지금은 소민이가 우리 중 제일 힘들지도 몰라요'라고 한다.

40대가 여고생에게 무엇이든 도전할 수 있으니 그때가 가장 행복하다고 말한다고 해서 그 10대들이 과연 고개를 끄덕일까. 연예인은 정말 행복하기만 한 걸까. 우리는 그들이 드레스 입고 나올 때를 부러워하는 것뿐이다. 악플로 고통을 줘야 할 만큼 부러운 것만 갖고 있는 이들이 아니다. 다른 사람에 대해 세속적인 잣대를 들이대며 밀리미터까지 재고 있는 것은 얼마나 하찮은 일인가. 국가 공인 자격의 시험지에서나 볼만한 전문 지식이 아니고도 각자의 일마다 기가 막힌 노하우들이 가득하다. 어떤 학위로도 흉내 낼 수 없는 '생활의 달인'들이 능숙한 손놀림을 보여줄 수 있는 것은, 그들이 단지 자신의 일을 오래 했기 때문이 아니라 그 일에 애정이 있었기 때문이다. 애정 없이는 꿈도 못 꿀 일이기에 세상의 모든 일들이 귀한 것이다. 아니, 바로 그 일을 하는 그 사람이 귀하다. 단지 2주 동안만 놓여 있다가 서고로 들어가는 신간이더라도 그 책에 숨어 있는 가치처럼 말이다. '글은 그 사람의 그림'이라고 누군가 내게 말했다. 형식과 방법의 차이는 있겠지만 모든 책이 귀하다. 현미경으로 자세히 들여다볼 것은 자신뿐이다. 세상은 망원경으로 보면 된다. 그렇게 자신에게는 철저하되 세상에는 조금 더 관대해지는 것. 그것이 뒤바뀌는 순간, 세상은 혼란스러워진다.

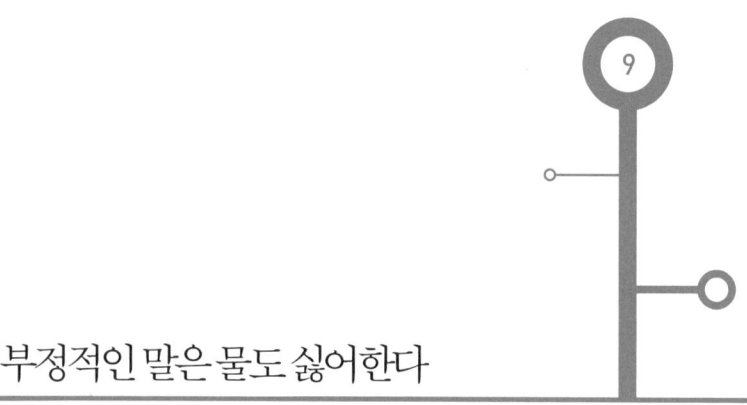

부정적인 말은 물도 싫어한다

  식물을 기를 때 음악을 들려주면 더 건강하게 잘 자란다고 한다. 나는 그걸 알면서도 우리 집에 있는 식물들에게 음악을 들려준 적이 없다. 그게 미안해서 물을 줄 때마다 잠깐씩 말을 건다. '예쁘게 자라라'라고 할 때도 있고, '너무 덥지? 물 더 줄까?' 하며 호스로 시원하게 물을 뿌려 주기도 한다. 예전엔 빨리 끝내려고 나무 가까이에서 물을 주었는데 어느 날 신문에서, 샤워기에서 나오는 물을 나무들이 아파한다는 기사를 읽은 다음부터는 멀찌감치 떨어져서 물을 준다. 그럴 때도 한 마디는 꼭 한다. '안 아프지?' 하고 말이다. 자로 재어 보진 않았기에 내 느낌일 뿐인지는 모르지만 그렇게 말을 건넨 다음부터는 더 잘 자라는 것 같다.

  이러한 말의 기운은 식물만이 아니라 물도 마찬가지라고 한다. 일본의 에모토 마사루(江本勝) 박사는 영하 5도 상태의 물 결정체들을 연구하여 〈물은 답을 알고 있다〉는 책을 썼다. 각국의 글을 보여주고, 말을 걸고, 음악을 들려주면서 물의 반응을 관찰했는데, 그 결과 '사랑, 감사'의 글을 보여주었을 때 물 결정체의 모습이 가장 아름다웠다. '정말 예뻐'라고 말할 때도 결정체가 아름답지만 가장 으뜸은 사랑과 감사였다. '미워'라고 할 때는 그 말을 듣는 사람의 표정 이상으로 결정체가 온통 찌그러져서 마치 암세포 덩어리처럼 보였다.

기억에 오래 남는 것은 '미안해요'라고 말했을 때다. 꼭 필요하고 좋은 말인데도 아주 선명한 결정체의 모습은 아니었다. 에모토 박사는 그 말을 너무 강하게 하지는 말아야 한다는 뜻으로 해석했다. 생각해 보면 그렇다. 사랑도 감사도 예쁘다는 말도 크게 하면 크게 할수록 좋은데 미안하다는 말은 너무 크게 소리치면 진심이 변질될 수도 있겠다.

그런가 하면 '그렇게 해도 돼'라는 긍정적인 말과 '안 돼'라는 부정적인 글을 보여주었을 때에도 아주 다른 결정체가 만들어졌다. 사진을 봐도 믿기 어렵다. 슬픈 음악과 유쾌한 음악을 들려주었을 때도 물은 분명하게 답을 했다. '나무에 물을 줄 때 물에게도 말을 시켰어야 하는 건데' 하는 아쉬움이 들었다. '감사해. 수고하네. 나무가 고맙대.' 그런 말들을 해주었으면 나무도 물도 신이 났을 텐데 말이다.

그러고 보니 사람도 70퍼센트가 물로 되어 있다. 그래서 그토록 칭찬이 중요하다고 하나 보다. 일본에는 말에 영혼이 깃든다는 '고토다마(言靈)' 사상이 있고, 우리나라에는 '말이 씨가 된다'는 속담이 있다. 말 자체가 상대를 변화시킬 뿐만 아니라 자신의 세계와 능력에 무엇보다 큰 영향을 준다는 것이다.

그래서 어느 여성 CEO는 새벽에 출근하는 남편에게 '조심해서 다녀오세요'라는 말도 하지 않는다고 한다. 이미 '조심'이라는 단어에 부정적인 뜻이 담겨 있기에, 이왕이면 '좋은 하루 되세요'라고 하거나 '기분 좋은 하루 보내고 와요'라고 한다는 것이다.

그런 믿음은 그녀가 일할 때도 그대로 드러난다. 신제품 개발과 관련한 중요한 결정을 내려야 하는 순간에, 신제품을 보거나 설명을 다 듣기도 전에 '출시하지 않는 게 좋겠다'고 결론을 내리기도 한다. 그런 단호한 판단의 기준은 그 프로젝트를 설명하는 직원의 말이라고 한다. 이미 말에 자신도 없고 열정도 없다는 느낌이 들 때는 끝내 성공하기 어렵다는 것이다. 작은 표현이나 습관을 기준으로 그런 큰 결정을 내리는 것을 부당하다고 생각했던 직원들도 이제는 고개를 끄덕인다. 어떻게 말하는지가 어떤 에너지를 모으는지를 결정한다는 그녀의 믿음을 확인한 것이다. 한 번은 그녀의 딸이 친구 결혼식에서 나오며 눈물을 글썽이기에 그 이유를 물었다고 한다. "이 자리는 친구의 앞날을 축복해 주어야 하는 자리인데도 어른들이 안 좋은 말들을 속닥여요." 그녀의 딸 역시 그녀를 닮았다. 자신에게, 서로에게 어떤 말들을 해주느냐가 중요하다. 더 나아가 문애란 전 웰콤 사장처럼 적극적으로 노력하는 것도 의미가 있다. 그녀는 상대를 만나러 가기 전 '사랑한다, 사랑한다'를 되뇌고 간다고 한다. 그리 마음이 편치 않은 상대일수록 더 노력한다고 하는데, 신기하게도 그렇게 만나면 이야기도 잘 풀리고 결과도 좋은 편이라고 한다. 바로 말의 위력이다.

난 예전부터 '지성(至誠)이면 감천(感天)'이라는 말에서 '감천'이 하늘이 들어주시는 것을 뜻하는 게 아니라고 생각해 왔다. 지극히 정성을 다하는 마음 자세면 바로 자신의 모습과 태도가 바뀌어 있기에 좋은 결과가 오는 것이라고 믿는다. 사랑하는 마음을 갖고 따뜻하게 대하고, 상대에게 이로울 것들을 먼저 생각하는 이를 모질게 대할 사람은 없다.

자신에게 좋은 기를 주는 사람과는 호의적인 흐름이 만들어진다. 이메일에 답장을 하나 보내더라도 내용과 더불어 격려와 관심으로 응원해 주는 이는 잘 잊히지 않는다. 특히나 요즘의 나에게는 더욱 그러하다. 격려 한 마디가 하루를 다르게 만든다. 기 코르노는 〈마음의 치유〉라는 책에서 사랑과 친밀감은 우리의 수명조차 연장시킨다고 역설한다. 그 반대 효과는 단연 고독감과 단절감이라 한다. '당신을 진심으로 걱정하고, 당신이 가깝다고 느끼고, 당신을 사랑하고, 당신을 돕고자 하고, 당신이 진정으로 신뢰하는 사람을 가졌는가?'라는 질문에 '아니오'라고 답한 이는 '예'라고 답한 이보다 질병에 노출되거나 수명이 단축될 가능성이 3~5배 이상 높다고 한다. 마음과 몸이 하나라는 것은 결국 분명하다.

글에 대한 자신이 없어 헤매던 얼마 전, 어느 병원의 원장님이 4년 전 내 책을 읽었는데 그때 메일을 못했다며 내 책을 읽은 소감을 이메일로 보내 주셨다. 인터넷에서 독자들의 서평을 뒤적이면서까지 기운을 얻어내려 하고 있는 그때의 나를 어찌 아셨을까. 그분은 아마 내가 얼마나 고마워하는지 모를 것이다. 그저 그 몇 줄이 뭐 그리 고맙냐고 할 것이다. 그러나 언제, 어느 때이냐가 중요하다. 상대가 나약할 때, 외로울 때 몇 줄의 격려와 응원의 말은 무엇과 비교할 수 없을 만큼 큰 힘을 주고, 어디에서도 얻을 수 없는 에너지가 된다.

속이 많이 상하거나 가슴이 아픈 날, 어김없이 내게 누군가의 문자가

온다. 탈고를 앞둔 부담감이 큰 내게 힘내라는 전화를 준 그에게 크게 감동했다. 생전 문자 한 번 안 하던 이가 칭찬 문자를 보내온다. 별것도 아닌 일에 고맙다는 인사를 전해 오는 이도 있다. 고단한 그날, 이런 문자 두세 통만 받아도 감사하는 마음이 생기고, 나는 나 자신을 칭찬하게 된다. '아마도 언제였는지 모르지만, 남의 마음을 헤아린 적이 있나 봐. 그걸 오늘 주시나 봐.'

늘 내가 입에 달고 사는 얘기지만, '세상에 공짜가 없다'는 말은 갚아야만 하는 빚을 의미하는 것만은 아니다. 자신이 한 것은 자신에게 꼭 돌아온다는 것이 더 큰 의미라 여기며 지내고 싶다. 그래서 맑은 날에 사람들에게 많이 베풀면서 사람 마음을 헤아리다 보면, 내 궂은 날 그들이, 그리고 세상이 잠깐씩 날 돌봐준다는 것을 믿는다. 그렇다고 누군가 그렇게 해주기만을 기다리기에는 오늘 하루하루가 너무 소중하다. 자꾸 '짜증난다, 힘들다' 하면 자꾸 그 상태가 계속되는 것도 세상 이치이다. 스스로 나쁜 기운을 주문처럼 불러대는 격이니 말이다.

힘들고 고단하여 칭찬에 박해지고 짜증도 많아지는 요즘, 우선 자신에게 '감사하다, 예쁘다, 잘한다'만 자주 해주어도 아침 기분이 다를 것이다. 식물도 물도 그러하듯이 우리도 기분 좋은 응원과 격려 속에 오늘도 한 뼘씩 또 커갔으면 좋겠다.

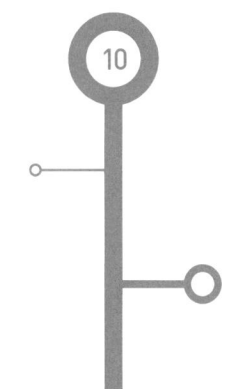

마음속으로만 바라지 말고
원하는 것을 말하라

내 일기장에 나무가 여러 그루 등장했다. 마인드맵을 그려본 것이다. 일렬로 쓰는 것보다 원인과 과정을 나무로 만들어 보니 정리가 더 잘 되는 것은 분명하다. 그러나 꼭 나무가 아니어도 무언가를 적어 보는 것은 분명 머릿속으로 생각만 하는 것보다 정리나 해결에 도움이 된다.

학창시절, 내가 풀 수 있는 문제와 친구에게 공식을 써가며 설명할 수 있는 문제 사이에는 차이가 있었다. 분명하게 알면 적을 수 있다. 아니 그전에, 적다 보면 분명해지기도 한다. 나를 힘들게 하는 것들의 현상만이 아니라 반응하는 나까지 객관적으로 적어 보는 것도 필요하다. 개선의 노력도 해야겠지만, 남이 알아주길 바라는 내 모습을 우선 나 스스로 분명하게 정리해 주어야 한다. 우리 각자가 반응하는 것에는 일련의 규칙이 있기 마련이다. 그래서 때로는 공지영 씨처럼 자신에 대해 말해

주어야 한다. 어느 산문집에서 그녀가 말했다. '다른 사람은 어떤지 모르지만 이 정도이면 나는 피를 흘릴 만큼 아프다'라고 말이다. 내가 작가가 아니라면, 몇십만 권 이상 팔리는 베스트셀러 작가가 아니라면 좀 번거로워도 지금보다 더 자주 말해야 한다.

나를 지치게 하는 것은 늘 하나다. 피곤한 몸도, 밤샘도, 교통 체증도 아니고 슬프게도 아직 사람이 으뜸이다. 하지만 결국 그들과 함께 살아야 한다. 그리고 건강하게 함께 사는 방법은 그들에게 나를 말하는 것이다.

말하라. 싫을 때 싫다고 말하라. 원할 때 원한다고 말하라. 속으로 소망하는 것이 아니라 겉으로 말해야 한다. 특히나 그러한 표현이 필요한 나의 대상들은 대부분 사람 마음을 먼저 읽을 줄 모르기 때문에 반드시 언제나 꼭 겉으로 말해야 한다.

가만히 생각해 보자. 속으로 소망하기만 하여 이루어진 것이 무엇인가. 해결된 것이 있는가. 남을 너무 과대평가하지 마라. 그가 내 속을 아는 것보다 내 맘을 모르는 게 더 정상이다. 그러니 미워하지 말고, 대들지 말고 화나기 전에 공손하게 상대에게 자신을 전하여 서로 잘 사는 길을 택해야 한다. 그것도 못하겠으면 자신이 힘들게 사는 걸 탓할 일도 아니다.

내성적인 사람의 자살률이 상대적으로 더 높다고 한다. 남에게 요구도 안 하고 스스로 모든 것을 감내하던 그들이 더 두고두고 칭송받아야 하는데, 예상치 못한 사건의 주인공이 되거나 끝내 나약하게 세상을 떠난다. 상대가 모르게 참았던 시간이 길어 어느 날 폭발하는 이유를 남들은 결코 모른다. 그리고 그럴 때 상대는 미안해하기보다는 왜 그러는지 이해 못하겠다는 반응을 보인다. 그러니 제발 부디 말하라. 말하는 게 나쁜 게 아니라 참다가 대들 듯 말하는 것, 공격적인 것들이 분명 문제이니 평정 상태에서 상대에게 자신이 원하는 것을 당당히 전함으로써 마음이 불편하지 않게 만들어야 한다.

자신을 괴롭히는 사람이 있는가. 어쩌면 나를 이렇게 대하도록 내가 그를 부추겼을지도 모른다. 때로는 비굴함으로, 소심함으로, 나약함으로 어느덧 그에게 나를 전하고 있었을지도 모른다. '저를 이렇게 대하셔도 괜찮아요'라고 말이다. 자신이 이렇게 전하고서 그렇게 반응하는 상대를 미워한다면 그것도 사실 어이없는 일이다. 결국 상대 잘못이 아니게 된다. 법정까지 가는 시비가 아니어서 그렇지, 끝까지 따지면 모두 내 잘못이 될지도 모른다.

사람들은 누군가를 보면 한눈에 정보를 처리한다. '아, 이런 사람이구나. 이렇게 대하면 되겠구나'라고 말이다. 그러니 제발 상대에게 나를 막 대해도 된다는 정보를 주어서는 안 된다. 무조건 강해지라는 것이 아니다. 사실보다 자신을 줄이지도 확대하지도 말고 그야말로 '자~알' 진해야 한다. 그러니 일단 본인이 자기 자신을 알고 있어야 전하는지 말든지 할 텐데, 자신의 생각을 수시로 적고 자신에게 소리 내어 말하지 않으면 아예 순서가 시작되지도 않는다. 그러니 일단 적고, 그리고 자신에게 말하라. 그리고 나서 상대에게 말하라.

그러나 한 가지 미리 당부하고 싶은 것은 자신의 행동 하나하나를 변명처럼 사람들에게 다 설명할 필요는 없다. 물론 관계의 처음에는 필요하다. 변명이 아닌 설명 말이다. 그러나 자신의 행동을 길게 설명하며 동의를 구하지는 마라. 오해를 막고자 시작하는 것이지만 그것이 습관이 되고, 결국 그 피드백에 자신이 상처받는다. 자신에 대해 분명히 파악하고 자신을 이해한 후, 상대에게 분명히 말하고 때로는 요구도 하며 자신을 건강하게 지켜야 한다. 그리고는 의연하게 긴 설명 따위는 피하고 당당하게 고개 들고 전진할 일이다.

할 수만 있다면 다른 사람들보다 지혜로워져야 한다. 그들이 그걸 알든 모르든 말이다. 아니, 모르는 게 더 나을 수도 있다. 상대가 나의 우월함을 알면 경계하거나 시기하는 게 바로 세상이니까. 그러니, 그렇게 그들은 모르게 하고 나는 날마다 지혜로워져야 한다. 순수를 간직한 지혜, 그것만 갖게 된다면 더 바랄 것이 없다.

Epilogue
마지막으로 하고 싶은 이야기

'나를 찾아서'라는 과정 이름이 마음에 들었다. 종교적인 동기를 떠나, 꼭 한번 가보고 싶었던 템플 스테이의 기회가 우연히 내게 주어졌다. 한 사람에게 받은 자잘한 상처에도, 아직도 하루가 온통 흔들리는 나를 발견하던 날에 그 간의 망설임을 접고 신청했다. 접으려 해도 펴지는 욕심과 감추고 싶은 괜한 부담감이 불안하여 떠나고 싶었는지도 모른다.

머릿속이 어지러울 때 사람들은 자연을 찾는다. 공해와 소음에 휩싸여 있을 때는 듣지 못했던 내면의 소리를 듣고 싶은 게다. 그게 필요하다는 걸 자연스레 아는 것이다. 그래서 사람들은 일상을 떠나본다. 자신을 뒤돌아보고, 내가 미처 모르는 나 자신을 찾는 것이 일상에서는 불가능할까? 습관이 되고 나면, 기본 틀을 조금 갖추고 나면 날마다 세면대 거울을 보면서도 할 수 있지 않을까. 그러나 나는 우선 자연 속에 나를 혼자 두는 것에서 시작해 보기로 했다.

새벽 세 시의 예불에 맞추어 깨어난다. 법당으로 향하다가 바라본 깊은 산중의 파란 새벽은 보지 않은 사람은 감히 상상도 못할 빛깔이다. 하루 종일 내리던 사찰의 굵은 빗줄기는 멋스러움을 넘어서 내 영혼을 다 씻겨주는 느낌이었다. 맑게 갠 밤하늘의 손에 닿을 듯한 카시오페이아 별자리를 바라보던 밤은 그야말로 환상적이었다. 여고시절 수학여행 이후 처음으로 한 방에서 열 명이 함께 자는 상황이 낯설었으나 그 경험까지 오히려 신선했다. 그런데 사람을 떠나려고 나선 길에서 나는 다시 사람들과 만나게 되었다. 그들 모두 각기 다른 사연을 안고 이곳에 와 있었다.

　유학 중인 스물셋의 아들이 아버지를 따라와 기특했다. 보통 그런 게 귀찮을 나이인데도 아들은 아버지를 챙겼고, 아버지의 엉덩이를 무릎으로 차는 시늉을 하며 장난도 쳤다. 그 모습이 보기 좋았다. 아들은 자신의 롤 모델이 바로 아버지라고 한다. 할 수 없이 따라온 게 아니라, 아버지와 함께 시간을 보내고 추억을 만들어가는 것이 행복해서 온 것이라고 한다. 평소에도 아침마다 아버지의 흰 머리가 줄어들기를 바라며 검은 콩 한 줌씩을 잊지 않고 드린다고 한다. 그런 얘기를 들으니 그의 진심 어린 애정을 느낄 수 있었다. 큰 기업을 운영하는 아버지는 중학생 때부터 미국에서 외롭게 지내는 아들에게 아무리 바빠도 일주일에 두세 번씩 이메일을 보내며 공간을 초월한 부정을 전했다 한다. 그 시절, 아들에게 진정 필요한 것이 무엇인지 곰곰이 생각하다가, 그렇게라도 사랑을 전해야겠다고 결심을 했고, 미룬 적이 없다고 한다. 가급적 시간을 내어 아들과 함께 여행도 자주 했기에 오늘 같은 날도 낯설지 않다고 한다. 불교에서 말하듯 세상 모든 것이 인과(因果)라면 그 아버지는 그간의 애정과 노력으로 오늘 그 아들을 자신의 곁에 둘 수 있었고, 외롭지 않은 것이다. 단지 돈을 송금한 것이 아니라 시간을 내어 사랑을 전했던 덕에 오늘 같은 날이 허락된 듯하다. 그렇게 진심으로 함께했던 지난 시간들이 있었으므로 그들은 앞으로도 아주 한참 동안 함께 멀리 갈 듯하다.

자정을 넘어도 잠이 오지 않아 툇마루에 앉아 있는데 열일곱 살의 꽃다운 처자가 내 곁에 와서 자기 얘기를 한다. 몸이 아파서 학교에 못 다니고 검정고시로 고등학교까지 졸업했다고 한다. 그녀는 다섯 살 때 부모님이 헤어지는 바람에 엄마와 둘이서만 살아왔다고 한다. 그럼에도 아버지를 미워하지 않는다고 했다. 그러다가 문득 엄마에게서 온 문자를 내게 내민다.

'잘 참고 있니? 내 생명, 내 딸…'

그 아이는 이제 겨우 열일곱 살이라고 하기엔 참으로 어른스러웠다. 차분하고 정돈된 톤으로 자신의 현실과 감정, 꿈에 대해 말했다. 그녀와의 대화는 그 후로도 한참 동안 계속되었다. 나는 이야기를 다 듣고 난 뒤 그녀에게 말해 주었다. 지금껏 많이 아팠겠지만, 그 아픔 덕분에 훌쩍 큰 것 같다고, 그래서 아직 어린 나이지만 아버지의 허물을 용서할 수 있었고, 사십 중반인 나의 말도 다 알아듣는 것 같다고, 그러니 힘내라고. 그러느라 밤새 사찰의 적막을 깼다는 것은, 그 다음 날 스님에게 꾸중을 듣고서야 알게 되었다. 나를 정리하러 떠나왔기에 이름도, 직업도 아무것도 알리지 않았지만, 내 마음은 또 그렇게 사람들에게 향하고 있었다.

　사람들이 많은 한낮에는 들리지 않던 사찰 앞 냇가의 물소리가 밤에는 너무 커서 무섭게 들렸다. 어쩌면 그 물소리처럼 내 마음도 무섭고 위험하다고 소리소리 지르며 경고를 보내왔는지도 모른다. 그런데 시끄러운 주변에 휩싸여 그 소리를 듣지 못한 것일 수도 있다. 한 주제마다 명상하며 자신의 생각과 감정들을 정리하는 시간. 파리가 날아다니는 소리도 들릴 만한 그 고요함 속에서 간신히 들려오는 내 안의 외침과 대면하였다. 눈물이 났다. 생각을 많이 하며 살았다고 생각했는데 참으로 생각 없이 살아온 나를 만났다. 스님이 말했다. "이 죽비 하나만 표현해 보라고 해도 매우 다양하고 자세한 표현들이 있을 텐데, 왜 자신의 감정에 대해서는 그냥 '우울하다', '기분 나쁘다', '즐겁다' 로만 표현하느냐." 그러면서 그때그때 감정을 깊이 들여다보며 아주 자세히 자신을 알아야 한다고 한다. 그러고 보니 이 절로 오던 때가 생각났다.

　만해 한용운 님이 출가하셨던 백담사가 초행인 나는 집에서 177킬로미터를 가야 한다는 것과 두 시에 과정이 시작된다는 것 말고는 아는 것이 없었다. 그래서 가는 길 내내 불안했다. 어디부터 국도가 시작되는지, 이번 휴게소를 그냥 지나쳐도 요기할만한 곳이 나오는지, 과속 단속 카메라는 어디에 있는지, 아는 게 없어 조심스럽게 차를 몰았다. 행여 늦지나 않을까, 잘못 온 건 아닐까 하며 내비게이션과 약도, 심지어 연락처를 손에 쥐고도 불안해했다. 그러나 아마도 돌아갈 때나 다시 올 때는 지금처럼 불안해하지는 않을 것이다. 길에 익숙해지면 이런 불안감은 생기지 않는다. 그런데 나는 그동안 제대로 살펴보지도 않은 마음 지도 하나 들고는 불안하네, 초조하네 하며 벌벌 떨며 살았다. 나를 제대로 들여다보지도 않은 채 내 인생을 두고 끙끙거렸던 것이다.

돌아보면 나는 참 깊이 생각하지 않은 순간이 많았다. 자꾸 내 직업을 들먹이기는 싫으나, 나는 직업상 행동과 표현에 치중하는 경향이 있었다. 행동 심리학의 기본 이론에 의하면 '신체와 감정'이 우리의 행복을 좌우한다. 그리고 신체와 감정을 이끌어 주는 것은 바로 '사고와 행동'이다. 그런데 나는 강의 때마다 '보통 모두 다 사고는 충분히 잘하고 있으니 행동의 양과 질을 향상시켜서 사고와의 균형을 이루어야 한다'는 것을 강조했었다. 표현이 적은 이들에게는 당연히 행동이 필요하다. 그러나 날마다 그 말을 외치던 나는 표현이 부족하지 않았기에 부작용이 생긴 것이다. 이미 표현이 충분했는데도 행동과 표현에 더 치중하며 생각의 깊이를 더할 기회를 잃었다. 감각적인 응대와 포장된 마무리로 내면에 충분히 소화되지 않은 갈등들이 쌓이고 있었던 것이다. 예를 들면 왜 기분이 나쁜지 제대로 다루지 않은 채로, 다음 상황에 필요한 미소 모드로 바꾸어 버렸다. 그때그때 생각을 정리하지 못하고 꽤 긴 시간을 보냈다. 그러면서 긍정적인 생각을 하려고 노력했고, 나 자신에게 열정을 강요했 다. 병원에 가서 근본적인 치료를 해야 하는데 약국에서 위장약을 사먹은 꼴이었다. 그러다가 결국 내 머릿속과 가슴속은 오랫동안 정리하지 않은 서랍처럼 엉망이 되어 버렸다.

자신의 내면을 제대로 표현할 줄 아는 능력은 분명히 필요하다. 그러지 못하여 벌어지는 오해와 손해를 막는 것은 본인만이 아니라, 세상을 이롭게 하는 데에도 중요한 일이다. 그러나 그보다 더 중요한 것은 자신의 내면을 제때에, 제대로 들여다보는 일이다. 마음에 갈등이나 혼란이 쌓이지 않게 하는 지름길이기 때문이다. 사실 그래야 표현도 좋아진다. 아무리 슬프고 억울하고 힘들어도, 또는 아주 기분이 좋아도 그때그때 자신의 감정을 정면으로 바라보고 제대로 정리해야 한다. 그래야만 후에 더 큰 고통이 없다. 그런데 우리는 당장은 견딜 수 있고, 살기 바쁘다는 이유로 마음을 제대로 다루지 않고 그냥 묻어 버린다. 그러면 훗날 뭔지 모를 마음의 고통이 느껴져 답을 찾을 때 더 오래 걸리고 더 힘들다.

우리 모두 부디 자신의 감정을 그때그때 제대로 깊이 바라봐 주자. 왜 아픈지, 무엇 때문에 기쁜지 제대로 알 수 있을 때까지 바라봐야 한다. 사랑하는 사람의 얼굴을 들여다보듯 애정을 가지고 바라보자는 것이다. 훗날 아프지 않게 자신의 감정을 그때그때 사랑해 주자. 내가 왜 아픈지조차 모르는 사람이 되지는 말자. 그걸 알고 싶어 엎드려 우는 일이 없도록, 내 머리만이 아니라 내 가슴을 매일 매일 들여다보자. 단언컨대, 그러면 훨씬 아프지 않게 살아갈 수 있다. 아니, 더 행복해질 수 있다. 그렇게 내 마음, 내 감정과 함께 간다면 분명히 훨씬 멀리 갈 수 있다.

세상을 내 편으로 만든 사람들의 비밀
멀리 가려면 함께 가라

초판 1쇄 발행 2009년 8월 10일
76쇄 발행 2023년 2월 20일

지은이 이종선

발행인 이재진 **단행본사업본부장** 신동해 **편집장** 조한나
디자인 co*kkiri, 권으뜸 **일러스트** 박승희 **photo** 임익순 **장소협조** Café Mazia
마케팅 최혜진 백미숙 **국제업무** 김은정 **홍보** 최새롬 반여진 정지연 **제작** 정석훈

브랜드 갤리온
주소 경기도 파주시 회동길 20
문의전화 031-956-7208 (편집) 031-956-7129 (마케팅)
홈페이지 www.wjbooks.co.kr
인스타그램 www.instagram.com/woongjin_readers
페이스북 https://www.facebook.com/woongjinreaders
블로그 blog.naver.com/wj_booking
발행처 ㈜웅진씽크빅
출판신고 1980년 3월 29일 제 406-2007-000046호

ⓒ 이종선 2009 (저작권자와 맺은 특약에 따라 검인을 생략합니다.)
ISBN 978-89-01-22660-6 (03190)

- 갤리온은 ㈜웅진씽크빅 단행본사업본부의 브랜드입니다.
- 이 책은 저작권법에 따라 보호받는 저작물이므로 무단 전재와 무단 복제를 금지하며, 이 책 내용의 전부 또는 일부를 이용하려면 반드시 저작권자와 (주)웅진씽크빅의 서면동의를 받아야 합니다.

- 잘못된 책은 구입하신 곳에서 바꾸어 드립니다.
- 책값은 뒤표지에 있습니다.